Dr. Branko Bokun

Die Kunst, den Tiger zu reiten

Der gebändigte Streß

Dr. Branko Bokun

Die Kunst, den Tiger zu reiten

Der gebändigte Streß

Aus dem Englischen übersetzt von
Ulla Schuler

Ariston Verlag · Genf/München

CIP-Titelaufnahme der Deutschen Bibliothek

BOKUN, BRANKO:
Die Kunst, den Tiger zu reiten: der gebändigte Streß / Branko Bokun.
Aus d. Engl. übers. von Ulla Schuler. –
1. Aufl. – Genf; München: Ariston Verlag, 1991
Einheitssacht.: Stress-addiction, a new theory on evolution <dt.>
ISBN 3-7205-1635-0

Die englische Originalausgabe
erschien unter dem Titel
»Stress-Addiction – A New Theory on Evolution«
1989 bei Vita Books, London

Gestaltung des Schutzumschlages:
Atelier Höpfner-Thoma, GraphicDesign BDG, München

Gesamtherstellung: Ueberreuter Buchproduktion,
Korneuburg bei Wien

Erstauflage: März 1991
Printed in Austria 1991

ISBN 3-7205-1635-0

Inhalt

Einführung

Dieses Buch wird Ihnen zu der Einsicht verhelfen, daß Streß und Angst, die Ihnen das Leben so schwer machen und die Sie fürchten, Ihr Dasein bestimmen wie eine Droge, von der Sie nicht lassen können. Wenn Sie aber lernen, dieses Potential zu nutzen, anstatt sich von ihm abhängig zu machen, werden Sie an persönlicher Reife und Kraft gewinnen.

Menschliche Furcht und Angst wären, so meine ich, leichter zu begreifen, wenn wir uns über ihr eigentliches Wesen klar würden. Und das ist nur möglich, wenn wir erkennen, wie sie entstanden sind. Um dahin zu gelangen, sollten wir einmal der Sache auf den Grund gehen, das heißt hier, in das Geheimnis des Lebens eindringen. Ich werde Ihnen also erst einmal einige theoretische Grundüberlegungen zumuten müssen.

Seit undenklichen Zeiten hat sich der menschliche Geist mit dem Ursprung des Lebens beschäftigt. Als der Geist des Menschen sich zu regen begann, versuchte er mit Hilfe der Mythologie, seine Neugier zu befriedigen und dem Menschen seinen Platz im Universum zuzuweisen.

Noch immer glauben viele Menschen an die biblische Erklärung, daß Gott der Allmächtige die Welt in sechs Tagen erschaffen habe. Manche wollen sogar ausrechnen können, Gott habe die Schöpfung exakt am 23. Oktober 4004 vor Christus vollendet.

Andere wiederum behaupten, die ersten organischen Verbindungen seien aus dem Weltraum auf unseren Planeten gelangt. Wenn aus dem Weltraum herangetragenes Leben auf der Erde gedeihen konnte, dann wäre eben diese Umgebung gewiß fähig gewesen, dieses Leben selbst hervorzubringen.

Die meisten modernen Wissenschaftler glauben, daß die ersten organischen Moleküle vor etwa 3 500 Millionen Jahren durch ein zufälliges Aufeinanderprallen anorganischer Moleküle in der Ursuppe entstanden sind. Danach ergibt sich alles weitere aus der Evolution, die hauptsächlich auf Genmutation und in zweiter Linie auf der natürlichen Auslese und dem Überleben des Stärksten beruht.

Das Leben ist eine Ordnung, die sich aus der Ordnung der Materie entwickelte, so wie sich die Ordnung der Materie aus jener der Energie entwickelte und die Ordnung der Energie aus einer noch früheren Ordnung entstand, die sich unserem Begriffsvermögen entzieht. Selbst darüber hinaus gibt es Ordnungen, die jener vorausgingen, aus der sich die Ordnung der Energie entwickelte.

Jede neue Ordnung muß mit einer Zunahme der Instabilität mindestens eines Teils der vorausgehenden Ordnung begonnen haben.

Viele behaupten, daß ein stabiles Gleichgewicht oder eine Symmetrie von Materie- und Antimaterieteilchen geherrscht habe, bevor unser Universum der Materie entstand.

Wenn dies zuträfe, gäbe es uns nicht, denn das materielle Universum hätte sich niemals aus einem Zustand der Stabilität entwickelt. Im Zustand der Stabilität oder Symmetrie ereignet sich nichts, denn er impliziert Nichtexistenz und Bewegungslosigkeit.

Was immer existiert, muß aktiv sein. Eine Aktivität kann nur durch Instabilität ausgelöst und unterhalten werden. Das Dasein besteht aus Instabilität. Sogar das Niveau einer Existenz ist vom Grad ihrer Instabilität abhängig.

Worin könnte die Aktivität einer Instabilität bestehen? Einzig und allein im Streben nach weniger Instabilität.

Meines Erachtens ist das oberste Gesetz, das das Universum und alles in ihm Existierende beherrscht, tatsächlich das Streben nach weniger Instabilität. Im Werden ist Instabilität inbegriffen.

Was wir als »fundamentale Kräfte« bezeichnen, die im Universum walten (Schwerkraft, Elektromagnetismus, starke und schwache Kernenergie), könnte man als Folge des universalen Gesetzes der nach Stabilität strebenden Instabilität betrachten.

Jeder Beginn einer neuen Ordnung oder einer neuen Lebensform setzt voraus, daß sich die Instabilität der vorhergehenden Ordnung oder Lebensform verändert. Nur eine Veränderung oder Mutation, welche die Instabilität einer Ordnung oder einer Existenz vergrößert, kann eine neue Ordnung oder neue Lebensform hervorbringen. Der Sprung zu evolutionär neuen Arten kann nur über eine erhöhte Instabilität gelingen.

Da eine neue Art in der Evolution das Produkt einer Zunahme der Instabilität ist, bringt sie eine gesteigerte Komplexität mit sich, die wiederum vermehrte Instabilität und Verletzlichkeit impliziert. Die Instabilität ist bestrebt, sich durch Ausdehnung (Expansion) selbst zu begrenzen. Auf die maximale Expansion oder Überexpansion folgt ein Zusammenbruch, was eine geringere Instabilität der vorherigen Lebensform bedingt.

Im Universum wird die Kontraktion primär durch eine Überexpansion angestoßen. Die erneute Expansion wird durch eine maximale Kontraktion initiiert.

In der Verbindung oder Paarung von Materie- und Antimaterieteilchen muß es eine – wenn auch minimale – Instabilität oder Asymmetrie gegeben haben. Innerhalb dieser Instabilität haben einige Materieteilchen eine Mutation ihrer Instabilität im Sinne einer Steigerung erfahren. Dies dürfte der Grund dafür gewesen sein, daß sie in eine neue Ordnung ausgewichen sind.

Viele Wissenschaftler sind überzeugt, daß ein Universum der Antimaterie als Spiegelbild des Universums der Materie existiert. Gäbe es ein Universum der Antimaterie, dann wäre es ein anderes Universum, es wäre weniger instabil als das der Materie.

Die geringste Instabilität erreicht ein Lebewesen im Zustand des Schlafs. Manche Lebewesen können Millionen Jahre, andere nur wenige Sekunden schlummern. Durch Reizung wird ein Lebewesen dann aus dem Schlafzustand zu neuem Leben erweckt.

Indem sie die Instabilität vergrößert, kann eine starke oder anhaltende Irritation auch bewirken, daß sich die Instabilität einer Art ändert und dadurch eine neue Art entsteht.

Jede Minderung der Instabilität über den schlummernden Zustand einer Art hinaus kann jedoch das Ende der Art beinhalten, kann den Sprung in die geringere Instabilität der vorhergehenden Art, der früheren Ordnung, provozieren. Jedes Lebewesen strebt nach der geringeren Instabilität der früheren Daseinsform.

Auf den Menschen bezogen könnte man sagen, daß das allgemeine Gefühl eines jeden im Universum die Sehnsucht ist, der Wunsch, in das verlorene Paradies der früheren Existenz zurückzukehren. Alles, was existiert, muß eine Erinnerung an seine vergangenen Daseinsformen in sich tragen.

Jede neue Ordnung erscheint kleiner als die vorherige, aus der sie hervorgegangen ist. Verglichen mit der Welt der Energie ist die Welt der Materie sehr klein; verglichen mit der Welt der Materie wiederum ist die Welt des Lebendigen noch kleiner, desgleichen auch die Welt der mehrzelligen Organismen verglichen mit der der Bakterien, aus der sie sich entwickelt hat.

Jede neue Ordnung scheint komplizierter und instabiler als die vorhergehende zu werden. Tatsächlich besteht der einzige Unterschied zwischen der Ordnung der anorganischen Materie und der Ordnung der organischen Materie darin, daß die letztere instabiler ist als die erstere. Und diese besondere Instabilität ist es auch, die der lebendigen Welt die sogenannte Lebensenergie zuführt.

Diese erhöhte Instabilität lieferte und liefert weiterhin die Hauptmerkmale der organischen Ordnung: Flexibilität, Sensibilität, Wahrnehmungs- und Anpassungsfähigkeit. Je größer die Instabilität eines Organismus oder einer Spezies, desto ausgeprägter sind diese Merkmale. Und in dieser hohen Instabilität der organischen Ordnung liegt die Vielfalt der Lebensformen begründet.

Die Instabilität, die bei der organischen Ordnung gefährliche Ausmaße erreicht, intensiviert den Grundantrieb des Universums: das Streben nach geringerer Instabilität.

Jegliche Aktivität des Lebendigen wird durch ein biochemisches Ungleichgewicht oder Unbehagen verursacht und unterhalten, das nach Gleichgewicht und geringerem Unbehagen strebt.

Bei ihrem Streben nach geringerer Instabilität entwickelten die Organismen zwei Hauptantriebe: die Absorption all dessen, was das Unbehagen vermindern könnte, und die Abstoßung all dessen, was es steigern könnte. Dieser Drang, alles zu absorbieren, was die biochemische Instabilität verringern könnte, half den Organismen, Vorlieben und Abneigungen zu entwickeln. Das Bedürfnis der biochemischen Instabilität, sich zu begrenzen oder ihr

Unbehagen zu verringern, förderte bei den Organismen die Entwicklung der Sinne und der Sinnesorgane.

Jede neue Ordnung und jede neue Lebensform erhöht die Instabilität aller bestehenden Ordnungen und Daseinsformen, da im Universum jedes mit jedem, alles mit allem zusammenhängt.

Das Universum und alles in ihm folgt dem gleichen Muster. Alles und jedes hat seinen spezifischen »Urknall«, Beginn oder Geburt, Ausdehnung, Wachstum und Reife, Zusammenziehung und Zerfall, um erneut hervorzubrechen, geboren zu werden, sich auszudehnen und zu wachsen und so fort.

Alles im Auf und Ab unseres Universums verläuft zyklisch. Manche Zyklen, wie die zwischen den großen Umwälzungen in der Geschichte der Erde, können Millionen Jahre dauern, andere, wie das Menschenleben, etwa siebzig Jahre und manche, wie der zwischen zwei Herzschlägen, weniger als eine Sekunde.

Jeder Sprung im Auf und Ab des Universums – sei es der eines Elektrons, das seine Bahn wechselt, oder beim Herzen der Wechsel zwischen Dilatation und Kontraktion – führt eine Existenzform zu ihrer minimalen Instabilität, einer Instabilität der vorausgegangenen Existenz, aus der sie sich entwickelt hat. Mit jedem Herzschlag ist zum Beispiel ein Augenblick des Todes verbunden.

Alles im Auf und Ab des Universums hat seine ihm eigentümliche Ausdehnung und Zusammenziehung, sein spezifisches Werden und Vergehen.

Ausdehnung und Zusammenziehung haben ihre besonderen Merkmale, die sich am deutlichsten in der Ordnung des Lebendigen spiegeln, ganz besonders in der Tierwelt und im Menschen. Da die Ausdehnung die Instabilität vergrößert, ist sie ein unangenehmer Zustand, der die Individuen selbstsüchtiger, intoleranter und aggressiver macht.

Demgegenüber bewirkt die Zusammenziehung eine Ausstrahlung. In der Welt des Lebendigen spiegelt sich diese Ausstrahlung als Fülle, Fruchtbarkeit, Toleranz und Opfer. In jeder Ausdehnung sind die Merkmale der Zusammenziehung enthalten und umgekehrt.

Es scheint, daß in der Welt der Tiere und der Menschen die Merkmale der Zusammenziehung stärker bei den weiblichen, die der Ausdehnung stärker bei den männlichen Vertretern der Art ausgeprägt sind.

Die Wissenschaft versucht, die Geheimnisse des Universums zu enthüllen, indem sie unendlich kleine, subatomare Teilchen erforscht. Nach meiner Auffassung könnten wir mehr über das Universum und sein wesentliches Gesetz erfahren, wenn wir außerdem den menschlichen Geist analysieren, diese – soweit wir es beurteilen können – entwicklungsgeschichtlich jüngste Erscheinung in unserer Welt.

Mit Geist meine ich die Erzeugung von Vorstellungen, Wunschdenken, Illusionen oder hoffnungsvollen Spekulationen durch das Gehirn. Unser Wunschdenken muß ein Produkt der Gehirnzellen sein, die aus Organellen und Teilchen im Zustand der Instabilität, dem Zustand biochemischen Unbehagens, bestehen.

In der Tat spiegelt unser Wunschdenken das Streben unserer Gehirnzellen und ihrer Organisation wider, einen Zustand geringerer Instabilität, geringeren biochemischen Unbehagens zu erreichen. Wie abstrakt eine Vorstellung auch sein mag, sie muß ein biochemisches Substrat haben, muß die biochemischen Bedingungen der Gehirnzellen und ihrer Organisation spiegeln. Wie jedes neue Phänomen in der Evolution muß sich auch der Geist aus einem früheren Zustand der Instabilität entfaltet haben.

Daß die Instabilität der Gehirnzellen nicht voraussagbar ist, ließe sich an der auffallenden Neigung des Geistes zur Wahrsagerei ermessen. Die Astrologie zum Beispiel begann und entwickelte sich mit dem menschlichen Geist.

Die Instabilität unserer Gehirnzellen und ihrer Komponenten erweist sich auch in unserer mehr oder weniger andauernden Neugier. Tatsächlich kann eine Zunahme der Instabilität leicht auch die Neugier steigern.

Der Glaube an ordnungschaffende, allmächtige Götter könnte ein Produkt des Wunschdenkens sein, das die Instabilität und die Unzufriedenheit des Geistes befrieden will.

Abgesehen vom Latenzzustand reduzierter Instabilität, befinden sich die Gehirnzellen mehr oder weniger in ständiger Unruhe oder Erregung, und das erzeugt eine Unzufriedenheit des Geistes mit seiner eigenen Ruhelosigkeit und Erregung. Dies erkennt man daran, daß die Menschheit ständig ihren Glauben und ihre moralischen, politischen, ökonomischen und ästhetischen Vorstellungen ändert.

Die beständige Sehnsucht des menschlichen Geistes, die Natur und das Universum zu durchdringen und zu beherrschen, muß durch die dem Geist innewohnende, durch die biochemische Instabilität der menschlichen Gehirnzellen bedingte Unzufriedenheit inspiriert sein. In dieser Unzufriedenheit schuf das Wunschdenken unseres Geistes den Glauben an Wunder und an das Übernatürliche.

Der menschliche Geist entwickelte die Wunschvorstellung, daß der Gläubige nach seinem Tod in ein »Himmelreich« eingehen werde. In den meisten Religionen bedeutet der Himmel Stabilität und Harmonie, einen statischen Zustand, der mehr im Einklang mit der geringeren Instabilität und der geringeren Erregung der anorganischen Materie ist, aus der die organische Materie hervorging.

Die Vorstellung, daß der Tod uns befreie, wäre demnach von der Sehnsucht der Gehirnzellenmoleküle nach ihrer früheren Existenz inspiriert worden. Ich bin sicher, daß auch ein Stein, könnte er sein eigenes Wunschdenken erzeugen, das Streben, ein Teil seines eigenen Paradieses – nämlich ein Energiefeld – zu werden, erfinden würde. Ein Teilchen muß sich danach sehnen, zur Welle zu werden.

Manche Menschen versuchen, dem Leben und seiner Realität zu entfliehen, indem sie sich in einen Zustand des Nirwana oder der Ekstase versetzen, der den menschlichen Geist der vorausgehenden Ordnung der anorganischen Materie, einer Ordnung von geringerer Instabilität und geringerer Sensitivität, am stärksten annähern kann.

Die moderne Physik stützt sich auf das Prinzip der Ungewißheit. Diese Idee konnte nur einem Gehirn entspringen, dessen Zellen und Zellorganisation sich in einem Zustand ständiger Instabilität befinden. In dieser Ungewißheit freilich steckt eine Gewißheit: die Tendenz der Ungewißheit zu klarer Erkenntnis.

Die Archetypen in der Lehre des Tiefenpsychologen CARL GUSTAV JUNG, die angeblich eine Art in den Wurzeln des Unbewußten unserer Spezies angelegter ererbter Ideen oder Glaubensvorstellungen darstellen, dürften in Wirklichkeit ein Produkt des menschlichen Wunschdenkens sein, das durch die biochemische Instabilität der Gehirnzellen inspiriert ist, eine Instabilität, die der menschlichen Spezies im Streben nach weniger Instabilität eigentümlich ist.

Wenn das erste Molekül der lebenden Materie fähig gewesen wäre, sich in der Sprache des Mensch auszudrücken, hätte es betont, daß es sich in einem erregten Zustand befände, daß das Leben Furcht bedeute. Man könnte dies biblisch in die Worte fassen:

»Im Anfang war die Furcht, und die Furcht zeugte das Leben.«

Ein Zustand der Instabilität ist in der Tat ein Zustand der Furcht, ein Zustand des Leidens. Jeder Organismus erträgt einen bestimmten Bereich der Instabilität. Innerhalb dieses Bereichs der Instabilität ignoriert der Organismus seine Furcht. Als Furcht bezeichnen wir jene Empfindung biochemischer Instabilitäten, die über das gewohnte oder normale Maß hinausgeht.

Furcht kann sich auch steigern in dem Maß, wie die Gehirnzellen lernen, ihre eigene Instabilität wahrzunehmen. Indem die Evolution die Wahrnehmungsfähigkeit des Gehirns verbessert, dient sie nur dazu, Furcht und Leiden zu mehren.

Daß das Leben aus Furcht und Leiden besteht, läßt sich in gewissem Sinn durch die Erfahrung der Todesnähe belegen. Meist bestehen diese Erfahrungen in dem Gefühl, daß man in vollkommener Stille durch einen dunklen Tunnel treibt, mehr im Einklang mit einem Zustand der anorganischen Ordnung als dem der lebenden Materie. Das plötzliche Erscheinen des Sonnenlichtes, der Ursache des irdischen Lebens, bringt eine Erneuerung des Lebens. Mit der Erneuerung des Lebens wird das Empfinden von Spannung und Furcht wiedererweckt.

ERSTER TEIL

Theoretische Grundlagen

Der Ursprung des Lebens

Die Hauptfaktoren, die an der Entstehung des Lebens auf der Erde beteiligt waren, müssen der milde Bereich der Sonnenenergie und die häufigen täglichen und jahreszeitlichen Veränderungen in bestimmten Regionen unseres Planeten gewesen sein. Als das Leben vor mehr als 3 500 Millionen Jahren begann, müssen die Tage und Nächte viel kürzer gewesen sein; man hat nämlich ausgerechnet, daß vor über 600 Millionen Jahren ein Jahr auf unserem Planeten 424 Tage dauerte.

Bei der Bildung der anorganischen Materie spielte die Temperatur eine wesentliche Rolle. Durch die Abkühlung des Universums nach dem letzten großen Knall wurden die Bestandteile der Neutronen und Protonen gezwungen, eine geringere Instabilität zu finden, indem sie sich zu eben diesen subnuklearen Teilchen verbanden. Bei einer weiteren Abnahme der Temperatur fanden die Neutronen und Protonen zu einer geringeren Instabilität, indem sie sich zu den komplizierteren Kernen vereinten. Das weitere Absinken der Temperatur im Kosmos führte dazu, daß die Kerne und Elektronen eine geringere Instabilität erreichten, indem sie Atome bildeten, die wiederum ihre Instabilität verringerten, indem sie sich zu Materiemolekülen vereinten.

Die Bedingungen in der Frühzeit der Erde haben die Elektronen und ihre peripheren Bahnen um die Atome einer Gruppe von Elementen gelockert, so daß diese instabiler, erregter und unruhiger wurden. Die Elemente, die diesen Veränderungen am stärksten ausgesetzt waren, müssen Kohlenstoff, Wasserstoff, Stickstoff und Sauerstoff gewesen sein. Die Atome dieser Elemente reagieren empfindlich gegenüber Temperatur und Temperaturschwankungen.

Tatsächlich sind die Atome der lebenden Materie jene der anorganischen Materie in einer labileren, lebhafteren Zustandsform. Dem Wesen nach ist ein organisches Kohlenstoffatom mit einem anorganischen Kohlenstoffatom identisch: Beide befinden sich bloß in verschiedenen Zustandsformen, in verschiedenen Stadien der Instabilität.

Gezwungen durch die erhöhte Instabilität ihrer Elektronen und durch die größere Flexibilität ihrer peripheren Bahnen, steigerten die Atome der empfindlicheren Elemente ihre gegenseitige Anziehungskraft, um eine geringere Instabilität zu erreichen, indem sie sich miteinander verbanden oder aneinanderlagerten. Im Streben nach geringerer Instabilität vereinten sich diese unruhigen Atome zu lockeren Molekülverbänden.

Infolge der lockeren Bindung zwischen ihren Komponenten entwickelten diese Moleküle eine eigene, zu mehr Stabilität strebende Instabilität, indem sie mit anderen instabilen Molekülen Verbände oder Makromoleküle bildeten. Diese Makromoleküle sind charakteristisch für die lebendige Ordnung.

Die aus locker verbundenen Molekülen bestehenden Makromoleküle oder organischen Verbindungen entwickelten wiederum Instabilität, Ungleichgewicht und Verletzlichkeit und versuchten, diese zu verringern, indem sie Teil größerer Strukturen wurden.

Dieser der lebenden Materie eigentümliche Drang, die Instabilität zu verringern, indem sie Teil komplizierterer Strukturen wird, eröffnete den Weg zur Bildung von Zellen, Organismen, Gruppen, Kolonien, Staaten und Reichen.

Jede kompliziertere lebende Struktur wird jedoch, indem sie eine Zunahme an Bedürfnissen und Ansprüchen mit sich bringt, instabiler und verletzlicher und drängt dadurch vermehrt zu geringerer Instabilität. Da die lebende Materie ihre Instabilität vor allem durch Wachstum zu verringern trachtet, kommt es schließlich zu einem Überwuchern, das in einen Zusammenbruch mündet, dem Zerfall und Vergehen folgen.

Tatsächlich besteht das Leben aus Expansion, Überexpansion,

Zusammenbruch und Zerfall der Makromoleküle und ihrer Strukturen.

Ihre Haupteigenschaften, wie Lebhaftigkeit, Wachheit, Sensitivität, Neugier, Kommunikationsfähigkeit, Lernen und Gedächtnis, verdankt die organische Materie ihrer besonderen Instabilität.

Der milde Bereich der Sonnenenergie, gepaart mit häufigen und mäßigen tagesrhythmischen und jahreszeitlichen Veränderungen in bestimmten Regionen unseres Planeten, extrahierte aus der anorganischen Materie die Bausteine der Aminosäuren, Nukleotide, Kohlenhydrate und Lipide – also der wesentlichen Moleküle des Lebens.

Die Untereinheiten der Aminosäuren fanden zu einer geringeren Instabilität, indem sie Aminosäuremoleküle bildeten. Die Aminosäuren erlangten geringere Instabilität, indem sie Peptid- und Polypeptidketten bildeten. Diese Ketten wiederum wurden weniger instabil dadurch, daß sie sich zu weniger labilen, kugelförmigen, räumlich angeordneten Proteinkörpern auffalteten.

Die heutige Neigung vielzelliger Organismen, sich bei Schmerz zusammenzukrümmen, mag in diesem Merkmal der Proteinmoleküle ihren Ursprung haben.

Von den vielen Aminosäuren, die es gibt, sind nur zwanzig essentiell, das heißt zum Leben notwendig. Vielleicht liegt das an der größeren Instabilität gerade dieser zwanzig Aminosäuren. Ihre größere Instabilität befähigte sie, aktiver zu sein und sich leichter mit anderen Molekülen zu verbinden.

Die Bausteine der Nukleoside (Stickstoffbase und Pentose/Ribose) wurden weniger instabil dadurch, daß sie sich zu Nukleosiden verbanden. Unter besonders belastenden und irritierenden Bedingungen, die durch Temperatur und ultraviolettes Licht herbeigeführt wurden, fanden die Nukleoside zu geringerer Instabilität, indem sie sich mit Phosphaten zu Nukleotiden verbanden. Die Nukleotide verringerten ihre Labilität, indem sie sich zu einer Kette zusammenfügten, so daß Nukleinsäuren entstanden. DNS (Desoxyribonukleinsäure) und RNS (Ribonukleinsäure) bilden den zweiten großen Baustein des Lebens.

Die DNS muß sich aus einigen instabileren Formen der RNS

gebildet haben, die vor der DNS existierten und lange Zeit an der Replikation des Lebens mitwirkten.

Die DNS-Kette wurde stabiler, indem sie sich um eine Achse verdrehte und mit einem zweiten verdrehten DNS-Strang eine sehr solide Strickleiter (sogenannte Doppelhelix) bildete. Tatsächlich sind die Gene des Zellkerns so fest verwunden, so dicht zusammengepackt, daß sie nur durch spezielle Enzyme und Hormone unter speziellen Bedingungen gespalten oder aktiviert werden können.

Die Instabilität bestimmter Fettsäuren, die durch die Labilität ihrer Komponenten zustandekam, erzeugte eine Vielzahl von Lipiden. Sie sind der dritte wichtige Baustein des Lebens.

In ihrem Bestreben nach größerer Stabilität legten sich die Lipidmoleküle wie Blätter aneinander. Und diese Lipidblätter bildeten in ihrem Drang nach weniger Instabilität kugelförmige Bläschen, die Vorläufer der Zellmembranen.

Eine besondere Kombination instabiler Kohlenstoff-, Wasserstoff- und Sauerstoffatome stabilisierte sich, indem sie sich zu Kohlenhydraten verband, dem vierten wichtigen Baustein des Lebens.

Die Synthese jedes einzelnen dieser Bausteine des Lebens muß jeweils durch die anderen Bausteine gefördert worden sein. Nur ein gegenseitiges Zusammenwirken all dieser Bausteine könnte sie befähigt haben, sich bis zu einer Zelle weiterzuentwickeln. In der Tat ist es diese Zusammenarbeit, die das Leben gezeugt hat und es unterhält. Kooperation ist das Ergebnis der Aktivitäten einer Gruppe von Beteiligten im Streben nach geringerer Instabilität.

Die ersten organischen Moleküle dürften unter einer Wasserschicht bestimmter Dicke gebildet worden sein, die unerläßlich war, um die lebende Materie vor der tödlichen ultravioletten Strahlung zu schützen.

Millionen Jahre später, erst nachdem durch die Photosynthese genügend Sauerstoff in der sauerstoffarmen Uratmosphäre entstanden war, um eine schützende Ozonschicht um die Erdatmosphäre zu bilden, konnte das Leben sich auf das Abenteuer einlassen, aus dem Wasser hervorzukommen.

Die Zelle

Im Bestreben, die Labilität zu verringern, entstanden die organischen Moleküle und Verbindungen und setzten ihre Vereinigung und Integration fort. Daraus ist wohl die Zelle entstanden. Dieser Bestandteil des Lebens ist in der Tat die Organisation eines Zusammenwirkens der biochemischen Instabilitäten der Zellbestandteile. Wie im Universum hängen alle Komponenten der Zelle voneinander ab und beeinflussen sich gegenseitig. Manche kooperierenden kleineren Zellen, wie die Mitochondrien, wurden sogar in größere Zellen integriert.

In der organischen Ursuppe gelang es nur kooperativen Molekülen und Verbindungen zu überleben und sich weiter zu entwikkeln.

Wenn die DARWINsche Theorie von der natürlichen Auslese durch den Kampf ums Dasein zuträfe, wäre niemals eine Zelle entstanden; wir existierten gar nicht und könnten die Idee vom »Überleben des Stärkeren« nicht diskutieren, eine Idee, die den nach eigener Einschätzung Erfolgreichen außerordentlich viel bedeutet.

Die Qualität und der Rhythmus, in denen die ständige Aktivität einer Zelle organisiert ist, müssen durch die labilsten Komponenten der Zelle reguliert werden: durch die Enzyme und Peptide, die im Zytoplasma der Zelle schwimmen.

Die Zelle ist eine Organisation, und eine Organisation beruht auf Kommunikation. Kommunikation wiederum wird vor allem durch die labilsten Bestandteile der Organisation beeinflußt, einfach weil diese am wachsten, sensibelsten und aktivsten sind.

Da diese Enzyme und Peptide am verletzlichsten und somit besonders wach und empfindlich sind, stellen sie auch in der Beziehung und Kommunikation der Zelle mit ihrer Umgebung einen wesentlichen Faktor dar.

Sensibilität und Wahrnehmungsfähigkeit der Rezeptoren einer Zelle unterliegen der Kontrolle durch Enzyme und Peptide.

Da es sich bei den Enzymen und Peptiden um Proteine und somit um wandelbare Bestandteile handelt, sind diese auch wesentliche Faktoren bei der Anpassung der Zelle an ihre Umgebung. Die Enzyme und Peptide, die in der Urzelle eines Individuums oder einer Spezies transportiert werden, sind ebenso bedeutend wie der Gen-Pool, den die Zelle enthält und der die besonderen Merkmale des betreffenden Individuums oder einer Spezies bestimmt.

Die meisten Aktivitäten der Zelle werden durch Enzyme angestoßen, gesteuert und beendet. Sie entsprechen der Logik, Sprache und Grammatik der Zelle. Die Zellenzyme aktivieren und beenden die Leistung der Zellkern-DNS oder der Gene. Würden die Gene nicht durch Enzyme stimuliert oder irritiert, dann blieben sie für immer im Schlummerzustand.

Zellenzyme regulieren auch die Aktivität der zytoplasmatischen RNS, des zweiten genetischen Codes. Eigentlich sollte man die RNS, die im Zytoplasma schwimmt und von einem Enzym, der sogenannten Aminoacyl-Transfer-RNS-Synthetase reguliert wird, als ersten genetischen Code betrachten, da sie entwicklungsgeschichtlich älter ist als die DNS.

Infolge ihrer außerordentlichen Instabilität und damit auch Empfindlichkeit und Aktivität spielen die Zytoplasmapeptide eine wichtige Rolle beim Zellwachstum. Jeder auf die Zelle einwirkende Druck, jede Irritation steigert die Aktivität der Zellpeptide, die das Zellwachstum stimulieren.

Auf Druck oder Irritation reagiert die Zelle stets mit einer Expansion. Wachstum ist die hauptsächliche Reaktion der organischen Materie auf Irritation oder Druck.

Als die Zellelemente integrierender Bestandteil eines Gefüges wurden, verringerten sie ihre jeweiligen Instabilitäten. Manche Elemente, etwa die Gene des Zellkerns, erreichten sogar den latenten Zustand des Daseins.

Als Teil eines Ganzen trugen die Zellelemente allerdings auch zur Instabilität der Komplexität des Ganzen bei.

Die Haupteigenschaft des Lebens ist die Reproduktion. Diese nahm ihren Ursprung und Fortgang durch die Tendenz der Zelle, sich unter Irritation oder Druck auszudehnen und zu wachsen.

In einer bestimmten Phase des Wachstums wurde die Zelle so

groß, daß es beschwerlich war. Um diese Last des extremen Wachstums zu verringern, stieß die Zelle einen Teil ihrer selbst ab und teilte sich in zwei Zellen.

Wir gehen meistens davon aus, daß die Bedingungen und die Umgebung ideal sein müssen, wenn eine Zellteilung stattfinden soll. In Wirklichkeit aber müßten Umgebung und Bedingungen, unter denen sich eine Zelle teilt, irritierend sein; denn nur die Irritation kann die Zelle veranlassen, sich auszudehnen und zu wachsen. Eine glückliche Zelle würde sich niemals teilen. Eine zufriedene Raupe würde sich niemals zum Schmetterling häuten.

Die ersten Organismen

Die ersten einzelligen Lebewesen oder Bakterien traten vor etwa 3,5 Billionen Jahren auf. Die ersten Bakterien waren Prokaryonten (niedere Protisten), das sind kernlose Zellen. Ihre Nukleinsäuren oder ihr genetisches Material schwimmt im Zytoplasma der Zelle. Während der ersten 2,5 Billionen Jahre dominierten prokaryontische Bakterienformen das Leben auf der Erde.

Vor etwa einer Billion Jahren traten die komplizierteren eukaryontischen Bakterien auf. Ihr genetisches Material ist in einen Zellkern gepackt, der im Zytoplasma schwimmt. Vermutlich entwickelten sich die Eukaryonten aus Prokaryonten, höchst wahrscheinlich aber aus deren labileren und verletzlicheren Formen.

Im Bestreben, ihre Instabilität zu verringern, absorbierten diese labileren Prokaryonten viele Enzyme, Peptide, Mikrobenbestandteile und verschiedene Ribonukleinsäuren, um daraus kompliziertere Einheiten zu bauen. Diese Komplexität steigerte die Instabilität und Verletzlichkeit der Zellen.

In diesem Zustand gesteigerter Instabilität begannen die Eukaryonten, Symbiosen mit anderen verletzlichen Elementen, wie zum Beispiel Mitochondrien, einzugehen. Nur eine größere Instabilität und gesteigerte Verletzlichkeit kann zu einer symbiotischen Beziehung geführt haben.

Dies wurde zu einem Wendepunkt in der Entwicklung des Lebens.

Mit den Enzymen der Atmungskette (Redoxsystem) in den Mitochondrien waren die Eukaryonten fähig, sich ihrer gefährlichen Umwelt zu entziehen, die von den besser organisierten prokaryontischen Bakterien dominiert wurde.

Indem die Eukaryonten sich Mitochondrien einverleibten, konnten sie Sauerstoff in die Atmosphäre abgeben. Dadurch, daß die Mitochondrien Sauerstoff verwerteten, wurden sie zu den Kraftwerken der eukaryontischen Zelle.

Im Bestreben, eine geringere Instabilität zu erreichen, verbanden sich einige Eukaryonten symbiotisch mit anderen äußerst instabilen Bakterien, nämlich den Chloroplasten, die auf Photosynthese und Kohlenhydratsynthese spezialisiert sind.

Die komplizierte Struktur der Eukaryonten steigerte deren Instabilität. In dieser gesteigerten Instabilität ist vielleicht begründet, warum die Eukaryonten versuchen, ihre Instabilität zu mindern, indem sie sich zu Gruppen oder Kolonien verbinden oder aneinanderlagern.

Diese Tendenz der Eukaryonten, ihre Labilität durch Koloniebildung zu verringern, eröffnete den Weg zur Bildung und Entwicklung mehrzelliger Organismen.

Durch ihre geselligen Zellen beeinflußt, fanden viele der mehrzelligen Organismen ihre Sicherheit in der Menge. Unsere heutige Neigung, die Unsicherheit durch Gemeinschaft und körperliche Nähe zu überwinden, könnte durchaus auf der Neigung der Eukaryonten beruhen, ihre Labilität durch physischen Kontakt zu verringern.

Eine große, entwicklungsgeschichtlich betrachtet plötzliche Expansion der mehrzelligen Lebensformen erfolgte vor 600 bis 500 Millionen Jahren. Diese Explosion während des Kambriums, der Frühzeit des erdgeschichtlichen Altertums, wurde wahrscheinlich durch Klimaveränderungen begünstigt. Noch ein weiterer Faktor könnte diese Explosion erklären: eine Zunahme des Sauerstoffs in der Atmosphäre. Sauerstoff reizt, und eine Reizung stimuliert Wachstum und Ausdehnung. Tatsächlich ist die Atmung nicht allein wegen der Aufnahme von Sauerstoff wichtig, sondern noch wichtiger, um eine zu starke Sauerstoffüberflutung zu verhindern; denn zuviel Sauerstoff kann für einen Organismus tödlich sein.

Daß die Bildung mehrzelliger Organismen durch das Streben der Eukaryonten nach geringerer Instabilität inspiriert und reguliert wurde, kann man daran erkennen, daß die meisten mehrzelligen Organismen oder Strukturen bestrebt sind, die geringst mögliche Asymmetrie der Form zu erreichen.

Von jeder Regel gibt es eine Ausnahme, es existieren auch heute noch bestimmte eukaryontische Organismen (= höhere Protisten, also Einzeller), zum Beispiel Algen und Pilze. Dies ist wahrscheinlich dadurch bedingt, daß sich ihre Instabilität und ihre Umgebung seit ihrer Entstehung nicht sehr verändert haben.

Die Reproduktion des Lebens

Wenn ein Lebewesen aufhört, sich auszudehnen oder zu wachsen, erreicht es den Zustand der Reife und damit der Fortpflanzungsfähigkeit. Wir hören nicht auf zu wachsen, wenn wir reifen, sondern wir reifen, wenn wir aufhören zu wachsen.

Ein Organismus stellt das Wachstum ein, sobald das Potential seiner Zellen in einer vorgegebenen Umgebung erschöpft ist. Das Wachstum eines lebenden Organismus ist ein Wechselspiel zwischen dem biochemischen Potential der ursprünglichen Zelle und den äußeren Kräften, die in einer Umgebung wirksam werden.

Wenn die Umgebung fähig war, Leben auf der Erde zu schaffen, ist sie auch fähig, die Evolution des Lebens zu beeinflussen.

Zu den wesentlichen Kräften, die das Wachstum eines Organismus beeinflussen, zählen die Stärke der Sonnenenergie, Feuchtigkeit, Atmosphärendruck, Schwerkraft, kosmische Strahlung und Verfügbarkeit von Nahrung.

Die meisten Menschen glauben, daß hauptsächlich die Gene die Entwicklung der strukturellen Komplexität eines Organismus beeinflussen. Ich glaube, daß die Art und Weise, wie die Zelle ihre

Gene gebraucht und manipuliert, für die Entwicklung und Evolution der strukturellen Komplexität eines Individuums entscheidend ist. Obwohl nämlich die Zellen von Fröschen oder von Mais mehr genetisches Material enthalten als menschliche Zellen, sind sie strukturell weniger komplex.

Mit der Reife beginnt der Abbau des Organismus. Da ein Training, dem sich der Organismus unterzieht, um seine elementaren Bedürfnisse zu befriedigen, einen wachstumsstimulierenden Reiz darstellt, kann es den Rhythmus des Abbaus verlangsamen.

Unter bestimmten jahreszeitlichen Bedingungen erfolgte bei den ersten mehrzelligen Organismen ein zusätzliches Wachstum während der Reifephase. Da dieses zusätzliche Zellwachstum eine biologische Unbequemlichkeit darstellt, wurden die überschüssigen Zellen vom Organismus abgestoßen. Aus ihnen entwickelten sich unter geeigneten Umweltbedingungen neue Organismen derselben Spezies. Die Fortpflanzung in der Natur beruht auf der Abstoßung überschüssigen Wachstums.

Die ersten mehrzelligen Lebewesen müssen androgyn oder zwittrig gewesen sein, das heißt, sie trugen die Merkmale des männlichen und des weiblichen Geschlechts in sich.

Mit der durch die Evolution bedingten Komplexität nahm die Instabilität zu. Bei bestimmten, labileren androgynen Individuen prägten sich die Merkmale eines Geschlechts mit der Zeit wahrscheinlich stärker aus. Wir sollten uns erinnern, daß jede neue Stufe in der Evolution mit einer Gruppe von Individuen einsetzt, die labiler wurden als die restlichen Vertreter ihrer Spezies.

Das männliche Geschlecht könnte sich aus noch viel labileren androgynen Individuen entwickelt haben. Dafür, daß das männliche Geschlecht aus noch instabileren androgynen Individuen abgeleitet werden kann, spricht auch die Tatsache, daß bei den meisten Spezies die Männchen größer sind als die Weibchen. Dieses ausgiebigere Wachstum konnte nur aus einer größeren biochemischen Instabilität entstanden sein, die sich durch Ausdehnung zu begrenzen trachtet.

Da jede neue Phase in der Evolution eine Zunahme an Instabilität mit sich bringt, ist sie von Sehnsucht nach der weniger labilen früheren Existenz erfüllt. Dies könnte vielleicht die Paarung der Geschlechter, die Bindung zwischen Männchen und Weibchen und das Band der Liebe zwischen Mann und Frau erklären. Viele Menschen reagieren mit einem Zustand der Depression oder Verzweiflung, wenn sie von einem geliebten Menschen getrennt werden.

Unter ganz bestimmten jahreszeitlichen Bedingungen entwickelten die männlichen und weiblichen Vertreter der ersten bisexuellen Spezies zur Zeit der Reife ein Wachstum an der Körperperipherie – ein Wachstum überflüssiger halber Zellen, der Keimzellen oder Geschlechtszellen.

Da diese Zellen eine Zunahme an biochemischem Unbehagen erzeugen, stößt der Körper sie aus. Von biochemischen Bedürfnissen geleitet, hat die Natur die Drüsen, in denen diese zusätzlichen Keimzellen gebildet werden, entweder ans äußerste Ende des Körpers oder in die Nähe jener Organe plaziert, die auf die Elimination der Abfälle aus dem Körper spezialisiert sind, so daß diese Zellen leichter ausgeschieden werden können.

Daß die Keimzellen eine biologische Reizung und Unbehagen verursachen, zeigt sich an der Bedrängnis, die Tiere erfaßt, wenn sie brünstig sind. Tatsächlich liefert diese durch die Anwesenheit zusätzlicher Geschlechtszellen im Körper vermehrte Instabilität die zusätzliche Energie, die für sexuelles Imponieren, Kampf um die Weibchen und Begattung erforderlich ist.

Daß die Geschlechtszellen eine Last sind, erkennt man daran, daß ihre Präsenz die Aktivität der körpereigenen Abwehr stimuliert.

Daß die im Körper vorhandenen Geschlechtszellen eine physiologische Last darstellen, zeigen die deutlichen Anzeichen der Erleichterung bei tierischen Lebewesen, nachdem sie sich durch den Begattungsakt oder in anderer Weise von diesem Ballast befreit haben.

Der Hauptzweck der Begattung ist in Wirklichkeit nicht die Befruchtung und die Reproduktion des Lebens, sondern die Beseitigung eines biologischen Unbehagens, eines Zwickens, das die irritierenden Geschlechtszellen erzeugen.

Zum Glück für die Fortpflanzung der zweigeschlechtlichen Spezies vereinigen sich die männlichen und weiblichen Geschlechtszellen, nachdem sie ausgestoßen wurden, dank ihrer gegenseitigen Affinität zu einer befruchteten Eizelle. Unter geeigneten Bedingungen entwickeln sich diese befruchteten Eier zu neuen Organismen.

Morphogenese

Wie entsteht aus einer Ansammlung von Zellen ein Organismus? Was veranlaßt eine Zelle, sich zu spezialisieren und verschiedene Gewebe oder verschiedene Organe eines Organismus zu bilden?

Viele Fachleute machen es sich einfach und sagen, es seien die Gene. Das beantwortet aber nicht die schwierigere Frage, was denn die Aktivität eines Gens auslöst und was diese Aktivität koordiniert.

Meines Erachtens teilt sich die Zelle, um ihre Instabilität zu verringern; sie wandert und etabliert sich infolge ein und desselben Antriebs, und sie spezialisiert ihre Aktivitäten in Übereinstimmung mit derselben Tendenz. Ein Organismus ist das Ergebnis einer kooperativen Organisation der zellulären Tendenz, maximale Stabilität zu erreichen.

Sogar manche Bakterien, diese unabhängigen einzelligen Organismen, trachten danach, ihre individuelle Instabilität zu verringern, indem sie Kolonien und häufig sogar richtige Zellverbände bilden, bei denen es zu Interaktionen zwischen den Zellen, einer Spezialisierung mancher Bakterien und zu Arbeitsteilung untereinander kommt.

In einer Ansammlung von Zellen schafft jede neue Zelle oder Zellgruppe neue Bedingungen, denen die übrigen Zellen ihre ständige Bereitschaft, ihr Unbehagen zu mindern, anpassen müssen. Jede neue Gruppe von Zellen wird durch die vorbestehenden Zellen beeinflußt und beeinflußt ihrerseits die Existenzform und den Stoffwechsel der älteren Zellen des Organismus.

Die Morphogenese ist eine Kette erfolgreicher Organismen, die mit der ersten Teilung der ursprünglichen Zelle beginnt und sich bis zur endgültigen Form fortsetzt. Jede neue Zellgruppe, die aus dem vorhergehenden Organismus entsteht, erzeugt einen neuen Organismus, der seinen Bedürfnissen entsprechend eine neue Gruppe von Zellen hervorbringt. Eine Schöpfung wird durch ihren Schöpfer beeinflußt, wirkt aber gleichzeitig auf ihren Schöpfer zurück.

Die Idee der Menge könnte im Gehirn durch die Tendenz der eukaryontischen Zelle hervorgerufen worden sein, zur Menge zu werden und durch die große Anzahl in einem mehrzelligen Organismus eine geringere Instabilität zu erreichen.

Jede individuelle Menge oder Zahl erwirbt, indem sie zu einer Gruppe gehört, eine kooperative Bedeutung auf Kosten ihrer Individualität. Zahlen ziehen uns magisch an, selbst wenn sie eine Zunahme der Weltbevölkerung, der Bevölkerung unseres Landes oder unserer Stadt anzeigen. Soviel zur Individualität.

Gene

Viele Menschen erklären alles, was die lebende Welt betrifft, mit der Genetik. Man hat den Eindruck, als seien die Gene eine Art allgegenwärtiger und allmächtiger Gottheit. Wenn ein gewöhnliches Gen nicht genügt, um etwas zu erklären, muß das »Super-Gen« herhalten. Die Anhänger der Omnipotenz und Omnipräsenz der Gene bezeichnen ihren Glauben als »genetischen Determinismus«.

Jede geschichtliche Epoche hat ihren bevorzugten Mythos. Der Mythos von der Allmacht der Gene paßt sehr gut zu der westlichen Mentalität, die vom jüdisch-christlichen Glauben an einen einzigen allmächtigen Gott beeinflußt ist.

Wie ich bereits sagte, können die Anhänger der Theorie, daß Gene alles bestimmen, jedoch nicht erklären, was diese Gene aktiviert. Es gibt keinen wissenschaftlichen Beweis, daß Gene ihre

Aktivität, ihre Selbstverwirklichung selbst anstoßen können. Die Zelle stellt eine kooperative Organisation dar, und darin ist kein Platz für Determinismus.

Ich habe erklärt, daß der Antrieb, welcher der organischen Materie innewohnt, die Gene in dicht gepackte Chromosomen zwang. Innerhalb dieser Chromosomen erreichen die Gene ihr geringst mögliches biochemisches Unbehagen, eine stumme oder schlummernde Existenzform. Jede Spaltung der Chromosomen während der Zellteilung, jede Aktivierung eines auf einem Chromosom liegenden Gens würde eine Zunahme der Instabilität des Chromosoms bedeuten, die kein organisches Molekül auf eigene Initiative bewerkstelligen kann. Eine Instabilität wird stets durch eine andere, größere Instabilität auferlegt, eine Unbequemlichkeit stets durch eine andere, stärker irritierende Unbequemlichkeit.

Um aktiv zu werden, muß ein Gen erst aktiviert werden. Und wodurch wird ein Gen aktiviert?

Die Antwort lautet: durch die Zelle insgesamt als kooperative Organisation, in der die empfindlichsten und instabilsten Enzyme eine wichtige Rolle spielen. Tatsächlich werden und bleiben Gene vor allem durch Enzyme aktiviert. Sobald ein Enzym, das auf ein Gen wirkt, seine Aktivität einstellt, kehrt das Gen in seinen schlafenden Zustand zurück. Außerdem bestimmt das Enzym, welches Gen aus dem jeweiligen mütterlichen und väterlichen Chromosomenbestand für die Zelle insgesamt besser ist.

Man könnte den Gen-Pool mit einer Bibliothek vergleichen, aus der jeder Leser sich nach seinem momentanen Bedarf sein Buch wählt. Je dringender der Lesers ein bestimmtes Buch benötigt, desto begieriger wird er danach suchen.

Die Genetiker betonen, daß wir die Gene unserer Spezies erben. Wir erben aber auch das Zytoplasma der Spezies, wir erben die Zellmembran der Spezies mit ihren Rezeptoren, wir erben die Mitochondrien, die Enzyme und die Zellorganisation unserer Spezies.

Mit dem Zytoplasma erben wir auch die RNS der Spezies, die direkt und indirekt eine wesentliche Funktion bei der Proteinsynthese hat.

Für die Genetiker beruht die Kontinuität einer Spezies auf der

Kontinuität ihrer Gene. Dem wäre noch hinzuzufügen, daß die Erhaltung einer Spezies auch auf der Kontinuität ihres zytoplasmatischen Potentials beruht. Man könnte außerdem ergänzen, daß die Kontinuität einer Spezies auch auf der Kontinuität der Umweltbedingungen beruht, unter denen eine Spezies lebt. Ein Krokodil mag in den letzten zweihundert Millionen Jahren viele Genmutationen durchgemacht haben, aber im großen und ganzen sind sich die Krokodile doch gleich geblieben.

Irgendwie gewinnt man den Eindruck, als gäbe es eine Art Verschwörung unter den Wissenschaftlern – die ja meist dem männlichen Geschlecht angehören – , die ganzen Vererbungen und Kontinuitäten unter den Tisch fallen zu lassen, da sie nur über die weibliche Linie weitergegeben werden. Im Namen lediglich jener Hälfte der Gene, die von männlicher Seite zum Gen-Pool beigesteuert werden, haben die Männer den genetischen Determinismus erfunden. ARISTOTELES, der die westliche Philosophie dominierte und noch immer stark beeinflußt, behauptete, daß Frauen nichts zur Erhaltung der Art beitrügen.

Was die Genetiker ebenfalls selten erwähnen, ist die Tatsache, daß die ersten Zellteilungen, mit denen die Entwicklung neuen Lebens beginnt, unter dem Einfluß der zytoplasmatischen Organisation der Eizelle stattfinden, ohne daß die Gene des Zellkerns beteiligt sind.

Vielleicht läßt sich die entstandene große Fülle der Arten letztlich erklären, wenn man die zytoplasmatische Organisation des Organismus berücksichtigt. Wir haben beispielsweise ungefähr 99 Prozent unserer Gene mit denen des Schimpansen gemeinsam. Was uns von diesen Primaten unterscheidet, ist nicht sosehr das eine Prozent anderer Gene, sondern es ist der Unterschied in den Zellorganisationen und die unterschiedliche Manipulation der gemeinsamen Gene.

Obwohl Haustiere und ihre nicht domestizierten Vettern einen gemeinsamen Gen-Pool haben, unterscheiden sie sich in der äußeren Erscheinung und im Verhalten.

Es gibt Hinweise, daß die Zellen, die während der ersten Stufen der Embryogenese gebildet werden, eine Reihe von Mediatorstoffen enthalten, wie zum Beispiel Azetylcholin, Dopamin, Serotonin, Adrenalin und Noradrenalin. Diese Mediatoren haben eine wichtige Funktion beim embryonalen Wachstum, bei der Differenzierung der Zellen, ihrer Wanderung und ihrer räumlichen Orientierung. Da die Mediatorstoffe vom Nervensystem gebildet werden, das beim Embryo vorerst noch unentwickelt ist, könnten wir schließen, daß sie von der Mutter über das Zytoplasma der Eizelle beigesteuert worden sein müssen.

Die Genetiker behaupten, daß die Evolution der verschiedenen Spezies und der verschiedenen Individuen innerhalb derselben hauptsächlich auf Genmutationen beruht.

Genauso könnte man behaupten, die Evolution sei auch von Mutationen in der Zellorganisation der Spezies oder von Mutationen in den Mitochondrien beherrscht. Schließlich besitzen die Mitochondrien eigene Gene und synthetisieren unabhängig ihre Proteine und Enzyme. Mitochondriengene könnten beispielsweise diese Unterschiede besser erklären als die Gene von Zellkernen, vor allem die Unterschiede zwischen Individuen derselben Spezies, da die Mutationsrate der ersteren etwa zehnmal höher ist als die der letzteren. Die individuellen energetischen Unterschiede, die bei der Auslese innerhalb einer Art so wichtig sind, stehen in engem Zusammenhang mit den Mitochondrien, diesen Kraftwerken der Zelle.

Die Genetiker geben auch niemals zu, daß es nicht die Gene sind, sondern daß die Zelle in ihrer Gesamtheit die Aktivität ihrer Membranrezeptoren manipuliert – eine bedeutsame Aktivität insofern, als diese Rezeptoren mit der Umgebung der Zelle in direkter Verbindung stehen.

Wir dürfen niemals vergessen, daß das Leben durch die Umweltbedingungen auf unserem Planeten entstanden ist und daß es nach wie vor von ihnen beeinflußt wird. Ein kleiner Unterschied in der Bebrütungstemperatur kann bei vielen Reptilien darüber entscheiden, ob sie männlichen oder weiblichen Geschlechts sein werden, und dabei die Gene völlig ignorieren. In einer Ameisenkolonie, wo jedes Individuum über die gleichen Gene verfügt, entscheiden die Umweltbedingungen, welche Ameise Königin, Soldat oder Arbeiterin wird.

Die durch äußere Bedingungen stimulierte Organisation der

Zelle und das zellspezifische Streben nach geringerer biochemischer Labilität bewirken die zyklische DNS-Synthese und die Verdichtung des Chromatins bei der Zellteilung.

Wenn eine Frau, vor allem während der ersten zwölf Wochen ihrer Schwangerschaft, auch nur gelegentlich Kokain nimmt, kann sie leicht ein mißgebildetes Kind zur Welt bringen, ohne daß dieses in den ererbten ursprünglichen mütterlichen und väterlichen Genen die geringste Mutation aufweist. Wahrscheinlich hat die abnorme Manipulation der Gene durch die embryonalen Zellen die Mißbildungen beim Fötus verursacht, wobei die abnorme Aktivität der embryonalen Zellen durch das von der werdenden Mutter konsumierte Kokain ausgelöst wurde. (Da Kokain fettlöslich ist, kann es die Plazentaschranke in der Gebärmutter leicht passieren.)

Durch die reverse Transkription von Virus- oder Zytoplasma-RNS in die DNS des Zellkerns kann der Gen-Pool bereichert werden oder mutieren, und dies wird bei Bedarf vom Zytoplasma der Zelle und einem seiner spezifischen Enzyme bewerkstelligt.

In diesem Zusammenhang ist hervorzuheben, daß die genetische Information des Zellkerns gelesen und übersetzt werden muß, was durch das Zytoplasma der Zelle, vor allem durch die Boten-RNS und die Transfer-RNS geschieht. Schließlich sind die Gene wie Buchstaben, die von Enzymen herausgegriffen und durch die Organisation der Zelle in Wörter, Sätze und einen sinnvollen Text verwandelt werden. Jede Zelle hat ihre eigene individuelle Lesart, ihre eigene Schrift, ihre Logik und ihren Stil. Diese hängen mit dem Grad der Instabilität der Zelle zusammen. Ein und dieselbe Zelle kann dasselbe Gen unter verschiedenen Bedingungen und bei unterschiedlichen Zuständen der Instabilität verschieden lesen und übersetzen.

Das kollektive Gedächtnis einer Spezies und insbesondere die Erkennung von und Furcht vor natürlichen Feinden müssen der neuen Generation jeweils über das Zytoplasma mit den Enzymen und Peptiden der mütterlichen Eizelle vermittelt werden.

Das Gedächtnis funktioniert nur mit Hilfe von Informationen.

Information oder Kommunikation setzen voraus, daß ein Ereignis wahrgenommen wurde. Wahrnehmung setzt Wahrnehmungsfähigkeit voraus, die wiederum durch Wachheit und Verletzlichkeit bedingt ist. Wachheit und Verletzlichkeit sind abhängig vom Ausmaß der Instabilität.

Eine größere Flexibilität, die Ausdruck einer größeren Instabilität der Proteine, vor allem der Enzyme und Peptide ist, weist diesen Eiweißkörpern eine wesentliche Aufgabe beim Erinnern und Lernen zu.

Die Energie für das Erinnern und Lernen kann nur aus der Instabilität bereitgestellt werden.

Manche Dogmatiker der Genetik behaupten, das ganze Leben und seine Evolution dienten nur einem Zweck, nämlich dem Überleben und der Verbreitung des »selbstsüchtigen Gens« (*selfish gene*).

Meines Erachtens wäre mit einem derartigen selbstsüchtigen Gen niemals eine Zelle, die ja eine kooperative Einheit ist, entstanden. Mehr noch, wenn Gene selbstsüchtig sind und daher miteinander konkurrieren, dann müßten einige von ihnen nach vier Millionen Jahren Konkurrenzkampf inzwischen riesiger sein als das Empire State Building.

Man müßte auch fragen, wie ein selbstsüchtiges Gen seiner Selbstsucht hätte frönen können, wenn seine selbstsüchtige Aktivität ohne das Eingreifen und die Hilfe von Enzymen der kooperativen Zelle nicht erfolgen kann.

Bei einer Kooperation gibt es keine individuelle Unabhängigkeit, und ohne Unabhängigkeit ist Selbstsucht ausgeschlossen. Da die Gene außerstande sind, ohne die Zelle zu überleben, können sie nicht unabhängig sein.

Wären unsere Gehirnzellen nicht von Natur aus kooperativ, dann hätten wir niemals auf die Idee der Arbeitsteilung und der wirtschaftlichen Zusammenarbeit kommen können.

Der genetische Determinismus behauptet, die Zelle könne angesichts von Umweltveränderungen ihre genetische Konstitution nicht verändern. Die Zelle mag vielleicht ihre genetische Konstitution nicht verändern, aber sie kann die Gene des Gen-Pools im

Bedarfsfall, der von den Umweltbedingungen abhängt, mit ihren Enzymen manipulieren.

Hinter der Aktivität eines Gens steckt ein Enzym, hinter der Aktivität eines Enzyms steht die Zelle mit ihrer von den Umweltbedingungen beeinflußten Organisation. Dies sollte hauptsächlich deswegen berücksichtigt werden, weil Genmutationen allein die Fülle der Formen des Lebens nicht erklären können.

Oft wird die Dominanz der Gene als »zentrales Dogma« bezeichnet. Dieser Begriff des Dogmas wurde von FRANCIS CRICK, einem der Entdecker der Struktur der DNS, eingeführt. Glaubt man ROBERT SHAPIRO, dann kannte CRICK die wirkliche Bedeutung des Begriffes »Dogma« nicht. »Ich dachte«, zitiert ihn SHAPIRO in seinem Buch »*Origins*«, »daß damit eine Hypothese gemeint ist, eine beliebige Sache, die man aus keinem besonderen Grund formuliert. Sonst hätte ich von ›zentraler Hypothese‹ gesprochen, und dann wäre kein Mensch auf diesen ganzen Blödsinn gekommen.«

Was die Behandlung und vor allem die Prävention der Krebskrankheit angeht, hat sich der genetische Determinismus als schädlich erwiesen. Riesige Summen wurden ausgegeben, um das Gen zu entdecken, das die tödliche Krankheit verursacht. Viele Wissenschaftler sind überzeugt, daß sie das krebsverursachende Gen, das sogenannte Onkogen, gefunden haben.

Selbst wenn es ein solches Onkogen gäbe, müßte es schon einige Zeit in latenter Form in unserem Gen-Pool vorhanden sein. Vielleicht wird die Krebskrankheit nicht durch dieses schlummernde Onkogen verursacht, sondern durch die Bedingungen ausgelöst, welche die Zelle und ihre Enzyme gezwungen haben, aus dem latenten Zustand zu erwachen und aktiv zu werden.

Bei gründlicherer Untersuchung könnten die Wissenschaftler entdeckt haben, daß die unter Spannung stehende und dadurch biochemisch instabilere Zelle ihre Instabilität durch Expansion oder Wachstum zu verringern trachtet. Sie würden auch entdeckt haben, daß ein Organismus, der durch äußere Kräfte oder durch die Furcht des Geistes irritiert wird, an seiner labilsten Stelle zu wuchern beginnt. Ein Organismus, der unter Streß steht, entwikkelt eine Krebsgeschwulst aus seinen labilsten Zellen. Deswegen kann dieselbe Art von Angst und Streß bei verschiedenen Menschen verschiedene Arten von Krebs auslösen.

Die USA haben zirka zwei Milliarden Dollar und etliche andere Länder ebenfalls riesige Summen in ein neues Spielzeug der Genetiker investiert. Diese arbeiten jetzt mit Feuereifer an einer »Genkarte des Menschen«, auf der sämtliche menschlichen Gene erfaßt werden sollen. Diese »Genkarte« wird nur Buchstaben enthalten. Sie wird jedoch nicht erklären, was aus diesen Buchstaben Wörter bildet und was diese Wörter zu Sätzen und Texten fügt und warum.

Trotz enormem Forschungsaufwand wurden bei der Therapie genetisch bedingter Krankheiten bislang wenig Fortschritte erzielt. Eine weniger dogmatische Beschäftigung mit Erbkrankheiten hätte wahrscheinlich bessere Ergebnisse gezeitigt. Besessen von dem Willen, die für genetisch bedingte Krankheiten verantwortlichen Gene nachzuweisen und sie zu ersetzen, übersah man zwei wichtige Tatsachen. Erstens muß man sich fragen, ob das für eine Erbkrankheit mutmaßlich verantwortliche Gen an sich ungesund ist oder ob das Gen von seiner Zelle und deren Enzymen in abnormer Weise manipuliert wurde. Zweitens sollte man sich fragen, ob die Zelle und ihre Enzyme implantierte oder transplantierte Ersatzgene nicht auf die gleiche Art manipulieren würden.

Die Genbesessenheit hat die Forschung dermaßen verzerrt, daß einige Wissenschaftler ernsthaft versuchen, für Langlebigkeit zuständige Gene nachzuweisen. Vor mehreren hundert Jahren machten die mittelalterlichen Alchemisten gute Geschäfte mit dem Verkauf eines »Elixiers für ewige Jugend«.

In jüngster Zeit wurde ein »Adipositas-Gen« diskutiert, das für unser Übergewicht verantwortlich sein soll.

Jeder weiß, daß man unter bestimmten Voraussetzungen zunehmen oder abnehmen kann. Dies geschieht, ohne daß die

Gene auch nur im geringsten sich verändern oder mutieren. Allgemein bekannt ist außerdem, daß der Geist und seine Ängste die Entstehung einer Fettsucht, ebenso aber auch eine *Anorexia nervosa* (Magersucht) und andere psychosomatische Störungen und Krankheiten deutlich begünstigen können.

Den entscheidenden Beweis, daß meine Theorie der schlafenden Gene zutrifft, liefert die Synthese der Streß- und Schockproteine. Eine Zunahme der Stärke äußerer Streßfaktoren – wie Hitze, Umweltverschmutzung, Sauerstoffmangel, Belastung durch Schwermetalle oder giftige Chemikalien und körperliche Traumata – kann die Aktivität des zuständigen Gens auslösen, so daß es die Synthese eines entsprechenden Streßproteins fördert, das die Zelle oder den Organismus befähigt, äußeren Streß besser zu bewältigen. Ohne die belastenden Umweltfaktoren würden die Gene, welche die Synthese der Streßproteine unterstützen, für immer im Schlafzustand bleiben.

Woher rührt diese Leidenschaft für die Dominanz der Gene? Sie stimmt durchaus überein mit der jugendlich-unreifen Mentalität einsamer und isolierter Individuen, die alles durch eine »absolut« individuelle Ursache begründet. Ich werde später noch erklären, daß wir von jener jugendlich-unreifen Mentalität beherrscht werden, die ich bereits in meinem Buch *»Wer lacht, lebt länger – Von der Heilkraft des Humors«* (Ariston Verlag, Genf/München 1987) als grundlegendes Übel unserer männlich geprägten und bestimmten Gesellschaft dargestellt habe.

Die jugendlich-unreife Mentalität erfand auch die Idee des Sündenbocks, der für alles verantwortlich gemacht wird. Die jugendlich-unreife Mentalität ist schließlich anmaßend und launisch.

Diese Mentalität hat den Monotheismus entwickelt. Im Mittelalter wurde alles mit dem allerhöchsten Gott erklärt. Das naturwissenschaftlich geprägte neunzehnte und die erste Hälfte des zwanzigsten Jahrhunderts versuchten alles mit geheimnisvollen Instinkten zu begründen. Heute hingegen sieht man den Schlüssel für alles in den Genen.

Viele sind überzeugt, daß es jeweils besondere Gene für Aggression, Gewalt und Verbrechen gibt. Bevor die Gene erfunden wurden, schrieb man alles der geheimnisvollen Macht der Instinkte zu. Manche Wissenschaftler und Politiker behaupteten – und einige tun es heute noch –, daß Kriege notwendig seien, daß sie gut und gesund seien für die Entladung von Aggressionstrieb und -stau. Das ist natürlich barer Unsinn – werden doch nachweislich die meisten Gewalttätigkeiten und Verbrechen bewußt verübt und oft sogar kühl und generalstabsmäßig vorbereitet. Doch die Unfähigkeit, Fakten zu begreifen, ist charakteristisch für beschränkte Geister.

Der schlagendste Beweis, daß die Allmacht des selbstsüchtigen Gens einen Mythos der jugendlich-unreifen Mentalität darstellt, ist die Tatsache, daß die Zelle insgesamt die Voraussetzungen und die Energie bereitstellt, die von der DNS benötigt werden, um bei der Zellreproduktion Kopien ihrer selbst herzustellen.

Evolution

In der Regel betrachten wir die Evolution als Fortschritt, als eine Entwicklung von niederen zu höheren Lebensformen. Diese höheren Lebensformen dürften hauptsächlich durch Genmutationen im Verein mit natürlicher Auslese entstanden sein. Da die Stärksten bessere Überlebens- und Fortpflanzungschancen haben, konnten sie ihre Stärke an Nachkommen weitergeben. Im Darwinschen Sinne führt die Evolution nach oben.

Wahrscheinlich wurde diese Vorstellung durch die Tatsache inspiriert, daß die Evolution immer kompliziertere Lebensformen hervorbringt, und das Komplizierte pflegt uns ja zu beeindrukken. Da sie ein Produkt von Instabilität ist, steigert jede Evolution der Kompliziertheit nur die Instabilität. Mit der neuesten Stufe der Evolution, dem menschlichen Geist, erreicht die Instabilität oft ein panikartiges oder selbstmörderisches Ausmaß.

In Wirklichkeit scheinen wir eher einen Abstieg als eine Höherentwicklung vollzogen zu haben, wenn man berücksichtigt, daß die Komplexität die Instabilität steigert, die sich durch Expansion und Wachstum zu verringern trachtet, und dadurch wiederum die Komplexität und Verletzlichkeit vermehrt. Wenn die Evolution zu mehr Stabilität führen würde, wäre das menschliche Gehirn niemals imstande gewesen, die Vorstellung von der »guten alten Zeit« zu entwickeln.

Die Komplexität steigert die Instabilität und Verletzlichkeit, weil sie Bedürfnisse und Ansprüche vermehrt. Wenn die Bedürfnisse der Komplexität ihre Vorteile überwiegen, setzt der Abstieg ein. Jede Lebensform beginnt zugrunde zu gehen, wenn ihre Expansion so große Bedürfnisse und Ansprüche geschaffen hat, daß sie diese nicht mehr zu befriedigen vermag. Die Dinosaurier können als Beispiel dienen, wie eine Expansion ein Übermaß erreicht und dann zum Aussterben der Art führt.

Es liegt in der Natur der Expansion, daß sie zur Überexpansion führt. Und es liegt in der Natur der Überexpansion, daß sie an einem bestimmten Punkt umkippt, zum Abstieg und schließlich zum Ende führt. Das Leben geht an seiner naturgegebenen Krankheit, der Überexpansion, zugrunde.

In gewissem Sinn begreifen wir die mit der Evolution einhergehende Zunahme an Instabilität und Verletzlichkeit, wenn wir einen Anstieg der Schmerzempfindlichkeit bei den höheren Lebensformen beobachten. Diese Schmerzempfindlichkeit erreicht beim Menschen oft hysterische Ausmaße.

Die Evolution hat nicht nur zu einer Zunahme von Komplexität und Instabilität geführt, sondern gleichzeitig unsere Furcht vergrößert. Mit dem Bewußtsein brachte die Evolution dem Menschen auch die Furcht vor Alter und Tod. Mit der Evolution des Geistes stellten sich Angst und Streß ein, und mit der Evolution des aufgeblähten Ego entstand das seelische Leid. Und die Phantasie brachte uns die Furcht vor Geistern.

Da die höheren Lebensformen komplizierter sind, neigen sie

auch zu weitaus mehr Krankheiten. Mit der Evolution des Geistes wurden wir anfällig für alle möglichen psychosomatischen Krankheiten, Geisteskrankheiten und Selbstmord. Die zunehmende Verbreitung von Alkoholismus und Drogenkonsum ist ein klarer Beweis für die stetige Steigerung von Instabilität, Furcht und Angst.

Es ist ein unerschütterlicher Glauben, daß das Leben und seine Evolution dem zweiten Gesetz der Thermodynamik, das die Vorstellung der Entropie beinhaltet, zuwiderlaufen. Aber steht die Ordnung des Lebens wirklich im Widerspruch zu diesem Gesetz?

Die Ordnung des Lebens scheint mit dem zweiten Gesetz der Thermodynamik im Einklang zu sein, wenn man berücksichtigt, daß sich das Leben durch sein Wachstum und seine Expansion zum Vergehen hin entwickelt. Mehr noch, Expansion und Wachstum des Lebens schränken die Voraussetzungen für ein Leben auf unserem Planeten ein. In den vergangenen hundert Millionen Jahren sind mehr Arten ausgestorben als neu ins Leben getreten. In den letzten hundert Jahren ist die Liste der gefährdeten Arten immer länger geworden. Das Leben selbst scheint immer stärker gefährdet zu sein.

Was die Theorie vom Überleben der Stärksten angeht, könnte man sagen, daß sie präziser klingt, als sie in Wirklichkeit ist.

Uns erscheint es logisch, daß der Stärkste leichter überlebt. Wer der Stärkste ist, definieren wir jedoch nicht. Wir meinen bloß, daß die, welche am ehesten überleben, die Stärksten sein müssen.

Die Stärksten sind vermutlich jene, die im Leben erfolgreich sind. Um erfolgreich zu sein, braucht man mehr Energie, mehr Aggressivität, mehr Rivalitätssinn, mehr Rücksichtslosigkeit und mehr Gefühllosigkeit. Dies kann nur durch überdurchschnittliche Instabilität und Verletzlichkeit bewerkstelligt werden. In der Tat scheint die Evolution stets zunehmende Komplexitäten zu erzeugen, was eine stetig zunehmende Instabilität und Verletzlichkeit einschließt.

Beim Menschen, der vorläufig letzten Stufe der Evolution, wo das individuelle Ich eine wesentliche Rolle bei der sexuellen Konkurrenz und bei der Fortpflanzung spielt, finden wir ich-schwache und folglich mehr auf persönlichen Erfolg angewiesene Exemplare, die erfolgreicher verführen, kämpferischer sind und eifriger Nachkommen zeugen als Individuen mit weniger labilem Ich oder kluge und intelligente Menschen.

Mehr noch, das Überleben eines solchen Geistes und seines aufgeblähten Ichs kann das Leben ganz allgemein ernsthaft gefährden.

Bei der Theorie vom Überleben des Stärksten fällt mir immer eine Geschichte ein, die ein italienischer Arzt erzählte: In einer Klinik in Genua waren zwei schwer krebskranke Patienten, Mario und Gino, im gleichen Zimmer untergebracht. Stundenlang unterhielt Mario, der beim Fenster lag, Gino in der hinteren Ecke des Zimmers, indem er ihm das Leben und Treiben unten auf der Straße schilderte. Eines Nachts hatte Mario eine lebensgefährliche Krise. Gestikulierend bedeutete er Gino, dieser möge die Schwester rufen. Gino beschloß, nicht nach der Schwester zu klingeln; denn er wollte Marios Bett und die Zeit, die ihm blieb, damit zubringen, das Leben draußen zu beobachten.

Nachdem Gino Marios Bett übernommen hatte, blickte er durchs Fenster: Draußen war überhaupt keine Straße, und gar nichts war los.

Die Evolution des Menschen

Meine Theorie, daß sich eine neue Spezies hauptsächlich aus der instabileren Gruppe von Individuen einer Spezies entwickelt, läßt sich am besten an der Evolution der Spezies Mensch belegen.

Die Erde ist schätzungsweise vor etwa 4 500 Millionen Jahren entstanden. Vor ungefähr 4 000 Millionen Jahren bildeten sich die Meere. Bald danach erschienen im Wasser die ersten Lebewesen in Form einzelliger Algen und Bakterien. Vor etwa 1 000 Millionen Jahren begannen sich die ersten mehrzelligen Organismen zu entwickeln, die zur Atmung Sauerstoff benötigen. Die verschiedenen Arten von Fischen entstanden vor 600 bis 400 Millionen Jahren, das Pflanzenwachstum auf dem Land begann vor 430 Millionen Jahren. Die Entwicklung von Amphibien, Reptilien und Insekten setzte vor 400 bis 300 Millionen Jahren ein. Ungefähr vor 230 Millionen Jahren traten die ersten Dinosaurier auf. Ihnen folgten die Säugetiere und die Vögel.

Jede Zunahme der Instabilität bei den Individuen einer Spezies veranlaßt diese, nach geringerer Instabilität zu streben, indem sie sich dem Druck der übrigen Vertreter ihrer Spezies entziehen. Bei der Eukaryontenzelle ist die Flucht vor den dominierenden prokaryontischen Bakterien der entscheidende Faktor für die Evolution der neuen Spezies. Die Vorfahren der Reptilien müssen vor ihren besser ausgerüsteten Vettern im Meer geflohen sein, die Vorfahren der Säugetiere vor den Reptilien, die Vorfahren der Primaten vor den Säugetieren und die Vorfahren des Menschen vor den niederen Primaten. Es liegt in der Natur der Flucht, daß der Flüchtende dazu gezwungen ist.

Die neuen und irritierenden Umstände der Flucht stimulieren die Entwicklung der Komplexität. Sie ist charakteristisch für jede neue Stufe der Evolution.

Vor etwa 70 Millionen Jahren gaben die Vorfahren unserer Vorfahren – es waren kleine rattenähnliche Insektenfresser – ihr gefährliches Leben auf dem Boden auf und suchten das sicherere Gehege der Bäume auf. In diesen kleinen baumkletternden Säugetieren, die aus Sicherheitsgründen ein baumreiches Habitat zum Lebensraum wählten, finden wir den Ursprung der Primaten. Die erste Seite im Buch der Menschheitsgeschichte wurde in den Wäldern Ostafrikas geschrieben.

In seinem Buch *»The History of Man«* artikuliert CARLTON S. COON die heutige wissenschaftliche Einstellung zur Evolution des Menschen, indem er die Evolution unserer Spezies auf folgende drei Sätze reduziert: »Die heute lebenden Affen und der Mensch stammen von einer Affenart des Miozäns ab, die wahrscheinlich in Afrika gelebt hat. Nach einem mißglückten Versuch, auf dem Boden zu leben, schwangen sich die Vorfahren der Affen wieder zurück auf die Bäume. Unsere Vorfahren hingegen blieben unten, erhoben sich auf die Hinterbeine, erfanden Werkzeuge, wanderten umher, lernten sprechen und wurden Jäger.«

Mit anderen Worten: Menschen und Affen beschlossen eines Tages, von den Bäumen herabzusteigen, einen vom Gesichtspunkt der Ernährung und der Sicherheit idealen Lebensraum zu verlassen. Die weniger fortschrittlichen Affen kehrten dann auf die Bäume zurück, wo sie seither glücklich leben, während die fortschrittlicheren Menschen ihr natürliches Paradies verließen und sich in die Hölle der Savanne begaben.

In der Savanne mußten unsere menschlichen Vorfahren, die klein und schwächlich waren, über keine natürliche Spezialisierung verfügten und deren Gehirn gerade ein Drittel so groß war wie das eines heutigen Gorillas (das heißt ein Siebtel der Kapazität eines modernen menschlichen Gehirns), mit spezialisierten und gefährlichen Raubtieren leben und konkurrieren. Wir müssen uns vor Augen halten, daß die Vorfahren der Primaten ursprünglich vom gefährlichen Boden in den sicheren Lebensraum der Bäume flohen, ein kluger Schritt, der eine Spur in ihrem Gehirn hinterlassen haben muß. Kein tierisches Lebewesen wird jemals von sich aus eine sichere gegen eine gefährliche Umgebung eintauschen, schon gar nicht, wenn ihm die Furcht vor Gefahren angeboren ist. Die angeborene Furcht zu fallen erleben wir gelegentlich in Alpträumen.

Ich halte die folgende Erklärung der menschlichen Evolution für plausibler als die sonst so beliebte selbstverherrlichende.

Bereits während des Eozäns (vor 58 bis 36 Millionen Jahren) war zwischen Anthropoiden und Prosimiae, Vorläufern der Primaten, zu unterscheiden. Erstere waren menschenähnliche Primaten, die letzteren waren die Vorfahren von Lemuren, Tarsiern und Tupaias.

Im Oligozän (vor 36 bis 25 Millionen Jahren) lebten die Vorfahren der Menschen und der Affen sicher und einträchtig zusammen und hatten Nahrung im Überfluß.

Ein einschneidendes Ereignis beeinflußte die Evolution des Menschen während des Miozäns (vor 26 bis 13 Millionen Jahren): Es erfolgte nämlich ein Umbruch des Klimas. Die Verschlechterung der atmosphärischen Bedingungen verwandelte einen großen Teil des Waldlandes in Steppe. Im Verlauf dieses langsamen Wandels waren unsere schwächeren Vorfahren gezwungen, die Wälder zu verlassen und sich in der Savanne zu behaupten, um dem Druck der besser gerüsteten Affen zu entgehen.

Die Menschheit ist weder aus gefallenen Engeln noch aus höher entwickelten Affen entstanden. Sie stammt von gefallenen Affen ab. Die Bibel erklärt den Ursprung des menschlichen Lebens genauer als die Naturwissenschaft. Adam und Eva, die ersten Menschen, wurden aus dem Paradies vertrieben. Allerdings wurden sie nicht vom Allmächtigen Gott, sondern von besser angepaßten Affen vertrieben.

Gegen Ende des Miozäns lebten unsere Vorfahren in der Savanne, wo ihnen das Zeitalter des Pliozäns (vor 13 bis einer Million Jahren) bevorstand. Dies war die härteste Bewährungsprobe in der Menschheitsgeschichte – eine Zeit der Klimaverschlechterung und der Dürre, die Afrika in einen Friedhof für viele Spezies verwandelte. Diese klimatisch aggressive Situation muß eine tiefe Narbe im menschlichen Gehirn hinterlasssen haben, eine Narbe, die den Geist veranlaßt haben muß, die erste Vorstellung von einer Hölle zu erfinden. So heißt es in *»Inannas Höllenfahrt«*, einem Epos der Sumerer: »Hier gibt es kein Wasser weit und breit, nur Felsen, Felsen und Dürre und die sandige Straße ...«

Der Verfasser des *Gilgamesch-Epos* schreibt: »Furchtbar ist die Hölle mit ihrem sandigen Staub ... Sie ist der Fluß, der niemals Wasser führt.«

Um aus den Wäldern in die Savanne fliehen zu können, müssen unsere Vorfahren weniger entwickelt gewesen sein als die übrigen Affen.

Selbst heute sind sich die meisten Wissenschaftler einig, daß sich die Menschheit in einer infantilen oder neotenen Phase befindet. So schreibt beispielsweise Konrad Lorenz: »Das Merkmal, das so entscheidend ist für die Einzigartigkeit des wahren Menschen, nämlich das immerwährende Verharren in einem Zustand der Entwicklung, ist ganz sicher eine Gabe, die wir der neotenen Natur des Menschen verdanken.«

Um sich in einem »Zustand der Entwicklung« zu befinden, muß man unentwickelt sein. Tatsächlich gleicht auch heute noch ein erwachsener Mensch mehr einem Schimpansenkind als einem ausgewachsenen Schimpansen. Unsere Vorfahren haben wohl niemals Reißzähne gehabt.

Das Leben in der Steppe brachte zwei bedeutende Veränderungen in der Evolution unserer Spezies hervor: die Größenzunahme des Gehirns und den aufrechten Gang, also die Zweibeinigkeit.

Die durch den neuen Lebensraum der Steppe verursachte ständige Frustration erzeugte einen konstanten Druck auf die Gehirnzellen unserer Vorfahren und bewirkte dadurch ihr Wachstum und eine Volumenzunahme des Gehirns. In der Natur ist die Irritation eine der Hauptursachen von Expansion und Wachstum.

Das Gehirn der Reptilien ist größer als das der Fische, das der Säugetiere größer als das der Reptilien, das der Primaten größer als das der übrigen Säugetiere, und das menschliche Gehirn ist größer als das der Primaten.

Vor ungefähr einer Million Jahren erreichte das Gehirn unserer Vorfahren eine Größe von 1 300 Kubikzentimetern. Zur gleichen Zeit wurden unsere Vorfahren zu Zweibeinern. Der *Homo erectus* war geboren.

Verschiedene Theorien versuchen zu erklären, warum sich unsere Spezies in die aufrechte Haltung begab. Manche Autoren glauben, unsere Zweibeinigkeit resultiere aus der Notwendigkeit, die Hände frei zu haben, um Werkzeuge und Waffen besser benutzen zu können. In Wirklichkeit aber läßt sich belegen, daß der Mensch erst lange, nachdem er den aufrechten Gang erlernt hatte, Waffen und Werkzeuge effizient zu nutzen begann. Waffen und Werkzeuge wurden, so wie sie am Anfang der Zweibeinigkeit des Menschen beschaffen waren, mit gleicher Geschicklichkeit auch von Affen benutzt. Manche Autoren behaupten, der Mensch habe sich aufgerichtet, weil er aus dieser Körperhaltung seine Beute habe leichter erspähen können.

Entspräche es nicht viel eher der natürlichen Logik, daß ein so verletzliches Geschöpf wie der Mensch, dem Waffen zur Verteidigung und zum Angreifen fehlten und der sich viel langsamer bewegte als die anderen Tiere, sich weitaus mehr sorgte, von Raubtieren gesehen zu werden als darum, seine Beute zu erspähen? Schließlich waren die Menschen, als sie auf zwei Beinen gehen lernten, mehr Nahrungssammler als Jäger.

Andere Autoren behaupten sogar, unsere Vorfahren hätten sich die aufrechte Haltung angeeignet, um von Angesicht zu Angesicht koitieren zu können, was sich mit der menschlichen Würde der Nachfahren besser vereinbart.

Was eigentlich ist wirklich geschehen? Der aufrechte Gang muß den Menschen aufgezwungen worden sein. Es liegt nicht in der Natur eines Tieres, eine unsichere und unbequeme Haltung einzunehmen, es sei denn, um eine noch unbequemere Haltung zu vermeiden oder zu beenden.

Um den Grund für die aufrechte Haltung des Menschen zu begreifen, müssen wir berücksichtigen, daß diese zeitlich mit der Zunahme des Volumens und damit des Gewichtes des menschlichen Gehirns zusammenfiel.

Die Phasen der allmählichen Zweibeinigkeit folgten den Stadien der allmählichen Größenzunahme des Gehirns. Und so könnte es scheinen, daß die aufrechte Körperhaltung des Menschen durch das zusätzlichen Gewicht des Kopfes bedingt ist. Der Mensch hat die aufrechte Haltung nicht gewählt, sondern sie wurde ihm aufgezwungen. Sie wurde ihm durch das zusätzliche Gewicht des neuen Gehirns – ungefähr 800 Gramm – aufgezwungen. Es mag unglaubhaft erscheinen, daß diese geringe Menge derartige Folgen gezeitigt hat. Wahrscheinlich wäre es folgenlos geblieben, hätte der Vierbeiner es nur kurze Zeit mit sich schleppen müssen, aber langfristig war dieses geringe zusätzliche Gewicht im Verein mit der anstrengenden Nahrungsbeschaffung in der Steppe eine zu große Belastung.

Unter dem Druck des vergrößerten Hirngewichtes mußten die Menschen aufrecht gehen, um die Unbequemlichkeit zu mindern, indem sie den Kopf auf der Wirbelsäule balancierten. Aus der Tatsache, daß die aufrechte Haltung den Menschen Krankheiten beschert hat, so etwa Verkrümmungen der Wirbelsäule, Rückenschmerzen, Nierenbeschwerden und Krampfadern, können wir schließen, daß sie dem Menschen aufgezwungen wurde. Die aufrechte Haltung führte zu Veränderungen der Durchblutungsverhältnisse. Durch die neue Körperhaltung wurde die Blutzufuhr zu dem neuen Gehirn erschwert. Daraus ergab sich eine gesteigerte geistige Ermüdung, und das könnte die Leistungsfähigkeit der Sinne und der Wahrnehmung beeinflußt haben.

Viele Wissenschaftler halten den Menschen für eine neotene, also noch unvollkommen entwickelte, oder infantile Spezies. Wenn wir eine neotene Spezies sind, müssen wir dies erst recht in der Vergangenheit gewesen sein. Wenn wir in der Vergangenheit eine neotene Spezies waren, erscheint es nur logisch, daß wir in der Gruppe lebten und von unseren Müttern geführt und beherrscht wurden. Die meisten Frauen erwerben durch Schwangerschaft und Mutterschaft eine gewisse Reife, eine Reife, die den Schutz und die Pflege der Jungen umfaßt, die für eine neotene Spezies so notwendig sind. Es gibt in der Tat klare Hinweise, daß wir als eine von Müttern dominierte Spezies in die Geschichte der Menschheit eintraten.

Wie aber wurde diese Herrschaft der Mütter, die der Spezies Mensch über Millionen Jahre zu überleben ermöglichte, zerstört? Was war dafür verantwortlich, daß sich die friedlichen Gruppen der Nahrungssammler zu Horden und Banden gewalttätiger und aggressiver Killer wandelten?

Es gibt nur eine Antwort: der Geist der heranwachsenden Männchen. Schon immer muß unsere Spezies eine lange Jugendzeit gehabt haben, die bei den Männchen noch ausgeprägter war als bei den Weibchen.

Die Adoleszenz ist im wesentlichen eine Periode gesteigerter Instabilität. Eine Zunahme der Instabilität bringt eine Zunahme von Unruhe und Erregung mit sich. Früher oder später jedoch muß die Gruppe die meisten dieser unruhigen Heranwachsenden besänftigt und ihnen ihren Platz und Rang in der Gemeinschaft zugewiesen haben.

Die labileren und erregteren Individuen aber, die unfähig waren, sich der etablierten Gruppenordnung zu fügen, wurden entweder entfremdet oder entschieden sich gegen die Gruppe.

Diese einsamen und erschreckten männlichen Jugendlichen, die am Rande der Gemeinschaft lebten, begannen Banden zu bilden. Diese Banden bewirkten eine radikale Umwälzung im Leben der menschlichen Spezies, indem allmählich die Bandenmentalität an die Stelle der Gemeinschaft trat.

Durch ihre, man könnte sagen, Adoleszentenrevolution ersetzten die jugendlichen Rebellen langsam aber sicher die auf der Mutter-Kind-Beziehung beruhende natürliche Ordnung durch ihre eigene Ordnung, die sich auf eine künstliche Vater-Kind-Beziehung gründete.

Diese Revolutionen der Jugendlichen fanden vor zwölf- bis zweitausend Jahren statt. Ein Beweis für diese Revolutionen sind fünftausend Jahre alte Statuetten männlicher Nackter mit stolz erigiertem Penis, die bei Vinca in Zentralserbien und bei Sesklo in Nordgriechenland ausgegraben wurden. Ein um die gleiche Zeit entstandener Mythos aus Mesopotamien berichtet, daß Marduk, die erste männliche Gottheit, seine Mutter töten mußte, um an die Macht zu gelangen.

Im sechsten Jahrhundert vor Christus setzte sich in Griechenland die männliche Vorherrschaft durch. Die Frauen wurden zu Hauptpersonen der griechischen Tragödien. Im Judaismus und Christentum wurde die Benachteiligung und Unterdrückung der Frau schließlich institutionalisiert.

Wo und wie fanden diese Heranwachsenden die Kühnheit, die etablierte Ordnung, die unsere Spezies solange beschützt hatte, herauszufordern? Wo und wie fanden sie die Aggressivität und die Verwegenheit, mit Gewalt gegen die natürlichen Gesetze und Regeln vorzugehen? Vor allem, wo und wie fanden sie die Aggressivität und die Verwegenheit, gegen die natürlichen Gesetze und Regeln Gewalt anzuwenden? Und vor allem, wo und wie fanden diese Jugendlichen die zusätzliche Energie, um ihren Wagemut, ihre Aggressivität und ihre Gewalttätigkeit zu nähren?

Die jugendlichen Rebellen bezogen ihre Kühnheit, ihre Aggressivität und die Verwegenheit, diese gegen die natürlichen Gesetze und Regeln zu richten, aus der durch Erregung und Unruhe verursachten erhöhten Instabilität.

Diese entfremdeten und einsamen Jugendlichen fanden in der gesteigerten Instabilität und Furcht auch die benötigte zusätzliche Energie, ihren Wagemut, ihre Aggressivität und Gewalttätigkeit zu nähren.

Gesteigerte Labilität und Furcht unserer Vorfahren erhöhten die Instabilität ihrer Sinnes- und Wahrnehmungssysteme und schufen dadurch Zweifel und Ungewißheit. Dies veranlaßte das neue Gehirn zu geistiger Aktivität, einer Aktivität, die auf Vermutungen, Annahmen, Hypothesen und Spekulation beruhte. Diese mentale Aktivität, die auf der durch erhöhte Instabilität herbeigeführten, verminderten Effizienz der Sinnes- und Wahrnehmungssysteme beruht, nennen wir Geist.

Im Bestreben, die Unzufriedenheit zu verringern, begann der Geist, sich in Wunschdenken zu flüchten, das hoffnungsvollen Glauben erzeugte. Dieser konnte sich nur bei verminderter oder gestörter Sinnes- und Wahrnehmungsfähigkeit infolge gesteigerter Labilität entwickeln. Nur eine herabgesetzte oder gestörte Sinnes- und Wahrnehmungsfähigkeit unseres Gehirns ermöglichte, daß Imagination, Spekulation und Phantasien geboren wurden.

In seiner Phantasie ersetzte der Jugendliche sein unzulängliches Ich durch eine Ich-Idee, ein Wunsch-Ich oder idealisiertes Ego. Als der Jüngling sein idealisiertes Ego erfand, war er von diesem hingerissen. Es liegt in der Natur des Schöpfers, daß er sich in sein Geschöpf verliebt. Durch die Eigenliebe wurde das Ich des Jünglings zum Mittelpunkt des Universums. Wahrscheinlich ist dies der Grund, warum die Wissenschaftler das sogenannte anthropogene Prinzip erfanden, das besagt, daß es ohne den Menschen kein Universum gäbe, daß erst der Mensch das Universum ins Leben gerufen hat. Wahrscheinlich dauerte es deswegen solange, bis die Menschheit einen Kopernikus entdeckte. Übrigens wird *ich* im Englischen, nämlich »I«, immer noch groß geschrieben.

Ein berauschtes Ich ist ein aufgeblähtes Ich. Aufgeblähtheit wird in der Natur meist durch eine Zunahme von Furcht bewirkt. Tiere blähen sich auf, wenn sie sich fürchten.

Mit der Flucht des Geistes ins Wunschdenken und mit dem von ihm geschaffenen idealisierten Ego begann eine neue Ordnung im Universum, eine Ordnung, die nach geringerer Instabilität strebt, indem sie versucht, das Universum zu verändern.

Die Ordnung des Geistes entwickelte sich aus der Ordnung der organischen Materie. Die neue Ordnung bewirkt wieder eine Zunahme der Instabilität. Diese gesteigerte Instabilität brachte ein einzigartiges Verhalten hervor: das permanente Bestreben, die Natur zur Super-Natur zu vergewaltigen, die objektive Wirklichkeit so zu verändern, daß sie den subjektiven Idealisierungen entspricht.

Die Ordnung des Geistes ist zerstörerisch. Eine Idealisierung läßt sich nur zum Nachteil der Wirklichkeit realisieren, und dies kann nur die Unsicherheit und Instabilität vermehren.

Angst

Man könnte fragen, warum die Menschen denn nicht glücklicher sind, wenn sie so gern in ihrer imaginären Geisteswelt leben. Mit der Adoleszenz beginnen wir, die Welt des Geistes zu ernst zu nehmen. Zwar entwickeln auch Kinder und sogar reife Männer und Frauen gewisse Phantasien, aber sie gehen spielerisch damit um.

Indem die Welt des Geistes zu ernst genommen wurde, entstand eine abstrakte Ernsthaftigkeit, die ich als Überernsthaftigkeit bezeichnen möchte (wie in meinem schon erwähnten Buch »*Wer lacht, lebt länger*«); denn es liegt im Wesen der Abstraktion zu übertreiben. Durch Übertreibung sollen die Abstraktionen Wirklichkeit werden. Daher wirkt Überernsthaftigkeit nicht ernst, sondern ist vielmehr eine Quelle der Lächerlichkeit.

Wenn der geistige Anspruch übermäßig ernst genommen wird, büßen Gesicht und Körper ihren natürlichen freundlichen, lebhaften und rasch wechselnden Ausdruck ein, und an seine Stelle treten Überernsthaftigkeit, Steifheit und Verspannung. Manch ein Gesicht verdankt seine harten Linien und seine verzerrte Miene dem Starrsinn, arroganten Vorurteilen oder einer aggressiven Haltung der Überlegenheit.

Wie kann das Wunschdenken innere Spannungen erzeugen? Wie können unsere Vorurteile und Einbildungen die für ihre Verwirklichung nötige Energie schaffen? Indem wir aus der Wirklichkeit in eine Welt der Vorstellungen fliehen, sucht uns die quälende Sorge heim, unsere sehnsüchtigen Erwartungen und Hoffnungen könnten sich nicht erfüllen. Wir beginnen zu fürchten, daß unsere Ansprüche, Sehnsüchte und unser Verlangen sich nicht verwirklichen lassen. Wir fühlen uns durch die Realität bedroht. Wir bekommen Angst.

Bei diesen komplizierten Verhältnissen ist der Geist außerstande zu begreifen, daß seine Ansprüche und Hoffnungen, seine Sehnsucht und sein Verlangen nur die Instabilität vergrößern können.

DANTE irrte, wenn er behauptete, die Hölle sei der Ort, an dem es keine Hoffnung gibt. In Wirklichkeit ist die durch überspannte Erwartungen verursachte Angst die Hölle.

Wie die konkrete Furcht löst auch das Bewußtsein selbstgeschaffener Angst einen Alarmzustand oder Notstand aus. Wie die echte Furcht stimuliert auch die selbstgezeugte Angst den Hypothalamus. Der Hypothalamus, der das autonome Nervensystem kontrolliert, aktiviert den Sympathikus, indem er über die Hypophyse die Ausschüttung von Adrenalin und Noradrenalin in den Nebennieren veranlaßt.

Über die Hypophyse kann der Hypothalamus auch die Schilddrüse aktivieren, welche die oxydativen Prozesse und den Stoffwechsel beschleunigt und dadurch die Energiebilanz des Körpers verbessert. Die durch das aktivierte sympathische Nervensystem freigesetzten Neurotransmitter beschleunigen die Herzfrequenz und steigern den Blutdruck.

Adrenalin steigert den Sauerstoffverbrauch im Gewebe, stimuliert die Herzfunktion, indem es das Schlagvolumen erhöht, und hebt das Energieniveau, indem es Glukose bereitstellt, so daß der Tonus der willkürlichen Muskeln zunimmt und diese aktionsbereit werden.

Noradrenalin erhöht den Blutdruck, indem es die peripheren Blutgefäße und die kleinen Arterien verengt. Außerdem erweitert es die Arteriolen in der willkürlichen Muskulatur, was für schnelle und gezielte Reaktionen wesentlich ist.

Die Neurotransmitter des sympathischen Nervensystems und die Hormone aus Nebenniere und Schilddrüse stoßen somit eine Reaktionskette und eine verstärkte Aktivität in den Zellen des Körpers an. Die Natur hat diesen Mechanismus vorgesehen, um zusätzliche Energie und Handlungsbereitschaft zu schaffen, damit das Individuum bei einem plötzlichen akuten Alarm oder Notfall angemessen mit Hilfe seines phylogenetischen Programms von Kampf oder Flucht reagieren kann.

Durch seine hartnäckigen Wunschvorstellungen und beharrlichen vorgefaßten Meinungen und Einbildungen jedoch erzeugt unser Geist eine ständige Besorgnis und anhaltende Angst vor einer Niederlage, eine dauernde Angst. Eigenliebe, Selbstverliebtheit, Wunschdenken und Einbildungen sind in den Augen des betreffenden Menschen permanent bedroht. Die Welt der Einbildungen wird dauernd überschattet von imaginären Dämonen oder finsteren Kräften, jenen wesentlichen Ursachen der Angst.

Die ständigen Befürchtungen, die die Welt unseres Geistes beherrschen, und die andauernde Angst vor einer Niederlage unseres selbstgeschaffenen Ichs können einen mehr oder weniger dauerhaften Alarm- oder Angstzustand auslösen, der eine mehr oder weniger dauerhafte Erregung bewirkt. Da diese Erregung sich nicht in Kampf oder Flucht entlädt, wandelt sie sich in ein biologisches Unbehagen, in innere Gereiztheit. Diese Spannung oder Erregung wird allgemein als nervöse Energie bezeichnet.

Selten kommen konkrete Furcht und die geistig erzeugte Angst gleichzeitig vor. Denn konkrete Furcht unterdrückt das Ich und dadurch auch die geistig geschaffene Angst. Tatsächlich werden geistige Störungen, die mit Angst zusammenhängen, häufig durch echte Probleme und begründete Furcht gemildert. Viele angstbedingte geistige Störungen verschwinden in Kriegen oder bei Katastrophen.

Andererseits kann massive Angst die Sinne und die Wahrnehmungsfähigkeit so stark beeinträchtigen, daß der Betroffene nicht mehr imstande ist, echte Gefahr zu spüren oder wahrzunehmen. Mit dem Erwachen des Geistes und seines Wunschdenkens nahm die innere Spannung auch zu, weil die vom Ich dominierte Welt des Geistes begann, das limbische System zu hemmen, seine Emotionen und Entladungen zu kontrollieren oder zu unterdrücken und auf diese Weise die nervöse Energie zu steigern. Bevor der menschliche Geist in Erscheinung trat, resultierte das menschliche Verhalten hauptsächlich aus einer spontanen, intuitiven Reaktion, wobei Intuition die Wahrnehmung der durch eine Gefühlsempfindung verursachten Befindlichkeiten und Tendenzen der Gehirnzellen bedeutet.

Mit der geistigen Welt des Glaubens entstand das Gebet. Die unreifen Jugendlichen begannen übernatürliche Kräfte zu beschwören, die ihnen helfen sollten, ihre Ambitionen zu verwirklichen. Die für die Beschwörung nötige Energie bezogen sie aus der Angst, daß die Hoffnungen und Erwartungen nicht erfüllt werden könnten. Mit dem Wunschdenken des Geistes entstand folgerichtig der Glaube an Wunder.

Angst ist der Preis, den wir dafür zahlen, daß wir in der Welt der Imagination und Phantasie leben, daß wir in der durch Wunschdenken geschaffenen ungewissen Welt des Geistes gefährlich leben.

Je größer die Kluft ist zwischen unseren Ambitionen und unserer Fähigkeit, sie zu verwirklichen, desto größer ist unsere Angst. Diese Angst kann noch zunehmen, wenn unsere Ansprüche steigen oder unsere Fähigkeiten geringer werden. Wir können unsere Anmaßung steigern, indem wir neue politische oder ökonomische Rechte oder einen höheren Lebensstandard erwerben, indem wir kulturelle, technologische oder wissenschaftliche Leistungen zu vollbringen trachten oder indem wir unsere Selbstverliebtheit und unseren Eigendünkel steigern.

Unsere Fähigkeiten und unser Können werden durch Müdigkeit, Invalidität, politische oder wirtschaftliche Einschränkungen,

Milieuwechsel beeinträchtigt, aber auch, wenn wir die Minderheit in einer Gemeinschaft bilden oder einen geliebten Menschen verlieren.

Die aus der Angst geborene nervöse Energie verursacht biologisches Unbehagen und innere Gereiztheit und drängt daher nach Entladung.

In dieser nervösen Energie fanden die einsamen Jugendlichen die Kühnheit, Aggressivität und Kraft, um das Universum und seine natürliche Ordnung herauszufordern. Und solche nervöse Energie half dem erwachenden jugendlichen Geist, sich die übrige Menschheit untertan zu machen.

Um das Wesen der durch Angst erzeugten nervösen Energie besser begreiflich zu machen, möchte ich kurz auf das Wesen der Energie der beiden anderen großen Menschengruppen eingehen. Da ist einerseits die kindliche Menschheit mit ihrer durch natürlichen Überschwang und Verspieltheit erzeugten Energie; und da ist andererseits die aus der Fülle und Fruchtbarkeit der Reife entstehende Energie. Reife impliziert Mütterlichkeit. Tatsächlich gewinnt in der Reife sogar das Männliche mütterliche und fürsorgliche Züge.

Während die kindliche Energie und die Energie der Reife durch das biologische Potential ihrer Besitzer begrenzt sind, kann die nervöse Energie dieses Potential übersteigen und dem betroffenen Menschen dann biologisch schaden, weil die Quelle dieser Energie – die geistig erzeugte Angst – oft unaufhaltsam sprudelt.

Nervöse Energie, Energie des Kindes und Energie der Reife lassen sich am Beispiel eines Musikers illustrieren, der sein Instrument spielt. Ein Zigeunermusiker, der meist in einer kindlichen Daseinsform in einer mütterlich dominierten Gemeinschaft lebt, wird sein Instrument wie ein Spielzeug behandeln. Der jugendlich-unreife Charakter wird sein Instrument technisch perfekt spielen. Ein reifer Musiker wird mit seinem Instrument in einen Dialog treten und es oft mit einfühlsamer und zugleich souveräner Virtuosität handhaben. Die ersten jüdischen Kibbuzim wurden mit den Energien der kindlichen und der reifen Mentalität gegründet und zur Blüte gebracht. Dies änderte sich, seit sich unter den Kibbuzniks immer mehr eine jugendlich-unreife Mentalität ausbreitete. Die Verwegenheit der jugendlich-unreifen Mentalität wurde in der Natur zu einem einzigartigen Phänomen. Sie war ein irrationales Phänomen; denn es entspricht nicht der natürlichen Logik, die bestehenden Naturgesetze herauszufordern. Die Kultur der jugendlich-unreifen Mentalität verherrlichte und verherrlicht noch immer die Verwegenheit. Manche betrachten Verwegenheit sogar als Tugend, als glückbringende Tugend.

Um Verwegenheit und die meist mit ihr einhergehende Aggressivität zu rechtfertigen, erklären jugendlich-unreife Vertreter von Kultur und Wissenschaft sie zu Instinkten, zu unserem genetischen Erbe, zu einem Bestandteil unseres Wesens.

Nach meiner Auffassung sind *Verwegenheit* und *Aggression* erst aus der *jugendlich-unreifen Mentalität* entstanden beziehungsweise aus dieser zu verstehen. Schließlich *werden die meisten verwegenen und aggressiven Handlungen von einem anmaßenden oder selbstgerechten Ego ausgeheckt.*

Hätte die Natur die menschliche Spezies mit Verwegenheit und Aggression als Instinkten oder angeborenen Trieben ausgestattet, dann müßte sie sich einen handfesten Scherz erlaubt haben, weil sie uns solche Instinkte verlieh, ohne uns aber mit den natürlichen oder angeborenen Waffen auszustatten, um diese Triebkräfte entfalten zu können.

Wir benutzen eine Reihe von Stimulantien, um unsere nervöse Energie, unsere Verwegenheit und unsere Aggressivität zu steigern. Die meisten dieser Stimulantien sind Reizmittel, die Unbehagen und Beschwerden verursachen. Diese wiederum erzeugen Angst, aus der nervöse Energie, Unruhe, Erregung, Verwegenheit und Aggression entstehen.

Die neue Ordnung des Geistes brachte folgende Errungenschaften, die typisch sind für eine von der jugendlich-unreifen Mentalität beherrschte Menschheit: Alkoholismus, Drogensucht, Korruption, Perversion, Vergewaltigung, Sadismus, Folter, Neid, Eifersucht, Rachsucht, Fanatismus, Besessenheit, Halsstarrigkeit, Bosheit, Selbstbetrug, ideologische und religiöse Verfolgungen, Wichtigtuerei, Gewalttätigkeit, Militarismus und Kriege.

Ausgeprägte Angst und Streß führten außerdem zu Erkrankungen von Herz und Kreislauf, zu psychosomatischen Leiden, zu Krebs, Immunschwäche, Geisteskrankheiten, abweichendem Sexualverhalten, Fettsucht, Magersucht und Selbstmord.

Die große Skala der durch vielfältigste Ängste erzeugten Gemütszustände trug dazu bei, daß sich ein in der Natur einzigartiges Phänomen entwickeln und reich entfalten konnte: die menschliche Sprache. Durch die menschliche Stimme hoffte die Welt des Geistes, Wirklichkeit zu werden. Die Imago drängt danach, «Wort« zu werden.

Die für die Sprache benötigte Energie stammt hauptsächlich von der durch Angst erzeugten nervösen Energie. Tatsächlich wird Sprache oft als Mittel benutzt, diese nervöse Energie zu entladen. Man braucht nur mal zu einer Cocktailparty zu gehen, dann wird einem das sehr schnell klar.

Daß die menschliche Sprache etwas mit Ängsten zu tun hat, ersieht man auch daraus, daß Menschen, die in relativ angstfreien Gemeinschaften leben, über einen kleineren Wortschatz verfügen.

Wenn ein echtes Problem oder begründete Furcht die Vorstellungswelt mit ihren Ängsten verdrängt, wird unsere Sprache auf Gesten reduziert. Auch körperliche Erschöpfung kann den Gebrauch von Sprache reduzieren, da sie die geistige Welt mit ihren Ängsten einengt. Jedes Individuum hat seine persönliche Sprache. Diese Sprache spiegelt den Geist des Individuums. Diese Sprache des Geistes wird durch die Aktivität des Gehirns beeinflußt, das nach geringerer Instabilität strebt. Der Rhythmus dieser Aktivität richtet sich hauptsächlich nach dem instabilsten Strukturelement der Gehirnzellen, das jeweils von einem Individuum zum anderen variiert.

Die Sprachen der Völker spiegeln häufig nationale Ängste. Regionale Dialekte können regionale Ängste spiegeln. Gruppensprachen spiegeln die Ängste einer bestimmten Gruppe oder Gemeinschaft noch deutlicher. Gemeinsame abstrakte Wertvorstellungen und somit ähnliche Ängste schaffen die wesentlichen Voraussetzungen für eine gemeinsame Sprache.

Die Sprache eines Volkes ist wesentlich leichter zu erlernen, wenn man sich in die Kultur und die Werte und somit die Ängste eines fremden Volkes einbindet. Wer felsenfest von der Überlegenheit seiner eigenen nationalen Werte und Kultur überzeugt ist, wird eine Fremdsprache selten fließend lernen. Ein heftiger Verfechter nationaler und kultureller Überlegenheit kann jedoch seine Muttersprache zu hoher Blüte entwickeln, da feste Überzeugung auch tiefe Ängste birgt.

Entsprechend ihrem Wunschdenken begann die neue Menschheit, sich Standpunkte zu eigen zu machen.

Bei Tieren stimmt das Verhalten mit ihrem biologischen Alter und Zustand überein. Beim Menschen entspricht das Verhalten hauptsächlich der geistigen Einstellung. Die geistige Einstellung oder Mentalität wurde zum bestimmenden Faktor menschlichen Lebensstils und Verhaltens, da sie die endokrine Aktivität des Gehirns, seine Ausschüttung von Hormonen und Neurotransmittern, zu beeinflussen vermag.

Dies wird am deutlichsten erkennbar am menschlichen Sexualverhalten und seinen Abweichungen, bei denen der Geist eine entscheidende Rolle spielt.

Als Folge des Wunschdenkens tritt nun mit dem Erwachsenwerden nicht mehr naturgegeben auch die Reife ein. Selbst ältere Menschen können bis zum Ende ihres Lebens in einer jugendlich-unreifen geistigen Verfassung verharren. Andererseits bewahren manche Menschen lebenslang ihre kindliche Mentalität, während wieder andere, vornehmlich sind es Mütter, mit einer Mentalität der Reife leben.

Viele Menschen können sekundenschnell von einer Mentalität zu einer anderen umschalten. Ein Mensch mit kindlicher Mentalität kann in einem Augenblick der Selbstverliebtheit eine jugendlich-unreife Mentalität annehmen und in dem Augenblick, da er gebraucht wird, fürsorglich und reif reagieren. Sobald sein Ego befriedigt ist, kann ein Mensch mit jugendlich-unreifer Mentalität hilfsbereit und reif handeln. Ein unreifer Mensch kann, wenn sein Wunschdenken entsprechend erschüttert oder zunichte gemacht wurde, entweder eine kindliche oder eine reife Mentalität annehmen. Da die meisten Verbrechen von Menschen mit jugendlich-unreifer Mentalität begangen werden, hofft man auch tatsächlich, daß die Strafe ihr selbstgerechtes Ego erschüttert und sie dadurch zur flexibel-kindlichen Mentalität oder zu Toleranz und Verständnis der reifen Mentalität führen wird.

Viele Faktoren können die Mentalität eines Menschen beeinflussen: innere Verletzbarkeit, Kultur, Umwelt, politische oder ökonomische Bedingungen und, vor allem, der Gesundheitszustand. Auch der Erwerb eines Titels oder eines Diploms kann von einer Mentalität in eine andere führen. Zum Beispiel kann ein aggressiver britischer Gewerkschafter zu einer reifen Mentalität gelangen, wenn er Mitglied des Oberhauses wird.

In den letzten fünfzig Jahren hat sich die Mentalität der ewig Unreifen rasant verbreitet. Viele von ihnen verhalten sich nach der Devise »nach mir die Sintflut«. Politischer Terror kann viele in eine Mentalität der Paranoia treiben.

Innerhalb jeder Mentalität und ganz besonders innerhalb der jugendlich-unreifen Mentalität gibt es zahlreiche Abstufungen.

Bei einer solchen Fülle von Mentalitäten, die das menschliche Verhalten beeinflussen können, scheint es einigermaßen lächerlich, von der Natur des Menschen zu reden, wie das viele Wissenschaftler tun. Bei einer solchen Fülle von Mentalitäten ist jede wirtschaftliche oder politische Theorie, die sich auf die »ewigen und unwandelbaren Gesetze der menschlichen Natur« beruft, witzlos.

Jede Mentalität und jede Spielart derselben besitzt ihre eigene Denkweise. Jede Mentalität und jede Spielart derselben hat ihren eigenen Begriff von Freiheit und ihren eigenen Weg, diese zu erringen. Jede Mentalität und jede Spielart derselben hat ihre eigenen Vorstellungen von Glück und Zufriedenheit und ihren eigenen Weg, sie zu verwirklichen. Das gleiche gilt für Toleranz, Gerechtigkeit, Weisheit, Frieden, Schönheit, Pflichterfüllung, Familie, Unsterblichkeit und Tod, für Lust und Schmerz, für Tugend und Laster, für Zeit und für planvolle Gestaltung.

Unsere von der jugendlich-unreifen Mentalität beherrschte Kultur und Wissenschaft behauptet beispielsweise, Selbstsucht und Aggression lägen in der menschlichen Natur. In Wirklichkeit aber liegen sie in der Natur der jugendlich-unreifen Mentalität.

Selten jedoch finden sich Selbstsucht und Aggression in der Verspieltheit der kindlichen Mentalität oder in der Heiterkeit und Großzügigkeit der reifen Mentalität.

Bei der menschlichen Spezies sind Konflikte hauptsächlich durch Mißverständnisse oder Verständigungsprobleme zwischen unterschiedlichen Mentalitäten oder Spielarten der gleichen Mentalität verursacht.

Am ungetrübtesten verstehen sich Individuen mit kindlicher Mentalität und solche mit reifer Mentalität, insbesondere reife Frauen. Auch Individuen mit kindlicher Mentalität und solche mit reifer Mentalität verstehen sich sehr gut. Individuen mit jugendlich-unreifer Mentalität kommunizieren hauptsächlich mit ihrem kostbaren Ego und beschäftigen sich besonders mit ihren Sehnsüchten.

Seit die Mentalitäten in Erscheinung getreten waren, wurde es ziemlich verwirrend, sich mit der Evolution des Menschen zu beschäftigen. Wir sollten uns vielleicht eher mit der Evolution der menschlichen Mentalitäten befassen.

Die Menschheit wurde von der jugendlich-unreifen Mentalität vor allem deshalb verführt, weil sie den Eindruck erweckt, ein intensiveres und interessanteres Leben zu ermöglichen. Für dieses intensive und interessante Leben bezahlen wir mit Angst.

Der chinesische Fluch: »Möge dir ein interessantes Leben beschieden sein« meint vielleicht in Wirklichkeit: »Mögest du ein unruhiges Leben haben«.

Angst und Lebensdauer

Mit der neuen Ordnung des Geistes und seiner durch Ängste erzeugten nervösen Energie wurde die Menschheit zur unruhigsten und erregtesten Spezies unseres Planeten. Ein Großteil der menschlichen Aktivitäten war schließlich an die Entladung nervöser Energien gebunden. In der Folge begann die Menschheit, Unnützes, Überflüssiges zu produzieren.

Daß ein großer Teil der menschlichen Aktivitäten mehr durch Unruhe und Erregung als durch rationale Überlegung angeregt wird, sieht man am deutlichsten in Kunst, Wissenschaft und Technologie, die sich weit über unsere Bedürfnisse hinaus und auf manchen Gebieten gefährlich entwickelt haben.

Wir sind stolz auf den Fortschritt, vor allem, wenn dieser Fortschritt unnötig oder überflüssig ist. Und immer wenn unser Geist seine Zweifel an der Vernunft beschwichtigen muß, appelliert er an den Stolz!

Wäre es nicht denkbar, daß die durch Angst verursachte Erregung ein weiteres unnützes Phänomen gezeitigt hat: ein Leben, nachdem die Fortpflanzungsfähigkeit erloschen ist?

Nach meiner Auffassung haben die aus der Angst geborene nervöse Energie, die Unruhe und die Erregung weitgehend dazu beigetragen, das Leben – vor allem in westlichen Ländern – zu verlängern. Tatsächlich begann die Lebensdauer im Westen mit der Zunahme der Ängste, die durch westliches Gedankengut und westliche Wertvorstellungen erzeugt wurden, anzusteigen, dies besonders in den letzten zweihundert Jahren. Bis zur Französischen Revolution im Jahr 1789, mit der eine Ära zunehmender Unsicherheiten und Ängste begann, waren die Menschen seit Jahrhunderten durchschnittlich nicht älter als 35 bis 40 Jahre geworden. Die Lebenserwartung in Westeuropa und in Nordamerika liegt heute bei 72 bis 75 Jahren.

Die Zunahme der Angst in den vergangenen zwei Jahrhunderten beruht nicht zuletzt auch auf dem hohen Maß an Unsicherheit und Einsamkeit, das Urbanisation und Industrialisierung mit sich brachten.

Wie können Ängste dazu beitragen, daß die Menschen länger leben? Diese Frage ist leicht zu beantworten. *Angst, vor allem maßvolle Angst, verlängert das Leben, indem sie das Leben stimuliert.*

Durch Ängste verursachte nervöse Energie und Erregung halten Körper und Geist geschäftig und aktiv, oft unter Dauerbelastung, und dies verzögert den Verfall oder das Altern. Der Organismus beginnt abzubauen oder zu altern, wenn seine Ausdehnung oder sein Wachstum zum Stillstand gelangen, bei unserer Spezies also um das zwanzigste Lebensjahr.

Meist wird behauptet, daß vor allem der höhere Lebensstandard und der medizinische Fortschritt die Lebenserwartung der Bevölkerung der westlichen Welt erhöht haben. Aber wäre es nicht auch möglich, daß die durch Ängste mobilisierte nervöse Energie und Erregung, die diesen höheren Lebensstandard und eine bessere Medizin hervorbrachten, ihrerseits die Lebenserwartung im Westen verlängerten, indem sie die Menschen geistig und körperlich aktiv hielten, auch wenn diese Aktivitäten oft unnötig waren?

Viele kreative Menschen werden bekanntlich besonders alt. Ständige Kreativität ist das Ergebnis ständiger Ängste und der Energien, die sie erzeugen. Wenn Menschen sich aus dem Berufsleben mit seinen Ängsten zurückziehen, beginnen sie oft sehr schnell zu altern.

Die gleichen Ängste, die den Alterungsprozeß verlangsamen und den Tod bis ins hohe Alter aufschieben, haben allerdings auch ganz typische Todesarten mit sich gebracht. Diese bestehen vor allem darin, daß ein überaktiver Organismus durch einen Herzkollaps oder durch lokal ungehemmtes Zellwachstum unter extremem Druck oder durch opportunistische Infektionen, welche die geschwächten Abwehrkräfte des Körpers ausbeuten, zusammenbricht.

Wir beklagen die Zunahme der mit Angst zusammenhängenden Krankheiten, wie Herzleiden, Krebs oder opportunistische Infektionen, aber die Ängste, die ein langes Leben beenden, sind meist die gleichen, die dieses lange Leben erst ermöglichten.

Streß, der *durch ein sehr breites Spektrum von Ängsten erzeugt* wird, kann den Zusammenbruch eines Organismus vorzeitig herbeiführen oder beschleunigen. Streß entsteht immer dann, wenn die Ansprüche oder Ambitionen des Geistes die mentalen und physischen Fähigkeiten eines Individuums, sie zu verarbeiten, deutlich überfordern, so daß es zu einer schädlichen Gereiztheit oder Frustration kommt.

Während *mäßig ausgeprägte Ängste konstruktiv* und schöpferisch wirken können, zehrt der genannte *Streß* stets an den Kräften und ist *schädlich oder zerstörerisch.* Die Folgen von Streß sind gewöhnlich irreparabel.

Nachweislich kann extreme Strahlung, die eine Form von Streß und Irritation darstellt, zu Krebs führen. Setzt man jedoch Tiere einer mäßigen Reizbestrahlung aus, dann wirkt diese lebensverlängernd.

Ängste verlängern auch das Leben, indem sie die Schlafdauer verkürzen.

Gäbe es nicht manche Ängste, würden viele Menschen die meiste Zeit faul im Bett liegend verbringen. Wie viele von uns würden freiwillig vor Mittag aufstehen, wenn nicht irgendwelche Ängste sie dazu zwängen?

In der Natur schlafen Tiere umso länger, je älter sie sind. Beim Menschen jedoch mit seiner neuen Ordnung des Geistes und den daraus geborenen Ängsten verhält es sich umgekehrt: Je älter er wird, desto weniger schläft er.

Aber verlängern wir wirklich unser Leben, oder leben wir in einer Illusion durch Selbsttäuschung, das besondere Kennzeichen unserer Spezies? Wir haben eine längere Lebensdauer erreicht, aber wir haben weniger Zeit, um wirklich zu leben, weniger Zeit zu verschenken, weniger Zeit, mit der wir spielerisch umgehen können.

Wir haben keine Zeit, um die Zeit zu lieben, sie miteinander zu teilen. Wir haben keine Zeit, um zu reifen, wir haben keine Zeit, um vernünftig nachzudenken; wir denken unter Zeitdruck nach.

Wir verbringen unsere ganze Zeit damit zu hetzen, der Zeit hinterherzurennen, ohne uns darüber klarzuwerden, daß Hetze die Zeit tötet, uns aus der Zeit und aus dem Leben treibt. Wir mögen länger im Leben bleiben, aber wir leben weniger, weil wir keine Zeit haben.

Angst und Wachstum

Eine Reizung kann einen Organismus ganz oder teilweise vergrößern, indem sie mit einer vermehrten Blutzufuhr auch mehr Sauerstoff und mehr Nährstoffe heranführt. Unter Druck neigen Zellen dazu, ihr Unbehagen durch Wachstum zu verringern. Der gesamte Vorgang von Heilung und Selbstreparatur beruht auf dieser Tendenz. Eine Wunde oder eine Schnittverletzung des Körpers steigern, indem sie die Instabilität und das Unbehagen der Zellen mehren, die Tendenz der Zellen, durch Ausdehnung oder Wachstum ihre Instabilität oder ihr Unbehagen zu verringern. Teile unseres Körpers, die sich in einem inaktiven Zustand befinden, kratzen wir, um Druck auf die Zellen auszuüben und sie wieder zu aktivieren.

Wenn eine Irritation das Wachstum zu steigern vermag, dann müßte auch Angst, da sie eine Irritation darstellt, das gleiche bewirken können; sie müßte also zur Größen- und Gewichtszunahme eines Organismus beitragen können.

Verglichen mit anderen Spezies finden sich bei der Spezies Mensch die ausgeprägtesten Unterschiede hinsichtlich Körpergröße und Gewicht. Die meisten Wissenschaftler sind der Ansicht, daß diese Unterschiede auf individuellen Abweichungen bei den Genen beruhen, nämlich den für Körpergröße und Gewicht zuständigen Genen. So betrachtet, müßten dann auch unsere Vettern, die Schimpansen, individuelle Unterschiede bei ihren Genen für Größe und Gewicht aufweisen, doch unterscheiden sich diese Tiere, was die Körpergröße angeht, nur wenig.

Ich glaube, diese auffallenden individuellen Größen- und Gewichtsunterschiede unserer Spezies lassen sich besser erklären, wenn man berücksichtigt, daß sie nicht so sehr auf genetischen Unterschieden zwischen den Individuen beruhen, sondern mehr auf der unterschiedlichen Aktivierung und Nutzung dieser Gene durch das Individuum.

Wenn die Zellen eines sich entwickelnden Organismus stärkerem Druck ausgesetzt sind, dann aktivieren sie das Wachstumsgen dieses Organismus stärker, so daß ein größeres Individuum entsteht. Werden die Zellen eines werdenden Organismus weniger gereizt, dann wird dieser schließlich weniger groß und weniger schwer.

Es wurde experimentell bewiesen, daß die Wachstums- und Entwicklungsrate von Tieren durch eine gewisse Reizung mit niedrigen Strahlendosen zunimmt.

Meines Erachtens beruhen die starken interindividuellen Schwankungen von Größe und Gewicht beim Menschen hauptsächlich auf Ängsten und ihrer Reizwirkung. Zwischen dem Geist mit seinen Ängsten und dem Hypothalamus besteht eine unmittelbare und dauernde Beziehung. Diese wichtige Drüse unseres Gehirns steht in direktem, dauerndem Austausch mit der Hirnanhangsdrüse, die das Wachstumshormon sezerniert. Somit können unsere geistig erzeugten Ängste dadurch, daß sie die Aktivität des Hypothalamus stimulieren, die Bildung von Wachstumshormonen und -peptiden anregen.

Wahrscheinlich steigern Ängste auch die Empfänglichkeit der Zellmembranen für Wachstumshormone, Wachstumspeptide und weitere Wachstumsfaktoren. In geringem, aber durchaus erkennbarem Umfang können Ängste das Wachstum des Bartes beim Mann und das Nagelwachstum bei beiden Geschlechtern sichtbar beschleunigen.

Ängste treten hauptsächlich während der Adoleszenz auf und können, vor allem bei Beginn der Pubertät, das individuelle Wachstum stark beeinflussen. Selten sind Größenunterschiede zwischen Kindern vor der frühen Adoleszenz sehr deutlich ausgeprägt. Erst wenn allmählich die Pubertät einsetzt, wenn der Geist beginnt, sein Ego auszubilden, sich zu ernst zu nehmen und vielfältige, anhaltendere Ängste zu entwickeln, werden die Wachstumsunterschiede zwischen den Individuen auffallender.

Da meine Theorie, eine unglückliche Adoleszenz könnte das Längenwachstum eines Individuums fördern und umgekehrt, der gängigen Meinung widerspricht, möchte ich sie näher erläutern.

Im Kindesalter sind die afrikanischen Pygmäen, bekanntlich die kleinsten menschlichen Erwachsenen, keineswegs am kleinsten. Unter 38 ethnischen Gruppen stehen die Pygmäenkinder an 18. Stelle. Beim vorpubertären Wachstum besteht zwischen Pygmäen und benachbarten Nichtpygmäen kein signifikanter Unterschied. Erst während der Adoleszenz wachsen die Pygmäen langsamer als andere Menschenrassen. Weder in den Genen noch im Zytoplasma von Pygmäen konnte die Forschung eine Ursache dieses Phänomens nachweisen.

Ich glaube, dies beruht wahrscheinlich darauf, daß die Pygmäen wohl die glücklichsten Menschen auf der Erde sind. Sie verbringen ihre Adoleszenz und ihr Erwachsenendasein spielend, tanzend und kichernd in einer friedlichen Umgebung. Sie müssen schon Jahrtausende auf diese Weise gelebt haben, gibt es doch in ägyptischen Tempeln, die bereits 4 400 Jahre alt sind, Fresken mit tanzenden Pygmäen.

Der reale Alltag der Pygmäen, die als Jäger und Sammler in tropischen Wäldern lebten, ließ nicht zu, daß sich ein sehr eitles oder ehrgeiziges Ich, das Ängste erzeugt, entwickelte.

Ein wichtiger Hinweis auf die mangelnde Eitelkeit und Anmaßung der Pygmäen könnte die Tatsache sein, daß Pygmäen die am wenigsten konkurrierende und die unaggressivste Menschengruppe sind. Konkurrenz und Aggression unter den Menschen entstehen und bestehen meist durch die Phantasien und starren Überzeugungen des Geistes.

Das Leben in einer Gemeinschaft, in der alle Kinder gleich, ohne besondere Hackordnung, behandelt werden, verhindert, daß Neid oder Eifersucht entstehen, die wiederum Ängste mit sich bringen. Pygmäen sind stets sehr geduldig und höflich, was ein Zeichen für fehlende Frustration ist. Und Frustration ist ja Folge von Eitelkeit und Anmaßung.

Einer der schlüssigsten Beweise dafür, daß Pygmäen angstfrei sind, ist die Tatsache, daß sie nicht an angstbedingten Krankheiten, wie Bluthochdruck, Arteriosklerose, Depressionen und anderen psychosomatischen Krankheiten, leiden.

Die Adoleszenz der Jungen ist frustrierender als die der Mädchen. Vielleicht sind auch deshalb Männer größer als Frauen.

Im Lauf der Geschichte waren die Aristokratie oder die herrschenden Klassen in der Regel größer als die übrige Bevölkerung. Das könnte eine Folge des Überlegenheitsgefühls gewesen sein, von dem der Geist der herrschenden Klasse unbeirrbar durchdrungen ist. Es erzeugt Angst, wenn man ein Gefühl der Überlegenheit in sich hegt.

Die Neapolitaner halten sich für die gescheitesten Menschen auf der Welt und sollten daher eigentlich größer geworden sein, als sie tatsächlich sind. Ihre unterdurchschnittliche Größe ist wahrscheinlich dadurch bedingt, daß sie während ihrer Adoleszenz von ihren »Mammas« liebevoll umsorgt und behütet werden.

Menschen, die in Gemeinschaften mit stark mütterlich geprägten Traditionen leben, werden meist nicht besonders groß.

Die Nachkommen, die in einer Großfamilie mit Großeltern leben, erreichen meist nur eine durchschnittliche, mitunter auch eine unterdurchschnittliche Körpergröße. Wenn Großeltern präsent sind, scheinen die Eltern sich ihren Kindern gegenüber fürsorglicher zu verhalten.

Ein erstgeborener Junge wird, vor allem in patriarchalen Gemeinschaften, meist größer als seine Brüder und Schwestern. Das Verantwortungsbewußtsein, das der Erstgeborene in diesen Gemeinschaften während der Adoleszenz entwickelt, und die von diesem Bewußtsein erzeugte Angst, könnten durchaus das Längenwachstum gefördert haben. Auch Einzelkinder können größer als der Durchschnitt ihrer Gruppe werden, indem sie ein stärkeres Selbstwertgefühl und größere Anmaßung entwickeln, was Ängste im Gefolge hat.

Das erstgeborene Kind kann sich durch die Geburt eines zweiten Kindes bedroht fühlen. Fällt dieses Ereignis in die Pubertät des erstgeborenen Kindes, dann kann dessen Längenwachstum angestoßen werden.

Auch die Kinder erfolgreicher Eltern neigen im Teenageralter oft zu angstbedingtem verstärktem Wachstum. Viele Eltern wollen ihre Kinder durch ihren Erfolg beeindrucken, was diese wiederum einschüchtert und verwirrt. Teenager von selbstsüchtigen, egozentrischen oder geschiedenen Eltern neigen ebenfalls zu angstbedingtem Wachstum. Ebenso kann Angst, die durch einen längeren Krankenhausaufenthalt oder eine langwierige Krankheit während der Adoleszenz verursacht wurde, die Körpergröße eines

Individuums beeinflussen. Im Durchschnitt werden in allen Ländern die Studenten größer als die Lehrlinge, weil sie stärker von Ängsten heimgesucht werden als Lehrlinge.

In den Dinarischen Alpen an der Küste Dalmatiens sind die Menschen überdurchschnittlich groß.

Einer der entscheidenden Faktoren für dieses Phänomen könnte Angst sein, die durch die unsichere wirtschaftliche Lage dieser Menschen bedingt ist.

Nach dem Ersten Weltkrieg verließ ein großer Teil der einheimischen Bevölkerung die Region, um sich in der Wojwodina niederzulassen, einer fruchtbaren Landschaft im Norden Jugoslawiens. Die heutigen Nachkommen dieser hochgewachsenen Slawen, die in besseren wirtschaftlichen Verhältnissen und folglich angstfreier leben, sind nur durchschnittlich groß.

Menschen, die in schadstoffbelasteten, lauten Städten leben, sind größer als die ländliche Bevölkerung. Die Angst infolge des unsicheren Daseins bewirkte, daß die Schwarzen in den unruhigen und konkurrierenden USA größer wurden als ihre Brüder in Afrika.

Die australischen Ureinwohner, die Aborigines, die in einer glücklicheren und gesünderen Umwelt leben, mit weniger Ängsten als die übrige Bevölkerung, sind deutlich kleiner als die übrigen Australier.

Eigentlich müßten Individuen, die in einem fürsorglichen sozialistischen Wohlfahrtsstaat leben, kleiner sein als die Menschen in einem unruhigen und wettbewerbsorientierten kapitalistischen System.

Verglichen mit den Italienern, die in dem schützenden genossenschaftlichen Wirtschaftssystem zwischen den beiden Weltkriegen aufgewachsen sind, nahm die Körpergröße der Italiener mit der Unsicherheit des konkurrenzbewußten Nachkriegskapitalismus deutlich zu.

Der Wohlfahrtsstaat Schweden mit seiner hochgewachsenen Bevölkerung scheint meine Theorie zu widerlegen. Die deprimierende Einsamkeit der heranwachsenden schwedischen Bevölkerung könnte jedoch die Zunahme ihrer Angst erklären.

Viele Menschen sind der Meinung, daß die verbesserte Ernährungs- und Wirtschaftslage in den letzten hundert Jahren, vor allem in der westlichen Welt, zu der Akzeleration der Bevölkerung beigetragen hat.

Dagegen bin ich überzeugt, daß man dieses verstärkte Wachstum zumindest teilweise der Zunahme von Ängsten zuschreiben kann, die gleichzeitig durch rasante technologische Umwälzungen, Unsicherheit, ästhetischen Verfall der Umwelt und durch Umweltverschmutzung entstanden sind.

Bis vor etwa hundert Jahren hatte sich die Körpergröße der meisten Europäer im großen und ganzen über Tausende von Jahren nicht geändert. Dann aber wurden die Menschen allmählich immer größer. Zwischen 1880 und 1910, einer Periode vermehrter Ängste, findet sich folgende Zunahme der Körpergröße in den nachstehenden Ländern: Frankreich 1 cm, Italien 1,1 cm, Schweiz 2,4 cm, Holland 3,8 cm, Schweden 3,1 cm und Japan 1,5 cm. Während des Zeitraums zwischen 1920 und 1960, der ja ein viel größeres Ausmaß an Ängsten und Unsicherheiten brachte, betrug die Größenzunahme in Frankreich 4,2 cm, Italien 4,9 cm, in der Schweiz 3,6 cm, in Holland 6 cm, in Schweden 4,3 cm und in Japan 6 cm.

Abgesehen von den Haustieren, die in unnatürlicher Umgebung und in Abhängigkeit vom Menschen leben, sind wir die einzigen Geschöpfe, die fähig sind, überflüssige und oft schädliche Fettdepots anzulegen.

Es ist bewiesen, daß Ängste unser Gewicht erhöhen, was hauptsächlich darauf beruht, daß die entsprechenden Regulationszentren im Gehirn im Hypothalamus liegen, der äußerst empfindlich auf anhaltende Ängste, Frustrationen und Unzufriedenheit reagiert.

Manche Wissenschaftler postulieren ein Gen, daß für die Fettsucht verantwortlich sein soll. Dies kann jedoch nicht erklären, warum ein Individuum, das mit eben diesem Gen jahrelang fit und schlank war, plötzlich in einem bestimmten Lebensabschnitt, in dem die Angst zuzunehmen pflegt, die Bildung zusätzlichen Fettgewebes auslösen sollte. Während und nach der sogenannten

Midlife-crisis, die eine Zunahme der Ängste bewirkt, ist ein großer Teil der Menschheit übergewichtig.

Mit der durch die fremde Umgebung ausgelösten Zunahme von Ängsten nehmen Einwanderer an Gewicht zu. Bekanntlich ist auch eine auseinanderbrechende Liebesbeziehung der Feind einer guten Figur.

Schmächtige Kinder nehmen oft gewaltig zu, sobald sie das Pubertätsalter mit seinen Ängsten erreichen.

Die kollektive Angst einer Gemeinschaft erzeugt den merkwürdigen Eindruck körperlicher Ähnlichkeit unter den Mitgliedern dieser Gemeinschaft, was vielleicht auf dem ähnlichen Übergewicht beruht.

Es steht fest, daß Fettsucht erblich ist. In unserer Zeit der herrschenden Gen-Mythologie wird uns weisgemacht, daß diese Vererbung einem Fettsucht-Gen zu verdanken ist. Es wäre meines Erachtens genauer einzuräumen, daß wir auch Ängste oder eine Disposition für Ängste erben, die unsere Mutter während der Schwangerschaft erlebte.

Die Neurotransmitter und die Hormone, die durch Ängste im Gehirn und im Körper der Mutter gebildet werden, können während der Schwangerschaft in den Embryo gelangen, wo sie die Entwicklung seines Nervensystems und seines Gedächtnisses beeinflussen und den Nachwuchs für die mütterlichen Ängste prädisponieren.

Daß die Gefühlserregungen der Mutter das Kind in ihrem Leib beeinflussen, wird dadurch bewiesen, daß das Kind einen großen Teil der Zeit träumend verbringt. Ohne die von der Mutter ererbten emotionalen Erfahrungen könnten wir das Träumen der Neugeborenen nicht erklären.

Bei vielen Menschen löst Angst eine heftige Gier nach Süßigkeiten aus, die natürlich dick machen. Vielleicht liegt dem das Bedürfnis zugrunde, der Angst zu entfliehen, indem man die sorgenfreie Kindheit, in der es süße Nahrung gab, wieder heraufbeschwört.

Streß

In unserer modernen Welt ist Streß eines der meistdiskutierten Themen. In den vergangenen fünfzig Jahren hat es mehr Berichte und Bücher über Streß gegeben als über irgendein anderes Thema, und immer mehr Menschen führen ihre verschiedenen Leiden auf Streß zurück.

Was ist Streß?

Wie ich bereits erwähnte, ist Streß ein extremes Ausmaß von Ängsten. Den Unterschied zwischen Angst und Streß könnte man am Beispiel der Alkoholwirkung erklären.

Danach entspräche die Angst einem oder zwei Drinks, die nicht unbedingt schädlich, sondern oft sogar wohltuend wirken.

Streß ließe sich dann mit drei oder mehr Drinks vergleichen, die sowohl unsere körperliche als auch unsere geistige Gesundheit nachhaltig beeinträchtigen können.

Kleine Mengen von Stimulantien wie Kaffee, Tee oder Nikotin können im Gehirn die Drüsentätigkeit und die geistigen Aktivitäten verbessern. Höhere Dosen dieser Aufputschmittel erzeugen jedoch einen Bluthochdruck und Herzpalpitationen, die sich auf die körperlichen und zerebralen Aktivitäten schädlich auswirken können.

Es hängt ganz von der jeweiligen Persönlichkeit ab, wann Angst in Streß übergeht. Und selbst beim einzelnen Individuum kann dieser Übergang je nach Zeit und Ort variieren, desgleichen auch die Folgen von Streß.

Den Unterschied zwischen Angst und Streß erkennt man an den Folgen der durch sie erzeugten nervösen Energien. Während die angstbedingte nervöse Energie nutzbringend und positiv sein kann, verringert die streßbedingte die Leistungsfähigkeit des Gehirns und des übrigen Organismus. Ein Athlet beispielsweise kann unter dem Druck mäßiger Angst optimale Leistungen erbringen, während Streß zu Muskelsteifigkeit und, im Extremfall, zur Lähmung führt.

Auch auf der Bühne ist der Unterschied zwischen Angst und Streß deutlich festzustellen. Bei mäßigem Lampenfieber kann ein

Schauspieler den Gipfel seiner Ausdruckskunst erreichen. Unter Streß und bei streßbedingtem Lampenfieber jedoch kann er unbeholfen und verkrampft und bis zur Sprachlosigkeit blockiert sein.

Was treibt den Menschen von einem oder zwei zu noch mehr Drinks oder *von der Angst in den Streß*?

Die Antwort liegt auf der Hand: *die Unzufriedenheit des Geistes.* Unser Denken und unser Verhalten sind zum großen Teil ein Streben nach weniger Unbehagen und weniger Unzufriedenheit.

Oft versucht unser Geist, das durch Wunschdenken oder überzogene Ansprüche verursachte Problem der Angst zu lösen, indem er sich noch stärker in Wunschdenken und übertriebene Ansprüche flüchtet.

Streß entsteht durch eine Flucht vor der durch Wunschdenken und hochfliegende Ambitionen erzeugten Angst in eigenwilligen Glauben und habsüchtige oder gierige Ambitionen. Streß wird hauptsächlich durch unseren Geist und seine überhöhten Ansprüche erzeugt. Je anspruchsvoller der Geist, desto größer ist daher auch die Bedrohung durch die Wirklichkeit und umso größer ist der Streß.

Viele Fachleute reden von Streßsubstanzen oder von äußeren Streßfaktoren. Meines Erachtens kommt es eher auf die Reaktionsbereitschaft gegenüber diesen Faktoren an als auf die Faktoren selbst. Zum Beispiel ist es meist nervend und stressig, überfüllte öffentliche Verkehrsmittel zu benutzen, wohingegen die wenigsten Menschen sich durch Menschenansammlungen bei Massenveranstaltungen oder prunkvollen Empfängen belästigt fühlen. Im Gegenteil.

Bereitwillig stehen die Leute stundenlang Schlange, um eine berühmte Persönlichkeit zu sehen, wenn sie aber weitaus kürzere Zeit auf einen Bus warten sollen, kann dies Streß auslösen.

Da Männer ein aufgeblähteres Ich haben und geistig beschränkter sind, neigen sie eher als Frauen dazu, unter Streß zu leiden. Dies erklärt vielleicht, warum Frauen unter gleichen Umweltbedingungen meist länger leben als Männer. Frauen, die erfolgreich den Männern nacheifern, schaffen aber offenbar leicht den Sprung aus einem angstvollen Leben in den Streß, und dabei erwerben sie auch die Anfälligkeit für streßbedingte Krankheiten und Beschwerden.

Da Anmaßung durch Unzufriedenheit erzeugt wird und da der Geist von Natur aus dauernd unzufrieden ist, spiegelt er doch die ständige Instabilität der Gehirnzellen, scheint sich die Evolution der Menschen auf kontinuierlich zunehmenden Streß zuzubewegen. In der Tat ist ja auch eine permanente Zunahme streßbedingter Krankheiten und Geisteskrankheiten zu beobachten.

Der kontinuierliche kulturelle, wissenschaftliche und technologische Fortschritt, der unsere Ansprüche und unsere Erwartungen steigert, bringt gleichlaufend eine Zunahme an Streß.

Es liegt im Wesen der Anmaßung, daß sie die Fähigkeiten eines Individuums, seine ehrgeizigen Pläne zu verwirklichen, überfordert. Im Bestreben, auf der Stufenleiter unserer hierarchisch gegliederten Gesellschaft emporzuklimmen, halten es viele Menschen für ihre höchste Leistung, wenn sie über Gebühr befördert werden, mit anderen Worten, wenn sie die Stufe der eigenen Inkompetenz erreichen. Der damit verbundene Streß ist ein echtes Gesundheitsrisiko. Wenn jemand auf der Leiter des Erfolgs abrutscht, besteht durch den von der Niederlage des Absteigers verursachten Streß ein noch größeres gesundheitliches Risiko.

Die ständige Steigerung unserer Ansprüche hat eine neue Art von Streß hervorgebracht, den Streß infolge des rasch sich ausbreitenden Phänomens der »Unterforderung«, wenn etwa der Beruf uns zu wenig abverlangt, unseren Fähigkeiten nicht entspricht. Da die meisten Menschen auf einer Wolke der Selbstüberschätzung schweben, überschätzen sie im Geist auch ihr wirkliches Können.

Die meisten Fachleute betonen, daß Hoffnungslosigkeit und Verzweiflung Streß und streßbedingte Krankheiten verursachen. Selten versuchen sie herauszufinden, was in erster Linie die Hoffnungslosigkeit und Verzweiflung bedingt. Vielleicht wissen sie, daß die Gefühle der Hoffnungslosigkeit und Verzweiflung in den Betroffenen durch übertriebene Erwartungen und Gier verursacht sind.

Wenn wir durch irgendein Wunder unsere Ansprüche verwirklichen können, kommt oft weiteres Leid auf uns zu, entweder weil wir in unserer Selbstüberschätzung mehr zu verdienen glauben oder weil wir uns ängstigen, daß wir verlieren könnten, was wir unverdient erreicht haben.

Jede vernünftige Überlegung würde erkennen, daß es im Wesen der Anmaßung liegt, Selbstbetrug und Versagen mit sich zu bringen, doch vernünftiges Denken und Wunschdenken passen nicht zueinander.

Eines der Hauptmerkmale der Spezies Mensch ist die Fähigkeit, nicht nur andere Menschen, sondern sich selbst zu täuschen.

Sowohl Selbsttäuschung als auch Täuschung mehren den Streß. Erstere, weil sie eine Flucht vor der Wirklichkeit darstellt, und letztere, weil sie eine Verfälschung der Realität ist, die darauf abzielt, die Selbsttäuschung zu verteidigen. Meistens wird versucht, durch Lug und Trug die Selbsttäuschung aufrechtzuerhalten.

Durch Selbsttäuschung und Täuschung erzeugter Streß ist oft am Gesicht eines Menschen abzulesen oder aber daran, wie steif und unbeholfen er sich bewegt.

Die Scham, eine weitere Besonderheit unserer Spezies, stellt einen wichtigen Schutz unseres körperlichen und geistigen Wohlergehens dar, denn dieses kann durch den extremen Streß, den Lug und Trug mit sich bringen, beeinträchtigt werden.

Selbsttäuschung und Täuschung sind die Instrumente, die von den Dünkelhaften benutzt werden. Selbsttäuschung stützt sich vor allem auf die Einbildung, daß wir fähig seien, die Wirklichkeit nach unseren Wunschvorstellungen zu formen. Die Einstellung, wir könnten die Wirklichkeit so formen, daß sie unseren Phantasien entspricht, führt zu einer ständigen Belastung und Frustration durch die Wirklichkeit selbst.

Viele Menschen sind überzeugt, daß wir die Natur und ihre Wirklichkeit besiegen können. Diese Überzeugung beruht darauf, daß Eigendünkel unsensibel macht. Die Dünkelhaften bemerken nur selten die Nebenwirkungen oder Folgen ihrer Siege über die Natur.

In unserer Dünkelhaftigkeit halten wir uns für intelligent.

Doch sind wir das? Eigendünkel, diese Hervorbringung der jugendlich-unreifen Mentalität, vereint sich mit ihrem besten Verbündeten, der Gerissenheit. Gerissenheit aber ist die Verneinung der Intelligenz. Es liegt in der Natur der Gerissenheit, zum Zwang zu werden, da sie ständig den Eigendünkel nähren muß. Da Gerissenheit ein Zwang ist, erzeugt sie Streß, und Streß engt die Aktivität des Gehirns auf das Hier-und-Jetzt, auf flüchtiges Denken ein. Dieses Denken besteht darin, in einer bedenkenlosen Ausbeutung des Augenblicks, ohne Rücksicht auf die Zukunft, den maximalen Vorteil aus der Gegenwart zu ziehen. Die von der Gerissenheit diktierte Ausbeutung der Gegenwart denkt nicht an die Zukunft, weil sie keine Vergangenheit hat. Ein Denken, das weder Vergangenheit noch Zukunft einbezieht, ist weder intelligent noch weise.

Der schlimmste Dünkel der jugendlich-unreifen Mentalität ist die Erfindung der Unsterblichkeit. Die kindliche und die reife Mentalität lassen sich weniger durch die Idee der Unsterblichkeit verführen. Alle Religionen, die den Glauben an die Unsterblichkeit verkünden, waren deswegen erfolgreich, weil sie dem Bedürfnis der Gläubigen nach Selbsttäuschung entgegenkamen.

Man mag sich fragen, was daran falsch sei, an die Unsterblichkeit zu glauben. Falsch daran ist, daß dieser Glaube, wie jeder Glaube an das Übernatürliche, Spannung und Streß erzeugt und dadurch dem Gläubigen und den Menschen in seiner Umgebung das Leben im Hier und Jetzt schwerer macht. Würden wir die Wahrheit akzeptieren, daß uns nur dieses eine Leben auf der Erde geschenkt ist, dann gingen wir freundlicher mit unserem Nächsten und unserer Erde um.

Der zweite Fehler vor allem der westlichen jugendlich-unreifen Mentalität ist der jüdisch-christliche Glaube, daß der sogenannte allmächtige und einzige Gott der allmächtige und einzige Herrscher über die übrige natürliche Welt sei.

Dieser Wunschglaube kann sich nur selbst beweisen, indem er gegen die natürliche Welt und ihre Ordnung vorgeht. Tatsächlich wohnt den meisten kulturellen Errungenschaften des Westens eine Tendenz inne, die Natur zu beherrschen, indem sie entweder ihre Harmonie zerstören oder sie brutal vernichten. Die westliche

Wissenschaft ist überwiegend ein aggressiver Schlag gegen die Natur. Die Wissenschaftler westlicher Mentalität versuchen verzweifelt zu beweisen, daß sie der Natur überlegen sind, indem sie diese hemmungslos ausbeuten oder zerstören.

Da Glaube stets Zweifel mit sich bringt, steigert der Glaube an Überlegenheit und Vorherrschaft die Instabilität. Die Instabilität erzeugt Handeln und Aggression. Der Mensch ist immer dann am instabilsten, wenn er irrt. Tatsächlich ist der Mensch, wenn er sich irrt, am aggressivsten. Wenn die Aggression eines Gläubigen ins Leere läuft, fällt er in eine schwere Depression.

Mit der Adoleszenz, wenn der Geist sein Wunsch-Ich oder selbstgefälliges Ego bildet, beginnen wir, uns selbst und andere zu belügen. Um diese Zeit entdecken wir nämlich die Wahrheit über uns selbst. Denn das Lügen ist ja der Versuch, die Wahrheit zu verbergen oder zu verdrängen. Ein Kind kann nicht lügen. Es weiß nicht, was Wahrheit ist.

Wie ich schon sagte, besteht der Unterschied zwischen einem Kind und einem jugendlich-unreifen Menschen darin, daß das Kind mit seinen Phantasien spielt, während der Heranwachsende diese todernst nimmt. Und das macht den letzteren lächerlich. Wir sind stolz darauf, daß wir die einzige Spezies sind, die lachen kann; wir gehen aber nur zu gern darüber hinweg, daß wir auch die einzige Spezies sind, die sich lächerlich machen kann. Wenn wir über andere Spezies lachen, dann deswegen, weil sie uns an unsere jugendlich-unreife Mentalität und deren Anmaßung, diese Quelle des Lächerlichen, erinnern. Tatsächlich fürchten die Anmaßenden Humor oder Spott mehr als alles andere.

Manchmal hebt uns die Selbstgefälligkeit über das Lächerliche hinaus, wo sich Humor und Mitleid zu Güte vereinen. Selbstgefälligkeit fällt leicht auf Täuschung herein. Es liegt im Wesen jedes Glaubens, durch Täuschung angezogen zu werden. Tatsächlich besteht Geschichte ja überwiegend aus Geschichten von Gläubigen, die durch Betrüger verführt wurden.

Was diese Geschichten so heikel macht, ist die Tatsache, daß die Gläubigen nicht durch Gläubige verführt werden, sondern durch Schauspieler oder Darsteller. Alle herausragenden Führer der Geschichte waren und sind große Schauspieler. Alle haben eine wesentliche Eigenschaft gemeinsam: Sie haben einen riesigen Vorrat an nervöser Energie, den sie aus ihren Versagensängsten beziehen.

Anmaßung ist mit geistigem Leiden verbunden, das schlimmer sein kann als jeder körperliche Schmerz. Um das Leiden des Geistes zu besänftigen, sind wir imstande, schwere Schmerzen und sogar grausame körperliche Folter hinzunehmen.

BUDDHA irrte, als er die Ursache menschlichen Leidens mit Unwissenheit begründete. Er hätte unser Leiden besser mit Anmaßung erklärt, die ja tatsächlich zunimmt, sobald Kultur und Bildung die Unwissenheit verdrängen, wenn wir uns einbilden, daß wir etwas wissen, und wir selbstgefällig werden. Unwissenheit impliziert Unschuld und Bescheidenheit, die jedenfalls weder geistiges Leiden noch geistig bedingten Streß verursachen.

Jede Zunahme der Anmaßung steigert den Streß, weil die Einbildungen des Geistes und die Angst vor dem Versagen umso stärker werden, je höher die Ambitionen und Hoffnungen sind. Je habgieriger der Geist, desto stärker ist seine Bedrohung; je stärker das Gefühl der Anmaßung, desto ausgeprägter ist die Aktivität des Hypothalamus.

Wenn die Aktivität des Hypothalamus zunimmt, dann nimmt auch die Aktivität des sympathischen Nervensystems zu, desgleichen die Ausschüttung von Nebennierenhormonen, die notfallbedingte Sekretion von Neurotransmittern und Neuropeptiden. Dies führt zu einer verstärkten Herztätigkeit, erhöhtem Blutdruck und einer Schwächung der körpereigenen Abwehr. Diese Streßreaktionen können unsere körperliche und die geistige Gesundheit beeinträchtigen.

Während *Angst* unbemerkt bleiben kann, ist *Streß* eine körperliche Empfindung von Spannung und Überanstrengung, die hauptsächlich durch eine Kontraktion der Muskulatur erzeugt wird. Der Begriff »Streß« leitet sich ja auch von dem lateinischen *stringere* ab, und das bedeutet zusammenschnüren, zusammenquetschen.

Bei mäßig ausgeprägter Angst können Sinne, Wahrnehmung

und Denkvermögen überaus lebhaft und wach reagieren. Unter Streß jedoch sind diese Funktionen deutlich eingeschränkt, und unter extremem Streß sind Sensitivität und Sensibilität völlig blockiert.

Im Zustand der Angst lernen wir, weil wir dann viel neugieriger beobachten. Unter Streß konzentriert sich unser ganzes Interesse auf das dringende oder unmittelbare Überleben. Dabei kann es sogar passieren, daß wir früher Erlerntes vergessen.

Mäßige Angst kann bei Heranwachsenden zu überdurchschnittlichem Längenwachstum führen, wohingegen Streß das Wachstum hemmen kann.

Mäßige Angst kann lebensverlängernd wirken, während Streß ein Leben abrupt beenden kann. Sanfte, leise, nicht zu lange einwirkende Musik kann anregen. Laute, ununterbrochene Musik jedoch bewirkt Streß und ist schädlich.

Mäßige Angst kann die Produktivität im Dienstleistungsbereich und in der Industrie steigern. Dagegen mindert Streß die Produktivität und erhöht die Zahl der Arbeitsunfälle.

Ich sagte bereits, daß mäßige Angst die Effizienz der Muskelarbeit optimiert. Durch Streß werden die Leistung und die Beherrschung der Muskeln deutlich verschlechtert. Extremer Streß kann zu massiver Steifigkeit und Bewegungsunfähigkeit führen.

Mitunter verbessert Angst die Beredsamkeit, Streß dagegen wirkt sich deutlich hemmend aus. In extremen Fällen von Streß kann es geschehen, daß wir entweder heftig gestikulieren und laut schreien oder aber vollkommen erstarren und verstummen.

Der Unterschied zwischen Angst und Streß zeigt sich auch bei der künstlerischen Kreativität.

Künstlerische Aktivität benötigt Energie. Energie kann aus jugendlichem Überschwang, aus den Ängsten der jugendlich-unreifen Mentalität oder aus der Großmut oder Güte des reifen Alters bezogen werden.

Häufig wandelt sich die Mentalität eines Künstlers im Laufe seines Lebens und mit ihr auch die Qualität seiner Kunst. Bei MICHELANGELO zum Beispiel liegen Welten zwischen der jugendlich-unreifen Aggressivität seiner Sixtinischen Kapelle und dem

Ausdruck von Demut, Großzügigkeit und Unvergänglichkeit in seinem späten Werk, der Rondanini-Pietà. Welch ein Unterschied zwischen BEETHOVENS heroischem Stil und seinen letzten Quartetten! Dagegen blieb MOZART sein ganzes Leben lang die spielerische, ausgelassen kindliche Mentalität erhalten.

Vielleicht hat die Menschheit wegen dieser verschiedenen Energien, die verschiedene Qualitäten von Kunst hervorbringen, niemals einen verbindlichen Begriff von Schönheit entwickelt. Offenbar neigt jede Mentalität zu ihr eigentümlichen ästhetischen Werten. Die reife Mentalität findet Schönheit in Anmut, Eleganz, Klarheit, Ordnung oder Menschlichkeit, was sich gut zur heiteren Gelassenheit des reifen Alters fügt. Die kindliche Mentalität mag diese Werte anerkennenswert, wenn auch langweilig finden, während die jugendlich-unreife Mentalität sich oft dadurch irritiert fühlt. Der adoleszenten Mentalität mögen Brutalität und Gewalttätigkeit gefallen, während die kindliche und die reife Mentalität Brutalität und Gewalt abstoßend und erschreckend finden.

Die Redensart «die Schönheit liegt im Auge des Betrachters« trifft den Kern der Sache. Das ästhetische Urteil der Menschen ist eng an ihre Mentalität gebunden. Der jeweilige Geschmack wird hauptsächlich von ihren Neigungen gesteuert, und diese sind abhängig von den Bedürfnissen des Geistes und deren Dringlichkeit.

Ein Mensch, der ein bestimmtes Bedürfnis hat, wird von allem angezogen und verführt, was dieses Bedürfnis befriedigen kann. Wenn wir sexuell erregt sind, finden wir Menschen attraktiv, von denen wir in normalem Zustand keine Notiz nehmen würden.

Während Kunst, die von kindlichen Gemütern hervorgebracht wird, fröhlich in ihrer Verspieltheit ist, und die Kunst, die von der durch die Güte und Großzügigkeit der Reife erzeugten Energie geschaffen wird, eine beruhigende Heiterkeit und Universalität ausstrahlt, kann die Kunst, die von der angstbedingten nervösen Energie der jugendlich-unreifen Mentalität verwirklicht wird, aufregend und anregend sein. Aufregung und Anregung resultieren aus der einschüchternden, bedrohlichen, aggressiven Natur der Kunst, die durch angstbedingte nervöse Energie inspiriert und realisiert wird. Diese Einschüchterung kann bei empfindsamen Naturen Benommenheit und Übelkeit hervorrufen.

Vor allem in Italien kennen die medizinischen Dienste das sogenannte Stendhal-Syndrom. STENDHAL hat als erster die Beklemmung und Benommenheit während und nach dem Besuch einer Kunstgalerie in Florenz beschrieben. Durch Angst geschaffene Kunst weckt auch Angst im Betrachter. Das darf nicht überraschen, denn das Kunstwerk, das sich der angstbedingten nervösen Energie verdankt, will ja vor allem beeindrucken, verführen, wobei Verführung das höchste Ziel der Einsamkeit ist, und diese wiederum ist eine Hauptursache von Ängsten.

Die meiste westliche Kunst entstand aus nervöser Energie, die durch Ängste der westlichen Menschen erzeugt wurde. Der Westen ist reich an Kunstwerken, weil er so reich an Ängsten ist. Vergangene Zeiten, in denen große Ängste herrschten, beispielsweise das fünfte Jahrhundert vor Christus in Griechenland oder das 15. und 16. Jahrhundert in Italien, waren reich an Kunstwerken.

Auch die Genialität und der wissenschaftliche Erfindungsgeist in der westlichen Welt entsteht großenteils aus den Ängsten, der Unruhe und Erregung, die dort herrschen.

Viele Künstler und kreative Geister haben bekanntlich schlimme und lange dauernde depressive Phasen erlebt. Gewöhnlich werden diese mit innerer Leere, mit mangelnder Kreativität erklärt.

Meines Erachtens beruht diese Depression eher auf den extremen Ängsten und dem Streß, die von übersteigerten Ansprüchen hervorgerufen werden. Nicht die innere Leere verursacht Depressionen, sondern der durch übersteigerte Ansprüche bewirkte Streß erzeugt das Gefühl der inneren Leere, den Mangel an Kreativität und die Depression. Tatsächlich kann dieses erhöhte Anspruchsniveau einen Künstler oder ein Genie geisteskrank machen.

Wer behauptet, daß Kunstwerke, die vor allem aus durch angstbedingte nervöse Energie erzeugter Erregung und Unruhe entstanden sind, den Menschen adeln, indem sie seine Seele bereichern, dem möchte ich raten, die Geschichte genauer zu studieren. Dann wird er nämlich entdecken, daß viele der schlimmsten

Verbrecher große Künstler oder Kunstliebhaber waren. In den gewalttätigsten und brutalsten geschichtlichen Epochen gab es gleichzeitig einen großen Reichtum an künstlerischer Kreativität und viele Kunstliebhaber.

Was die Künstler mit jugendlich-unreifer Mentalität angeht, so ist nichts Edles an ihren künstlerischen Werken. Sie befreien sich bloß von ihrer angstbedingten nervösen Energie und kehren diese nach außen in der verzweifelten Gier nach Anerkennung, deren ihr Dünkel und ihre Anmaßung so dringend bedarf.

Die jugendlich-unreife Mentalität hat die künstlerischen oder philosophischen Aktivitäten von Frauen stets abgewertet.

Dies ist eigentlich ein großes Kompliment an den gesunden Menschenverstand und die Weisheit der Frauen. Da ihr Verantwortungsgefühl stärker entwickelt ist und sie sich mehr über die wirklichen Probleme des Lebens Gedanken machen, sind Frauen im allgemeinen anspruchsloser und bescheidener als Männer. Weil die Frauen anspruchsloser und bescheidener sind, verfügen sie über weniger angstbedingte nervöse Energie, die sich verschwenderisch entladen müßte.

Während Streß nachweislich die Immunreaktionen des Körpers unterdrückt, können mäßige Ängste das Gegenteil bewirken. Wahrscheinlich beruht das darauf, daß die durch mäßige Ängste freigesetzten niedrigen Nebennierenhormonkonzentrationen die Zellen der körpereigenen Abwehr stimulieren, während durch große Ängste oder Streß freigesetzte hohe Konzentrationen dieser Hormone die Aktivität und Effektivität der Zellen des Immunsystems und der Organe, in denen diese Zellen gebildet werden, hemmen.

Tatsächlich werden, wenn das Immunsystem geschwächt ist, zusätzliche Mengen streßinduzierter Hormone (Kortikosteroide) eingesetzt, um zum Beispiel die Abstoßung transplantierter Organe durch die körpereigene Abwehr zu verhindern.

Streßbedingte Krankheiten und Beschwerden reichen vom Schnupfen bis zum Krebs, von Kopfschmerzen bis zur Schlaflosigkeit, von der Trockenheit der Haut zu Mundtrockenheit, von

Herpes zum nervösen Jucken, von Verstopfung zu Durchfall, vom Schwitzen bis zur Ohnmacht, von der rheumatoiden Arthritis bis zur Osteoarthritis (Knochen- und Gelenkentzündung), vom Asthma bis zur extremen Hyperventilation, von der Allergie bis zur Multiplen Sklerose, von der Angst vor Krankheiten bis zu verschiedenen Arten von Geisteskrankheiten und Selbstmord.

Streß zerstört bevorzugt die verletzlichsten Zellen oder die anfälligsten Organe. Der jeweilige Schwachpunkt ist bei jedem Menschen ein anderer. Das erklärt, wieso gleiche Streßfaktoren oder -ereignisse, wie etwa der Verlust eines geliebten Menschen, bei dem einen Krebs, beim anderen eine opportunistische Infektion (also eine Erkrankung durch fakultativ pathogene Keime), eine Erkältung, ein Magengeschwür oder Arthritis auslöst und wieder einen anderen unbehelligt läßt.

Die Wirkungen äußerer Stressoren, sei es Kernenergie oder seien es chemische oder biochemische Reize, scheinen von dem vorher bestehenden Streßniveau, das der Geist eines Individuums erzeugt hat, abhängig zu sein.

Menschen, die unter starkem Streß stehen, werden, wenn sie krebsauslösenden Strahlen ausgesetzt sind, wahrscheinlich schwerer erkranken.

In jedem Menschen schlummern bestimmte Arten von Krebszellen, viele pathogene Keime und Hunderte verschiedener Viren. Sie verharren im schlafenden Zustand, weil die Zellen des Körpers und die Effizienz des Immunsystems und der Reparaturmechanismen uns gesund erhalten. Jeder Druck auf die Zellen und jede Leistungsminderung der Immun- und Reparatursysteme kann einen oder mehrere krankmachende Keime oder Viren zum Leben erwecken. Das jeweilige Streßniveau eines Individuums trägt in sich das Potential, eine Krankheit zu aktivieren.

Streß kann auch sogenannte heilsame Krankheiten verursachen. Manche Menschen reagieren mit imaginären Schmerzen oder Leiden, um eine stark belastende Aktivität verringern oder beenden zu können. Sie können auf diese Weise rechtfertigen, daß sie kürzer treten müssen.

Die heutige Langlebigkeit der Menschen hat eine neue Art von Streß hervorgebracht: das Schreckgespenst, alt auszusehen – nicht das, alt zu werden. Dieses erzeugt Zwänge, zum Beispiel Schlankheitsterror, fanatisches Fitneßtraining und alle möglichen Schönheitsoperationen an Gesicht und Körper. Jeder Zwang wirkt selbstverständlich als Streß.

Immer mehr plagt uns auch die Angst, krank zu werden. Oft verlieren wir schon den Kopf, wenn wir nur winzige oder lächerliche Anzeichen von Unruhe oder Unbehagen an uns beobachten.

Da Fanatiker, gleich welchen Glaubens oder Vorurteils, unter starkem Streß stehen, sind sie ebenfalls anfällig für streßbedingte Krankheiten. Auch bei Randgruppen oder unterdrückten Minderheiten innerhalb einer Gemeinschaft wird die körpereigene Abwehr massiver geschwächt als beim Rest der Gemeinschaft.

Bei manchen Linkshändern, denen ihre Händigkeit Probleme bereitet, sind die körpereigenen Abwehrkräfte reduziert. Kurzsichtigkeit und Leseschwäche sind Stressoren und können daher das Immunsystem schwächen.

Die zunehmende Tendenz zur beruflichen Spezialisierung, die den Streß der Einsamkeit erzeugt, kann die natürlichen Abwehrkräfte mindern. Die zunehmende Arbeitsteilung wird die Menschheit der Zukunft noch weiteren streßbedingten Krankheiten aussetzen.

Da die Arbeit im Team und in der Gruppe sowohl im Dienstleistungsbereich als auch in der Industrie immer seltener wird und somit das Gefühl der Isolierung zunimmt, bringt die Einführung von Computern noch eine zusätzliche Form von Streß.

Da ein mäßiger Angstpegel die Wachsamkeit und Plastizität der Synapsen unserer Gehirnzellen steigert, kann er dazu beitragen, unser Gedächtnis zu stärken und zu verbessern.

Bestimmte Ängste mäßiger Ausprägung können sich bei manchen Gehirnfunktionsstörungen, etwa bei Altersdemenz oder bei der Alzheimer-Krankheit, sogar günstig auswirken.

Da immer mehr alte Menschen von dieser Krankheit betroffen sind, möchte ich meine Theorie etwas ausführlicher erläutern.

Um die Demenz besser zu verstehen, halte ich es für sinnvoll zu untersuchen, wie die Registrierung von Ereignissen im Gedächtnis funktioniert und wie gespeicherte Erfahrungen aus dem Gedächtnis abgerufen werden.

Ein Sinneseindruck wird nur zur Wahrnehmung, nachdem er vom Gehirn genau geprüft und gewertet wurde. Um einen Sinneseindruck wahrnehmen zu können, muß sich das Gehirn in einem Zustand der Wahrnehmungsfähigkeit befinden.

Der Zustand der Wachheit und Lebhaftigkeit unserer Sinne und die Wahrnehmungsbereitschaft des Gehirns sind dynamische Zustände, also Zustände der Aktivität und Energie.

Jedes Lebewesen befindet sich in einem ständig sich verändernden Daseinszustand, der sich jeweils durch ein spezifisches Niveau des Bewußtseins und der Wahrnehmungsfähigkeit auszeichnet.

Woher kommt nun die Energie, die für die Wachheit der Sinne und die Wahrnehmungsfähgkeit des Gehirns, für die Offenheit gegenüber neuen Ereignissen und für die Bereitschaft, neue Erfahrungen zu machen, benötigt wird? Die Antwort lautet: hauptsächlich von der Instabilität des Geistes, von geistig induzierten Ängsten.

Jede Information, die das Gehirn aufnimmt, wird im Gedächtnisspeicher auf der Wellenlänge der von ihr erzeugten Angst registriert, auf der Frequenz der nervösen Energie, die diese Information produziert. Im wesentlichen ist unser Gedächtnis ein Netzwerk von Leitungen der Energien, die verschiedene Ängste an den Gehirnzellen hinterlassen haben. Die Zellen eines einzigen Gehirns registrieren viele Erinnerungen, die alle mit unterschiedlicher Intensität der von Ängsten erzeugten nervösen Energie aufgenommen werden.

Sowohl Belohnung als auch Strafe und durch Erregung oder Hemmung erfolgende Konditionierung, um die Gedächtnis- und Lernleistung zu steigern, erzeugen in Wirklichkeit Ängste, ohne die Gedächtnis und Lernen nicht funktionieren würden.

Daß das Gedächtnis mit Ängsten verknüpft ist, läßt sich aus der

Tatsache ableiten, daß die Speicherung neuer Ereignisse und das Abrufen früherer Erfahrungen erheblich reduziert sind, wenn die emotionalen Zentren des Gehirns (das limbische System) geschädigt oder gehemmt werden.

Wie werden frühere Erfahrungen aus unserem Gedächtnis abgerufen? Die Ereignisse, die in unserem Gehirn gespeichert sind, werden am besten durch angstinduzierte Energien wachgerufen, deren Intensität oder Frequenz denen, die ursprünglich das jeweilige Ereignis eingeprägt haben, möglichst ähnlich ist.

Daß das Abrufen früher gemachter Erfahrungen durch Ängste provoziert wird, läßt sich besonders gut an Träumen illustrieren. Die meisten Träume finden während des REM-Schlafs statt (*Rapid Eye Movements*, die Phase der schnellen Augenbewegungen), wenn das sympathische Nervensystem und die Nebennieren besonders aktiv sind. Nicht was wir in unseren Alpträumen sehen, erschreckt, sondern wir haben Alpträume, weil wir uns in einem spezifischen Zustand der Angst befinden.

Das Gedächtnis kann sogar durch äußere Energie reaktiviert werden. Die elektrische Reizung des Gehirns kann Ereignisse wachrufen, die durch eine ähnliche Wellenlänge emotionaler Energie gespeichert wurden.

Bekanntlich leiden manche Menschen unter schweren sogenannten Phantomschmerzen, nachdem ihnen ein Bein oder ein Arm amputiert worden ist. In der Regel kommt es zu solchen Schmerzen, wenn der Patient das gleiche Ausmaß von Ängsten erlebt, unter denen er diese Schmerzen in seinem Gedächtnis gespeichert hat.

Wenn Schüler während der Hausaufgaben schrille Musik hören, fällt es ihnen in der kühlen Stille des Klassenzimmers schwer, sich an das Gelernte zu erinnern. Wir können das, was wir gelernt haben, leichter abrufen, wenn wir dabei die gleichen Emotionen haben wie in der ursprünglichen Lernsituation.

In nüchternem Zustand haben die Menschen Probleme, sich an Ereignisse zu erinnern, die stattfanden, als sie betrunken oder unter Drogeneinfluß waren. Die Erinnerung kann jedoch zurückkehren, wenn sie sich wieder in den gleichen Zustand der Vergiftung versetzen.

beispielsweise das Anzünden der Zigarette, das Inhalieren des Rauchs, das Vorbereiten und Genießen einer Zigarre oder das Ritual beim Pfeiferauchen.

Mehr noch, geringe Mengen Alkohol, Kaffee oder Tee können auch in einem anderen Sinn helfen. Diese Genußmittel stimulieren die Aktivität von Nervenzellen und deren Wachtumsfaktoren, was die Aktivität der Nervenzellen unterstützt. Und dies wiederum kann die geistige Aktivität und das Gedächtnis alter Menschen verbessern.

Da die herabgesetzte Empfindlichkeit der Zellen unserer Sinnesorgane unsere emotionalen Erfahrungen einschränkt, kann sie die Aktivität des Gedächtnisses empfindlich beeinträchtigen. Der Demenz geht tatsächlich oft eine Degeneration der Geschmacksknospen voraus. Eine streßbedingte Blockierung unserer Sinnesorgane mindert die Gedächtnisleistung dramatisch.

Manche alten Menschen reagieren mit einem merkwürdigen Abwehrmechanismus auf die Altersdemenz: Sie nehmen ihre Zuflucht zur Spontaneität und setzen sich über gesellschaftliche Regeln und Rollen hinweg. Indem sie sich von gesellschaftlichen und oft sogar von moralischen Zwängen und Regeln befreien, beginnen sie, eine Vielfalt von Gefühlen und Ängsten zu erfahren, die ihnen beim Gedächtnistraining helfen. Andere fangen an, sich eines vulgären und unanständigen Vokabulars zu bedienen. Vulgäre und unanständige Ausdrucksweise oder Fluchen kann tatsächlich Gefühle wachrufen, die das Gedächtnis reaktivieren. Und viele Alte nehmen die heilsame Gewohnheit an, Selbstgespräche zu führen.

Mit dem Alter verlieren wir weniger das Gedächtnis als den Gebrauch des Gedächtnisses. Bei manchen alten Menschen nehmen die Ängste über ein vertretbares Maß hinaus zu, so daß sie in einen Streßzustand geraten. Da Streß die Hirnaktivität und die Aufmerksamkeit auf vordergründige und aktuelle Interessen konzentriert, reduziert er meist das Erinnerungsvermögen und den Gebrauch des Gedächtnisses auf das Minimum, das für den jeweiligen Augenblick erforderlich ist. Unter starkem Streß sind Menschen imstande, in eine partielle oder totale Amnesie zu flüchten, die mitunter so extrem sein kann, daß der Betreffende sogar nicht mehr weiß, wer er ist. Massiver Streß kann die Wahrnehmungs- und Erinnerungsmechanismen lähmen.

Da Streß ein so bedeutendes Phänomen ist, möchte ich noch einmal darauf hinweisen, daß er hauptsächlich ein Merkmal der jugendlich-unreifen Mentalität und ihrer Ansprüche, ihres übermäßigen Ehrgeizes und ihrer Gier ist. Streß liegt nicht in der Natur der kindlichen oder reifen Mentalität oder in der Natur der Tiere.

Die Tragödie des Menschen ist jedoch, daß die aggressivere jugendlich-unreife Mentalität unsere Erde beherrscht und die anderen Menschen und die Tiere zwingt, in einer Atmosphäre von Streß zu leben.

Ermüdung

Anorganische Materie zerreißt unter Druck und wird zerstört, so daß sie zerfällt; organisches Material hingegen ermüdet. Ermüdung hat jedoch eine wichtige positive Wirkung: Sie verlangsamt oder bremst die Aktivität des Körpers, bevor es zu spät ist, und versetzt ihn dadurch in die Lage, durch die Aktivität erzeugte Schäden zu reparieren. Ermüdung induziert Entspannung und Schlaf, und derweil kann sich der Körper erholen.

Die Aktivität der Zellen ändert sich deutlich bei Ermüdung. Freie Radikale, Peptide und andere Moleküle, die vorher schlummerten, werden reaktiviert. Diese reaktivierten Moleküle, die ihre biochemische Instabilität mitbringen, mobilisieren die Aktivität der Zellen beim Streben nach ihrer früheren Daseinsform, nach geringerer Instabilität, nach dem Schlummerzustand. Vielleicht ist es gerade diese Aktivität, die Schlaf und Entspannung herbeiführt. Jeder beobachtet, daß Wachheit, Neugier, Wahrnehmungsfähigkeit und Denkfähigkeit abnehmen, wenn man müde ist oder schlecht geschlafen hat, wenn sich der Stoffwechsel der Gehirnzellen ändert.

Wenn der Organismus müde ist, können Viren, die bislang in Zellen oder in Nukleinsäuren schlummerten, wieder aufwachen und die Organisation der Zellen für die eigene Reproduktion nutzen.

Da die Rezeptoren der Zellen, wenn sie erschöpft sind, weniger selektiv reagieren, werden sie gastfreundlicher und lassen es zu, daß pathogene Keime in die Zellen eindringen und sie schädigen.

Unter Streß schütten Gehirn und Nebennierenmark natürliche Opiate aus, die das Gefühl der Müdigkeit mindern. Da Streß die Wahrnehmung der Müdigkeit hindert, bewirkt er, daß der Körper eine extreme Aktivität entfalten und einen Punkt erreichen kann, an dem eine Reparatur nicht mehr möglich ist. Wahrnehmung stimuliert die Reaktion.

Wenn ein Mensch unter Streß das Gefühl der Ermüdung bekommt, ist es meist zu spät, da die Überaktivität des Körpers bereits zu irreparablen Schäden geführt hat.

Heutzutage leiden viele Menschen der jüngeren Generation an Hörschäden infolge der lauten Popmusik. Die infolge des streßauslösenden Lärms sezernierten körpereigenen Opiate erzeugen eine Euphorie, die verhindert, daß der Körper rechtzeitig die Ermüdung des Gehörs spürt.

Streß verhärtet die Gewebe, und starker Druck auf harte Gewebe führt zum Zusammenbruch.

Wildes Toben und Tanzen zu den Rhythmen lauter Musik bedeutet hauptsächlich eine Entladung der nervösen Energie, die durch die von irrer Musik verursachte Reizung erzeugt wird. Je lauter die Musik, desto frenetischer ist die Entladung.

Viele Kämpfe und Schlachten werden mit geräuschvoller Musik eingeleitet oder begleitet, um die durch Reizung induzierte, für den Kampf benötigte nervöse Energie zu erzeugen.

Allerdings können laute Trommeln, Schlachtenrufe oder der Lärm abgefeuerter Gewehre die Ausschüttung körpereigener Opiate so stark erhöhen, daß viele Soldaten auf den Feind zustürmen und dabei vergessen, ihre Waffen zu benutzen. Während der berühmten Offensiven im Ersten Weltkrieg unterließ es ein Drittel der Soldaten, die Gewehre abzufeuern. Opiate freisetzendes monotones Singen fördert einen Zustand religiöser Ekstase.

Die meisten Besucher von Popkonzerten geraten anschließend in einen derartigen zombieähnlichen Zustand, daß sie hochgradig unfallgefährdet sind. Wegen ihrer verminderten Immunabwehr neigen sie außerdem zu Infektionskrankheiten.

Von den Menschen verursachter Lärm ist ein viel schädlicherer Faktor, als man sich gemeinhin vorstellt. Kürzlich fand man heraus, daß Unterwasserlärm die Bewohner des nassen Elementes, vor allem Meeressäugetiere wie Seehunde und Wale, aus der lauten Umgebung vertreibt. Unterwasserlärm scheint außerdem die Fischeier zu schädigen und auf den Laich wachstumshemmend zu wirken.

Desgleichen scheint Lärm die Hörorgane dieser Tiere zu hemmen. Dadurch verwirrt sich die Orientierung, verschlechtert sich das Immunsystem, und die Tiere werden für allerlei Infektionen anfällig.

Jeder Organismus besitzt ein individuell optimales Ermüdungsniveau, bei dem er beginnt, müde machende Aktivitäten herunterzufahren, um sich wieder zu erholen. Menschen, die weniger leicht ermüden, altern schneller und brechen eher zusammen als leicht ermüdbare.

Beim mehrzelligen Organismus greift die Müdigkeit einer Zellgruppe auf den übrigen Körper über. In der Tat beginnt die Müdigkeit einer Gruppe von Zellen im Organismus, die Leistung der labilsten Zellgruppe oder des instabilsten Organs des Körpers zu mindern. Der Organismus gleicht einer Kette: Unter Druck bricht sie dort entzwei, wo sich das schwächste Kettenglied befindet.

Das Leben eines Individuums wird also entscheidend durch die instabilste Zellgruppe oder das labilste Organ eines Organismus beeinflußt.

Wie ich schon sagte, ist jeder Organismus bestrebt, das geringst mögliche biochemische Unbehagen, die geringst mögliche Instabilität, mit möglichst geringer Anstrengung und Energie zu erreichen. Dieses Bestreben könnte die lebende Materie befähigt haben, Lernfähigkeit und Erinnerungsvermögen zu erwerben.

Das Leiden des Geistes ermüdet unsere Nervenzentren und ihre Zellen und verzerrt ihre Aktivitäten. Tatsächlich ist es vor allem die Müdigkeit unserer Nervenzentren, speziell die Ermüdung des Hypothalamus, die Streß und streßbedingte Krankheiten und Störungen erzeugt.

Dieser Streß, der durch die Ermüdung unserer Nervenzentren verursacht ist, nimmt mit fortschreitender Ermüdung zu. Wissenschaft und Technik haben vielleicht die körperliche Ermüdung gemindert, sie haben aber den Streß, der durch die Ermüdung unserer Nervenzentren hervorgerufen wird, deutlich vermehrt. Technik mag an die Stelle körperlicher Arbeit treten, aber eben diese Technik bringt auch Spannung, Lärm und Widerwärtigkeiten, und dies alles strapaziert unser Nervensystem.

In dieser Ermüdung der Nervenzentren, insbesondere des Hypothalamus, finden wir die typisch menschlichen Leiden, wie Nervenzusammenbruch, Neurosen, Psychosen und Selbstmord, begründet.

Ermüdung des Hypothalamus kann die Aktivität der Hirnanhangsdrüse und des autonomen Nervensystems lähmen. Sie kann außerdem radikale Veränderungen hinsichtlich Körpertemperatur, Hunger, Durst, Wasserhaushalt, sexueller Potenz bewirken, und das wiederum beeinflußt unser Denken, unsere Logik und unser Verhalten.

Vor allem kann die Müdigkeit des Hypothalamus die Ausschüttung von Neurotransmittern im Gehirn beeinträchtigen, und das kann zu Depressionen und anderen Geistesstörungen führen.

Die nachstehenden Symptome scheinen in einem Zusammenhang mit Geistesstörungen zu stehen: Pessimismus, Reizbarkeit, Intoleranz, Appetitlosigkeit, Abnahme der sexuellen Potenz, Schlaflosigkeit, erhöhter Blutdruck, Herzjagen, Schwitzen, Blässe, Schwindelanfälle, Übelkeit, Störungen der Orientierung, Schmerzen, Migräne, mangelnde Flexibilität und eingeschränkte Sinneswahrnehmung.

Diese Symptome geistiger Störungen werden eigentlich durch neuroendokrine Aktivitäten unter Streß erzeugt.

Die meisten Menschen, die an irgendeiner Form einer Geistesstörung leiden, reagieren sehr rasch gekränkt, wenn ihre Erwartungen sich nicht erfüllen, was sie meist dramatisieren. Diese Dramatisierung steigert das geistige Leiden, was die Störung der Aktivität des Hypothalamus und anderer endokriner Drüsen verstärkt.

Die Ermüdung der Nervenzentren kann durch jede Aktivität zunehmen, die wir als Anstrengung, Opfer oder Demütigung werten, da diese Aktivitäten unserem aufgeblähten Ego weder gefallen noch schmeicheln. Je aufgeblähter das Ego eines Individuums ist, desto mehr werden die Aktivitäten als Anstrengung, als Opfer oder als Demütigung betrachtet.

Manche Menschen haben ein Sicherheitsventil, das sich bei einem bestimmten Streßpegel öffnet. Dieses Sicherheitsventil will ich als streßinduziertes Weinen bezeichnen.

Oft wird Streß dadurch verursacht, daß jemand störrisch darauf beharrt, in dem Vakuum zwischen Ansprüchen und Hoffnungen und dem Vermögen, diese Ansprüche und Hoffnungen zu verwirklichen, ein gefährliches Leben zu führen. Wenn unsere Ansprüche oder Hoffnungen plötzlich verschwinden oder wenn wir erkennen, daß wir sie nicht realisieren können oder uns übernommen haben, dann verschwindet womöglich auch der Streß. Dies bringt oft eine Erleichterung mit sich, die sich in Weinen oder Schluchzen äußert.

Mit dem Weinen und Schluchzen kann das Lachen einhergehen, wenn wir erkennen, daß die Ansprüche und Hoffnungen, die soviel Streß in unser Leben gebracht haben, lächerlich oder absurd waren. Die Erleichterung durch Weinen kann uns von unserer jugendlich-unreifen Mentalität befreien und uns zur Verspieltheit der kindlichen Mentalität oder zur Heiterkeit der reifen Mentalität führen.

Weinen ist tatsächlich eine wirkungsvolle Therapie für jede Art von Streß. Es würde mich nicht wundern, wenn die Wissenschaftler eines Tages entdecken würden, daß die chemische Zusammensetzung streßbedingter Tränen je nach Streß variiert. Ich bin sicher, daß wir mit diesen Tränen eine bestimmte Menge von Molekülen ausschwemmen, die unseren Körper unter Streß hielten. Vielleicht fühlen wir uns deshalb oft so erleichtert, wenn wir uns richtig ausgeweint haben.

Tatsächlich haben neuere Forschungen ergeben, daß durch Gefühle oder durch Streß ausgelöste Tränen 25 Prozent mehr Eiweiß enthalten als Tränen, die durch äußere Reizung der Tränendrüsen provoziert werden.

Schmerz

Auch der Schmerz ist ein bedeutender Faktor bei der Überlebensstrategie. Er ist ein Gefahrensignal für den Körper, eine Aufforderung, sich mit den Schmerzursachen auseinanderzusetzen, bevor irreparable Schäden eintreten.

Da Streß die Ausschüttung unserer körpereigenen Opiate, der natürlichen Schmerzkiller (Endorphine, Enkephaline), steigert, senkt er die Empfindlichkeit für Schmerzreize. Die natürlichen Opiate docken an den Schmerzrezeptoren an und blockieren dadurch die Schmerzsensoren.

Extremer Streß, der durch extremes Leiden des Geistes verursacht ist, kann zu völliger Schmerzunempfindlichkeit führen. Auch wenn wir schwer angeschlagen sind, können wir in einer schweren Schlacht weiterkämpfen oder uns bei einem harten Wettkampf ausdauernd anstrengen. Da wir keinen Wundschmerz spüren, kann allerdings die Fortsetzung der Schlacht oder des Wettkampfs eine Verletzung verschlimmern und den Körper irreparabel schädigen. Würden wir den Schmerz empfinden, dann würden wir versuchen, seine Ursache auszuschalten, bevor es zu spät ist.

Es wäre möglich, daß das Leben an sich Schmerzen bringt, daß das Leben an sich anhaltende schmerzhafte Spannung ist. Die große Instabilität, welche die Ordnung des Lebens kennzeichnet, beinhaltet ein biochemisches Unbehagen, das seinerseits Anstrengung oder Schmerz impliziert. Das allgemeine Bestreben lebender Moleküle, ihr Unbehagen zu verringern, würde niemals bestehen, wäre das biochemische Unbehagen nicht schmerzhaft.

Vielleicht bewirken die natürlichen Schmerzkiller, die von den höher entwickelten Lebewesen und ihren Nervensystemen freigesetzt werden, daß wir die Qual des Lebens nicht spüren, es sei denn in Augenblicken, in denen der Schmerz eine bestimmte Schwelle überschreitet und die analgesierende Wirkung der körpereigenen Endorphine und Enkephaline durchbricht.

Die durch Akupunktur erzielte Herabsetzung der Reaktionsbereitschaft gegenüber Schmerz beruht wahrscheinlich darauf, daß der Streß und die Spannung, die durch die Reizung der empfindlichen Punkte des Körpers mit Nadeln erzeugt werden, eine zusätzliche Ausschüttung körpereigener Opiate auslösen.

Die Überzeugung, daß Akupunktur wirkt, gepaart mit der Befürchtung, daß wir uns irren könnten, erzeugt eine Art selbstinduzierter Analgesie (Schmerzunempfindlichkeit), die zur Wirksamkeit der Akupunktur beiträgt.

Selbst eine Reizung der Scheide sowie Druck auf oder Irritation von anderen empfindlichen Körperregionen können ebenfalls eine streßbedingte Analgesie erzeugen.

Tiere und Menschen können bekanntlich während sexueller Erregung unempfindlich gegen Schmerzreize werden. Wahrscheinlich beruht dies auf der Anwesenheit zusätzlicher körpereigener Opiate im Körper, deren Ausschüttung durch die irritierenden Geschlechtszellen angeregt wird.

Viele modische Läden und Boutiquen, vor allem jene, die labile Teenager als Kunden haben, spielen laute Musik. Dieser Lärm, durch den streßinduzierte körpereigene Opiate erzeugt werden, treibt die Kunden oft in einen euphorischen Kaufrausch. Diese lärmende Geräuschkulisse in den Läden müßte verboten werden, da sie das klare Denken beeinträchtigt.

Streßsucht

Ganz allmählich werden wir streßsüchtig. Immer mehr haben uns die körpereigenen Opiate in ihren Krallen. *Streß ist unsere Droge, denn er verschafft uns die körpereigenen Morphine.* Wie ein Drogensüchtiger hat auch der Streßsüchtige Entzugserscheinungen, wenn der Streß aufhört.

Wir scheinen aufzublühen, wenn wir ausgiebig klagen, dramatisieren und ständig Katastrophen befürchten. Offenbar genießen wir es, unter oft lächerlichen Schwierigkeiten zu leiden. Immer mehr faszinieren oder erregen uns Katastrophen. Vielleicht ist dies der Grund, warum die Medien schlechte Nachrichten stärker hervorheben als gute. Auch unsere Unterhaltung bringt mehr Streß, da sie überwiegend aus schriller, betäubender Musik besteht, aus Klagen und Dramen, in denen es um Brutalität, Verbrechen und Gewalt geht.

Um sich lebendig zu fühlen, suchen viele Menschen Abenteuer und Gefahren, die ihnen Aufregung und Euphorie bescheren, weil sie die streßinduzierten körpereigenen Opiate freisetzen. Die meisten Heldentaten sowie viele andere irrationale Handlungen werden ja tatsächlich meist in einem durch streßinduzierte natürliche Opiate erzeugten Zustand der Erregung oder Euphorie ausgeführt.

Die Erregung und Euphorie, die Piloten bei ihren ersten Flügen empfinden, ist durch eine zusätzliche Sekretion natürlicher Opiate verursacht. Sie wird ausgelöst durch das Gefühl der Unsicherheit, das entsteht, wenn man die Gesetze der Schwerkraft überwindet, und durch die Vorstellung, daß etwas schiefgehen könnte.

Für viele wird Fliegen zur Sucht.

Raub, Vergewaltigung, Vandalismus, Rowdytum, Gewalttätigkeit, Ordnungswidrigkeiten, Rebellion, Spielsucht, Expeditionen, Reisen und überhöhte Geschwindigkeit induzieren Streß, indem sie eine ähnliche Erregung oder Euphorie erzeugen. Sie können daher ebenfalls zur Sucht werden.

Nur eine *geistig induzierte Streßsucht* vermag die Arbeitssucht, ein typisch menschliches Phänomen, zu erklären. Für viele Geschäftsleute ist Streß inzwischen zum Statussymbol geworden.

Nur die Sucht nach Streß kann die Idee der Schuld hervorgebracht haben. Vielleicht wurde angenommen, Schuld habe eine ähnliche Funktion wie körperlicher Schmerz. So wie der körperliche Schmerz uns mahnt, etwas für unseren Körper zu tun, soll Schuld den Geist erinnern, für die moralische Gesundheit zu sorgen. Der Geist indessen entdeckte den Genuß am Leiden. Ob er vielleicht deswegen die Idee der »Erbsünde« erfunden hat?

Wäre es nicht denkbar, daß Homosexualität, die der jugendlich-unreifen Mentalität zuzuordnen ist, auf eine Sucht nach natürlichen Opiaten zurückzuführen ist?

Manche jugendlich-unreifen Menschen erleben ein »Hoch«, wenn sie sich trotzig gegen die etablierten gesellschaftlichen Werte stellen oder wenn sie die natürliche Ordnung herausfordern, da dieses Verhalten Streß erzeugt.

Daß die Homosexualität eine streßbelastete Lebensform ist, läßt sich aus der Tatsache ableiten, daß bei vielen Homosexuellen das Immunsystem schwächer ist als bei der Durchschnittsbevölkerung und sie deshalb viel leichter an allen möglichen opportunistischen Infektionen erkranken.

Hormonelle Veränderungen bei Homosexuellen lassen sich damit erklären, daß geistige Einstellungen und Phantasien die Aktivität der endokrinen Drüsen des Körpers zu beeinflussen vermögen, insbesondere die Sekretion jener Hormone, die unsere sexuelle Erregung und unsere sexuellen Vorlieben steuern.

Die Eile und Hast, dieses ebenso irrationale wie gefährliche Charakteristikum des Westens und Japans, kann nur als streßinduzierte Vergiftung gedeutet werden. Tatsächlich mindert Eile erheblich unsere Empfindungs- und Wahrnehmungsfähigkeit.

Eile, diese von dem imponierend großen und komplizierten menschlichen Gehirn erzeugte Absurdität, diese letzte Errungenschaft der Evolution, spricht für die Richtigkeit meiner allgemeinen Hypothese, daß das Leben vom Einzeller bis zum Homo sapiens eine ständige Flucht von einem biochemischen Unbehagen zum nächst geringeren ist, von der größeren zur kleineren geistigen Unzufriedenheit. Eile ist eine Flucht aus der Unzufriedenheit. Je unzufriedener wir sind, desto erregter sind wir, und je erregter wir sind, desto mehr hetzen wir uns ab.

Es ist interessant, die wahnsinnige Hetze zu beobachten, die in westlichen Ländern während der Wochen vor Weihnachten um sich greift. An einem großen Fest teilzunehmen steigert unseren Eigendünkel, dies aber erhöht unsere Erwartungen und unsere Anmaßung, wodurch wiederum die Erregung und die Hetze zunehmen, was einen Mangel an Feingefühl und somit Grobheit und Unsitten impliziert. Die Angst greift um sich, dem Zwang all der scheinbar obligaten Vorbereitungen und den Erwartungen nicht gerecht zu werden. Nach den Feiertagen bezahlen viele die vorweihnachtliche Zunahme des Eigendünkels und der Erregung mit Depressionen bis hin zum Selbstmord und mit opportunistischen Infektionen.

Auch Geburtstage sind so ein Datum, in dessen Zusammenhang bei vielen Menschen der Eigendünkel und damit ihre Erregung und ihre Unruhe zunimmt. Tatsächlich scheinen bei vielen Menschen um den Geburtstag herum einschneidende Veränderungen stattzufinden. Bei der Betreuung von Flüchtlingen in Italien stellte sich interessanterweise heraus, daß viele von ihnen um die Zeit ihres Geburtstags oder des Nationalfeiertages aus ihrer Heimat entkommen waren.

Streßinduzierte natürliche Opiate könnten auch den Widerstand der Juden erklären, sich mit der Bevölkerung eines Landes, in dem sie seit Generationen leben, zu vermischen. Das Beharren darauf, daß man anders ist, induziert immer Streß.

Die Irrationalität des Chauvinismus gemeinsam mit der Irrationalität anderer Vorurteile kann nur durch eine streßinduzierte Erregung erklärt werden. Es bringt Streß, mit Vorurteilen zu leben, da es uns an den Rand der Unsicherheit befördert.

Die nazistische Idee vom Herrenmenschen erzeugte starken Streß. Tatsächlich wurden viele Naziverbrechen in einer Art Betäubungszustand, unter dem Einfluß streßinduzierter Opiate, begangen.

Nur streßinduzierte Erregung oder Euphorie konnte derartige unnütze und zerstörerische Revolutionen hervorbringen.

Streßinduzierte Opiate könnten die angenehmen Empfindungen bei der Ausübung gefährlicher Sportarten erklären, wie etwa Bergsteigen oder Motorrennen.

Durch Streß erzeugte Opiate könnten das oft gesundheitsschädliche Übertreiben bei der körperlichen Ertüchtigung erklären.

Auch das Reisefieber, zumindest beim ersten Mal, könnte man mit streßinduzierten Opiaten begründen. Mit dem Unbekannten oder Unwägbaren konfrontiert zu sein bedeutet Streß und erzeugt daher die biochemischen Voraussetzungen der Erregung.

Nur streßinduzierte Erregung, die durch die Herausforderung der natürlichen Ordnung und die Provokation ihrer Gesetze entsteht, kann die zunehmende ungute Begeisterung für Genmanipulationen erklären. Unter Streß wird unser Denken ungeachtet der Folgen auf das Hier und Jetzt eingeengt.

Unsere Indifferenz gegenüber der Umweltverschmutzung läßt sich nur auf streßinduzierte Gleichgültigkeit zurückführen. Das Leben mit der Umweltverschmutzung erzeugt Streß.

Nur durch eine streßinduzierte Vergiftung mit körpereigenen Opiaten läßt sich erklären, daß wir die zunehmende Häßlichkeit unserer Umwelt dulden, daß wir die natürlichen Ressourcen der Erde hemmungslos ausbeuten und verschwenden. Bedrohlichkeit wirkt einschüchternd und somit streßerzeugend.

Viele religiöse oder spirituelle Führer, Sittenlehrer oder Gurus, aber auch viele Scharlatane, verkünden, wie man einen »Zustand der Glückseligkeit« erlangen kann. Diese Führer, Lehrer oder Scharlatane behaupten, daß Glückseligkeit die höchste Errungenschaft sei, da wir in ihr zur Gnade gelangen, die eine innige Vereinigung mit einer imaginären Gottheit ist.

Glückseligkeit und Verzweiflung sind eng verwandt; denn letztere erzeugt die natürlichen Opiate, welche die erstere hervorbringen.

Die Verzweiflung des Selbstmörders, die Verzweiflung des Todkranken, die Verzweiflung derer, die alles verloren haben, die Verzweiflung angesichts von Naturkatastrophen – all diese Arten der Verzweiflung vermögen in einen Zustand der Euphorie oder Glückseligkeit zu führen.

Der Gott der Christen verheißt Gnade unter der Bedingung, daß wir ihn fürchten. Streßbefrachtete Furcht indessen kann die Ausschüttung von Endorphinen und Enkephalinen stimulieren.

Jeder Mensch schwelgt hingerissen in romantischer Liebe und dem Glücksgefühl, das sie bringt. Doch romantische Liebe macht nur selig, weil sie Verzweiflung bringt, die Verzweiflung, den Geliebten zu verlieren und in die Isolation und Einsamkeit gezwungen zu werden. Daher kommt auch die Redensart von der »verzweifelten Liebe«. Tatsächlich haben die zarter Besaiteten und jene, die sich vor Einsamkeit fürchten, immer romantischere und verzweifeltere Liebesbeziehungen. Angehörige von Stämmen, Gemeinschaften oder Großfamilien sehen die romantische Liebe als solche viel weniger dramatisch. In der westlichen Welt blüht die romantische Liebe viel üppiger als irgendwo sonst auf der Erde.

Geistig induzierte Euphorie muß uns auf die Idee gebracht haben, Opiate und andere Drogen zu nehmen. Die Rezeptoren unserer Gehirnzellen für natürlich sezernierte Opiate wurden zu Rezeptoren für alle möglichen vom Menschen hergestellte Drogen, welche die Wirkung körpereigener Opiate ersetzen oder steigern können.

Immer mehr Heranwachsende, vor allem jene, die sich etwas auf ihre jugendlich-unreife Mentalität zugute halten, werden drogensüchtig. Es besteht eine Tendenz, diese Drogenkonsumenten oder -süchtigen mit der Entschuldigung zu rechtfertigen, daß sie sich der »grausamen Wirklichkeit« entziehen müßten. Die Wirklichkeit ist immer grausam für Menschen mit ausgeprägter Selbstliebe und überzogenen Ansprüchen. Die meisten Drogenabhängigen scheinen durch das Vorhandensein der Realität an sich gekränkt zu sein. Wenn der Streß weiterhin mit dem Fortschritt zunimmt, könnte unsere Spezies eines Tages in einer quälenden Euphorie untergehen.

Individualität

Streßinduzierte Drogensucht muß die menschliche Individualität gefördert haben, einen Kult, der ein einsames und isoliertes Dasein impliziert, das für eine so gesellige Spezies absurd ist. Dieses absurde Phänomen der menschlichen Individualität läßt sich einzig damit erklären, daß das streßbelastete Leben des einsamen, isolierten Individuums die Bildung natürlicher Opiate im Gehirn stark stimuliert.

Der ständig unzufriedene menschliche Geist entdeckte, daß er, indem er die Natur herausfordert, die Ausschüttung natürlicher Opiate induzieren kann, die das Dasein betäuben, es aufregend, heiter, euphorisch oder extatisch machen.

Am deutlichsten weisen die gesteigerte Selbstsucht und Ichbezogenheit auf die größere Unsicherheit und Verletzlichkeit des einsamen Individuums hin. Jede Zunahme der Unsicherheit oder Ungewißheit aber steigert die Selbstsucht und Ichbezogenheit, die Gewissenlosigkeit, Rücksichtslosigkeit, Grausamkeit und Gewalttätigkeit eines Individuums. Jede Zunahme der Unsicherheit und Ungewißheit bei einem Individuum bewirkt auch eine Minderung der Sinnesfunktionen und der Wahrnehmungsfähigkeit sowie des analytischen und genauen Denkens.

Mehr noch, unser Kult der Individualität und unsere Verherrlichung der persönlichen Freiheit, dieses Pfeilers der Individualität, muß auf einer geistigen Aktivität beruhen, die dem Einfluß der im Gehirn erzeugten Opiate unterliegt. Diese Opiate wurden durch den Streß erzeugt, den die unsichere Existenz des Individuums in seiner Isolation und Einsamkeit verursacht.

Wie jede andere Idealisierung steigert auch die Idealisierung der Individualität Ängste und Streß bis hin zur Geisteskrankheit.

Den Kult und die Verherrlichung der Individualität und der persönlichen Freiheit könnte man den Geisteskrankheiten zuordnen, da sie die Selbstsucht und die Ichbezogenheit, den Starrsinn und die Empfindungslosigkeit eines Individuums, alles wesentliche Merkmale geistiger Störungen, steigern. Im Extremfall kann die Einsamkeit zu Halluzinationen führen.

Die Wirkung der natürlichen Opiate, die unter Streß infolge Einsamkeit freigesetzt werden, kann in Augenblicken entdeckt werden, in denen man einen höheren Grad persönlicher Freiheit erreicht. Die vermehrte Unsicherheit, die durch die Zunahme an persönlicher Freiheit erzeugt wird, kann euphorisch machen.

Wenn ein Individuum in die Wüste oder in eine andere ferne Gegend der Erde flieht, kann es totale Freiheit erlangen, die höchste Unsicherheit mit sich bringt. Diese extreme Unsicherheit kann eine Euphorie oder Ekstase erzeugen, in der übernatürliche Offenbarungen oder Botschaften empfangen werden.

Bei einem bestimmten Grad persönlicher Freiheit kann das Individuum eine Einsamkeit erfahren, in der es die Seligkeit eines NARZISS findet, der durch sein Spiegelbild vernichtet wird.

Es scheint, daß Menschen mit jugendlich-unreifer Mentalität sich in Individualität und individuelle Freiheit flüchten, um mit den dadurch ausgeschütteten streßinduzierten Opiaten die Spannung und das biochemische Unbehagen zu mildern oder zu besänftigen, die durch die vermehrte Aktivität des sympathischen Nervensystems und der endokrinen Drüsen verursacht sind, zu der es in Notsituationen kommt, die von der rebellischen jugendlich-unreifen Mentalität heraufbeschworen wurden.

Menschen mit kindlicher oder reifer Mentalität empfinden selten das Bedürfnis, sich in Individualität und persönliche Freiheit zu flüchten; denn ihr biologisches Unbehagen ist geringer, weil ihr autonomes Nervensystem harmonischer reagiert und ihre endokrinen Drüsen ausgeglichener funktionieren.

Immer mehr Individualisten reizen oder beleidigen ihre Freunde, Verwandten oder Vorgesetzten dermaßen, daß sie abgelehnt oder ausgegrenzt werden. In der Folge können sie dann ihren durch Einsamkeit oder Alleinsein verursachten Betäubungszustand genießen.

Die persönliche Freiheit ist eine Flucht vor natürlicher Verantwortung und sozialen Pflichten. Da es sich um eine Flucht handelt, bringt die Freiheit des Individuums eine ganze Skala von Ängsten, von mäßiger Angst bis zum Streß hervor: Je größer die individuelle Freiheit, desto größer sind die Ängste. Je größer die Ängste, desto selbstsüchtiger und egozentrischer wird das Individuum. Je selbstsüchtiger und egozentrischer ein Individuum wird, desto unsicherer ist sein Dasein, desto eingeengter ist seine geistige Aktivität.

Bei seiner eingeengten geistigen Aktivität kann das Individuum nicht erkennen, wie paradox es ist, daß bei dem durch Unsicherheit oder Panik verursachten Streß eines einsamen Daseins von individueller Freiheit gar keine Rede sein kann.

In seiner Selbsttäuschung, die wahrscheinlich durch die Aktivität des Gehirns unter dem Einfluß streßinduzierter Opiate entsteht, hat der Mensch eine Wunschvorstellung, nämlich die Idee des individuellen freien Willens, erfunden. Das Individuum besitzt aber in seinem Leben einzig und allein die Freiheit, das eigene Leben zu beenden. Doch auch das ist eine Flucht.

Ein hohes Ziel des entfremdeten und einsamen Individuums ist die Selbstsicherheit, und diese isoliert den Einsamen noch mehr.

In der Natur existiert keine Selbstsicherheit. Sie ist ein Wunschdenken, das vom Geist eines einsamen Individuums hervorgebracht wurde. Tatsächlich ist jedes Wunschdenken, das die Selbstsicherheit nährt, an Angst gebunden.

Übertriebene Begehrlichkeit, die Selbstsicherheit bis zur Überheblichkeit oder bis zum Starrsinn steigert, kann Aufgewecktheit, Neugier, Kommunikationsfähigkeit, Gemeinsinn, Nüchternheit und Vernunft so stark reduzieren, daß der Selbstsichere durch alle möglichen Unfälle gefährdet wird. Die extreme Selbstsicherheit eines überzeugten Gläubigen kann sich zu einem streßbedingten betäubten Zustand der Euphorie oder Ekstase steigern.

Da kindliche und reife Mentalitäten von Natur aus bescheidener sind, gebärden sie sich höchst selten selbstsicher oder gar überheblich.

Da Selbstsicherheit die geistige Aktivität und das Denken hemmt, ist sie eine Hauptursache von Verbrechen und Gewalt.

Jahrelang war es Mode, die Hauptursache von Verbrechen und Gewalt in wirtschaftlicher Armut zu sehen. Ich glaube aber, daß für Kriminalität und Gewalt viel öfter der Wohlstand verantwortlich ist als wirtschaftliche Not. Es werden viel mehr Verbrechen und Gewalttätigkeiten mit vollem als mit leerem Magen begangen. Tatsächlich haben Verbrechen und Gewalt mit Wohlstand und Fortschritt zugenommen. Mit steigendem Wohlstand und Fortschritt nehmen Selbstsicherheit und Selbstgerechtigkeit zu, ohne die es kein Verbrechen und keine Gewalt gibt.

Da ausgeprägtes Selbstvertrauen Streß verursacht und dadurch die Ausschüttung zusätzlicher körpereigener Opiate bewirkt, werden manche Verbrechen und Gewalttaten in einem exaltierten oder sogar euphorischen Zustand begangen. Nicht allein der Alkohol läßt die Fußball-Hooligans überall zu Schlägern werden, sondern auch die Erregung, die durch die zusätzliche Sekretion natürlicher Opiate verursacht wird. Die überhebliche, größenwahnsinnige Selbstsicherheit, die aus dem Wunschdenken ihrer Überlegenheit geboren wird, macht sie trunken.

Es ist nicht eigentlich überraschend, daß Verbrechen und Gewalt der Welt des Geistes angehören. Schließlich besteht das höchste Anliegen des Geistes, die eigentliche Rechtfertigung seiner Existenz darin, mit der Natur und ihren Gesetzen zu brechen oder sie zu zwingen, sich der Welt der Unnatur anzupassen, die vom Geist und seinem aufgeblasenen, selbstgerechten Ich geschaffen wurde.

Die Hauptursachen von Verbrechen und Gewalt sind Feindseligkeit, Haß, Rivalität, Rachsucht, Neid und Eifersucht, lauter Produkte des Geistes und seines aufgeblähten Ichs. Ein Vergewaltiger ist kein Sexbesessener, sondern ein Egozentriker. Aggressiver und brutaler Kampfgeist ebenso wie grausame Folter werden hauptsächlich von selbstsicheren Fanatikern in die Tat umgesetzt, die sich dabei oft selbst in einen Zustand der Betäubung steigern.

Daß Selbstsicherheit nicht naturgegeben, sondern ein Produkt des Geistes ist, erkennt man daran, daß sie lächerlich wirkt, sobald sie nicht überzeugt. Die Wahrheit in der Natur kann man stets anerkennen, denn was immer auch ihr widerfährt, sie ist niemals albern oder lächerlich.

Da zunehmender Wohlstand die Individualität und Selbstsicherheit des Individuums stärkt, macht er die Menschen ruppiger, unhöflicher und unfreundlicher. Bevor sie ihren höheren Lebensstandard erreichten, benahmen sich die Franzosen höflicher, die Engländer wohlerzogener, die Amerikaner freundlicher und die Italiener hilfsbereiter.

Dies kann man mit dem Hinweis erklären, daß jede Stufe auf der Leiter des wirtschaftlichen Fortschritts die Instabilität erhöht und dadurch die Angst immer mehr auf Streßniveau hochschaukelt. Die Jagd nach Wohlstand ist Jagd nach Streß.

Bei sehr großer Angst wird die geistige Aktivität unseres Gehirns auf das skrupellose »Hier und Jetzt« reduziert oder auf eine kurzsichtige radikale Denk- und Verhaltensweise nach dem Motto »Alles oder nichts«.

Viele Angehörige der Arbeiterklasse eignen sich mit zunehmendem Wohlstand das Gebaren der jugendlich-unreifen Mentalität des Mittelstandes an und treten untereinander in einen gesellschaftlichen Wettbewerb, der ihnen mehr Selbstsucht, Ichbezogenheit, Habgier, Angst und Streß beschert und nicht selten in Arbeitslosigkeit mündet.

Das reduzierte Denken des Selbstsicheren wird am deutlichsten, wenn sich die Selbstsicherheit zum Heroismus steigert, jener unberechenbaren, oft selbstmörderischen Herausforderung der Wirklichkeit durch den Geist.

Am Heroismus ist nichts edel. In Wirklichkeit ist der Held selten auf Heldentaten aus, sondern er versucht bloß, einer unerträglichen Angst auszuweichen. Oft besteht Heroismus aus Hilflosigkeit, die versucht, Hoffnungslosigkeit zu beseitigen.

Wenn eine heroische Tat eine Flucht aus massivem Streß ist, hinterläßt sie den Helden oft in einem euphorischen Zustand, der durch die unter diesem Streß gebildeten Opiate ausgelöst ist. Tatsächlich begreift der Held seine Heldentaten oft erst, nachdem die Wirkung der Opiate nachgelassen hat, wenn ihn, den nunmehr Ernüchterten, andere beglückwünschen.

Abgründe ziehen uns an, weil wir in unserer panischen Denkweise am Rande eines Abgrundes meinen, herunterzuspringen sei der beste Weg, um der großen Angst zu entgehen, die durch das Gefühl der drohenden Gefahr an diesem Abgrund verursacht wird.

Jede Zunahme des Eigendünkels bei einem Individuum kann sein Selbstbewußtsein steigern. Politische und militärische Führer, die ihre Anhänger und Untertanen zu irgendwelchen irrationalen oder heroischen Taten zwingen wollen, beginnen denn auch damit, dem Ich ihrer Gefolgsleute zu schmeicheln, und erhöhen dadurch deren Eigendünkel und Selbstbewußtsein.

Viele Wissenschaftler behaupten, es gebe eine neurologische Begründung für unser Verhalten. Dabei erklären sie jedoch nicht, was die Hormone und Neurotransmitter freisetzt, die der Biologie des Verhaltens zugrundeliegen.

Daraus, daß der Testosteronspiegel selbstsicherer Menschen mit pathologischem Verhalten über der Norm liegt, schließen viele, daß Testosteron das Hormon des abnormen Verhaltens und der Aggression sei.

Wir erhielten aber ein genaueres Bild von der Biologie des Verhaltens, wenn wir erklärten, daß die zusätzliche Testosteronsekretion aus einem spezifischen Zustand der endokrinen Aktivität des Gehirns resultiert und daß letztere durch den Geist, durch geistige Einstellungen, manipuliert werden kann. Ein dem Ich schmeichelndes Vorurteil oder ein Wunschdenken kann Selbstsicherheit und Aggression steigern, weil sie eine zusätzliche Ausschüttung aggressiver Hormone und Neurotransmitter auslösen.

Eine Lehrmeinung besagt, daß das Streben nach immer größerer individueller Freiheit in der Natur des Menschen liegt.

Trifft das tatsächlich zu?

In Wirklichkeit muß das Streben nach immer größerer persönlicher Freiheit auf der Unruhe und Erregung der adoleszenten Mentalität beruhen. Bei der kindlichen und bei der reifen Mentalität fehlt dieses Streben: Beide brauchen die Gemeinschaft; die eine, weil sie auf Zugehörigkeit und Schutz angewiesen ist, ohne die sie nicht spielerisch sein könnte, die andere wegen ihrer Gutmütigkeit und Großzügigkeit.

Es gibt keine »Freiheit« in der Natur. Die Natur wird von den Gesetzen der Natur beherrscht. Individuelle Freiheit kann deswegen nur auf Kosten der Natur und ihrer Gesetze verwirklicht werden. Und auf dieser Linie liegt auch der Freiheitsbegriff der jugendlich-unreifen Mentalität. Freiheit ist immer eine Flucht vor Recht und Ordnung. Das macht die Individualität und ihre Freiheit zu streßbelasteten Existenzformen.

Daß individuelle Freiheit nicht mit der Natur in Einklang ist, ergibt sich aus der Tatsache, daß sie politisch und gerichtlich garantiert und durchgesetzt werden muß. Rechte erfordern Gesetze. Mehr noch, individuelle Rechte erzeugen Selbstgerechtigkeit, und diese sind eine Hauptursache von Gehässigkeit, Gemeinheit und Aggression im Leben.

Daß individuelle Freiheit nicht mit der Natur in Einklang ist, wird auch dadurch bewiesen, daß jede Zunahme der individuellen Freiheit die Unruhe und Erregung steigern und damit zu Panik führen kann. Außerdem steigert jede Zunahme der individuellen Freiheit die Ängste und den Streß, was das Immunsystem schwächen kann. In Ländern mit größerer individueller Freiheit gibt es eine höhere Inzidenz psychosomatischer Erkrankungen.

Daß Individualität und persönliche Freiheit eine Flucht in die Begehrlichkeit des Geistes sind, wird offenkundig, wenn konkrete Furcht entsteht, etwa in einem Krieg oder bei einer Naturkatastrophe. Da konkrete Furcht die abstrakten Wunschvorstellungen, Posen und Verstellungen des Geistes verdrängt, beseitigt sie auch die Individualität und ihre Freiheit, indem sie die Menschen in einer Gemeinschaft, Intimität und Zusammengehörigkeit vereint, die oft völlig Fremde miteinschließt.

Individualität und persönliche Freiheit sind Schöpfungen unseres Wunschdenkens. Dies erweist sich auch darin, daß sie zur Leidenschaft und Besessenheit werden können.

Daß unser Geist sich die Individualität und die persönliche Freiheit ausgedacht hat, sieht man daran, daß die für ihre Umsetzung in die Praxis benötigte Kraft durch die vom Geist erzeugte Angst und nervöse Energie bereitgestellt wird.

Unser Streben nach individueller Freiheit müssen wir teuer bezahlen, wenn wir alt werden, wenn wir allmählich die niederschmetternde Vorstellung entwickeln, eines Tages als Folge unserer Individualität und Freiheit einsam und fern von Gemeinschaft, Familie und Freunden in einer anonymen Krankenstation sterben zu müssen. Wir stellen uns außerdem vor, nach dem Tod totalem Vergessen anheimzufallen, und das kann zu einem Alptraum werden, der vorzeitig unseren Tod herbeiführt.

Menschen, die in einer Gemeinschaft, in einer großen Familie oder mit einer reifen Mentalität leben, empfinden den Gedanken an den Tod weniger furchtbar.

Manche politischen Systeme verheißen dauerhafte Zufriedenheit, indem sie eine stabile und starre gesellschaftliche und wirtschaftliche Ordnung etablieren. Nachdem die Menschen jedoch eine Zeitlang in einem geordneten und starren politischen System gelebt haben, fangen sie an, für immer mehr persönliche Freiheit zu kämpfen. Die Unzufriedenheit ist ein Merkmal des menschlichen Geistes, und ein unzufriedener Geist hungert nach Opiaten. Der rapide Verfall und Zusammenbruch des »real existierenden Sozialismus« in den Ländern Osteuropas beweist, daß das zugrunde liegende theoretische Konzept in Unkenntnis der nicht minder realen »Unzufriedenheit des menschlichen Geistes« entwickelt wurde.

Die einsamen Individuen versuchten, die Angst ihres unsicheren Daseins durch eine völlig neue Errungenschaft zu bändigen: durch das Privateigentum. Indem das einsame Individuum sich auf Privateigentum stützte, hoffte es, der persönlichen Freiheit eine realistische Basis zu geben und die Angst zu mindern, die seine Einsamkeit mit sich brachte.

Doch das Gegenteil geschah: Der Eigentümer wurde zum

Sklaven seines Eigentums; er bekam Angst, es zu verlieren, seiner beraubt zu werden oder daß es an Wert verlieren könnte. Zum Privateigentum gehört, daß man es abschließt, schützt und verteidigt. Privateigentum erzeugt die Idee des öffentlichen Eigentums, eines Feindes oder Gegners, den es zu bekämpfen gilt. Die Vorstellung von »Mein« bringt die Vorstellung von »Unser« hervor, wobei das erstere das letztere fürchtet. Tatsächlich führten die einsamen Individuen mit der jugendlich-unreifen Mentalität, als sie an die Macht gelangten, drakonische Strafen für die Verletzung des Privateigentums ein. Das viktorianische Britannien, in dem Privateigentum und individueller Wohlstand sakrosankt waren, bestrafte Verbrechen gegen das Privateigentum und gegen das Wohl des Individuums besonders hart.

Da jede neue Angst eine spezifische endokrine Aktivität des Gehirns bedingt und ihre eigene Vernunft und Logik hat, brachte die durch die Institution des Privateigentums geborene Angst ihre eigene Philosophie, Moral, Ökonomie und Kultur hervor.

Diejenigen, die den Kapitalismus verteidigen, behaupten, daß Privateigentum der entscheidende Faktor für die wirtschaftliche Produktivität eines Individuums sei.

Das ist richtig. Privateigentum steigert die wirtschaftliche Produktivität des Individuums, weil es seine Angst vermehrt, eine Angst, die eine große Menge an nervöser Energie, Unruhe, Erregung, Abenteuerlust, Mobilität und Aggression freisetzt. All diese Eigenschaften sind wichtige Faktoren der kapitalistischen Wirtschaft und ihres Erfolgs.

Durch Isolierung und Einsamkeit verursachter Streß führte zu einer weiteren neuen Errungenschaft der menschlichen Natur: der Habgier. Definiert man Habgier als zwanghaften Wunsch nach immer mehr Wohlstand und Besitz, dann kann sie durchaus das Ausmaß einer Geisteskrankheit annehmen.

Streßinduzierte Opiate könnten insofern eine wesentliche Rolle spielen, als sie unseren Neokortex und unser limbisches System derart erschüttern können, daß wir unter den Einfluß unseres gierigen, räuberischen Reptilienerbes gelangen.

Durch Isolierung und Einsamkeit verursachter Streß kann auch zu Gier nach Essen führen. Diese kann in der Fettsucht ein Ausmaß erreichen, das für die Gesundheit und für den Geist schädlich ist.

Diese Störung kann sich bis zur Unersättlichkeit steigern, wenn unser von Opiaten überflutetes Gehirn dem Einfluß unseres Reptilienerbes erliegt.

Übrigens beeinflussen streßinduzierte Opiate nicht nur die Nahrungsmenge, die ein Unersättlicher zu sich nimmt, sondern auch seine Vorliebe für Nahrungsmittel, die Substanzen enthalten, welche die Bildung natürlicher Opiate steigern oder stimulieren.

Sogar jene, die nicht von Natur aus gierig sind, neigen dazu, unter Streß mehr zu essen, wobei sie eine Vorliebe für ganz bestimmte Nahrungsmittel entwickeln.

Auch bei der *Anorexia nervosa*, der Magersucht, dürften streßinduzierte Opiate eine wesentliche Rolle spielen. Tatsächlich weist auch das Gehirn magersüchtiger Mädchen einen Anstieg der Opiatkonzentration über die Norm auf.

Womöglich entdecken junge Mädchen, die sich mit der Adoleszenz auseinandersetzen müssen und möglichst gut aussehen möchten, die Erleichterung oder sogar das Vergnügen des Betäubungszustandes, den streßinduzierte Opiate erzeugen.

Hungern, das bekanntlich die Opiatkonzentration im Gehirn steigert und anfänglich nur ein Mittel war, den Körper in Form zu halten, eröffnet außerdem die reale Möglichkeit, den Betäubungszustand, in den diese Mädchen sich vor einer Welt flüchten, die ihrer extremen Ichbezogenheit feindlich gegenübersteht, zu intensivieren und zu unterhalten.

Bereits im antiken Griechenland etablierte sich der Kult der Individualität, und während der Renaissance wurde er dann zu einem wichtigen Faktor westlicher Kultur, Politik und Wirtschaft.

Mit der Entwicklung der Städte und des städtischen Lebens, was gleichzeitig dem Mittelstand Auftrieb gab, nahmen auch der Kult der Individualität und die Verherrlichung der persönlichen Freiheit unaufhaltsam zu.

Die Städte sowie Kultur und Lebensstil in den Städten wurden hauptsächlich vom Bürgertum oder der Mittelschicht geschaffen- und lebendig erhalten. Die Mittelschicht bildeten entwurzelte, einsame, entfremdete und selbstentfremdete Individuen mit jugendlich-unreifer Mentalität. Diese einsamen jugendlich-unreifen Individuen haben den Mittelstand überall auf der Welt geprägt. Seine Haupteigenschaften waren und sind: übersteigerte Selbstsucht, Eigennutz, Anmaßung, Unruhe, Erregtheit sowie Schläue und Gerissenheit. Sie bilden die Pfeiler hemmungsloser Ausbeutung und Profitgier.

Was ich als Mittelschicht bezeichne, bedeutet eher eine Mittelschichtmentalität als die heutige Mittelschicht in einem gesellschaftlichen, politischen und wirtschaftlichen Sinn. Tatsächlich findet man Individuen mit Mittelschichtmentalität in allen gesellschaftlichen Gruppierungen.

Die Mittelschicht ersetzte die Vertrautheit, das Zusammengehörigkeitsgefühl und die Geselligkeit unserer Spezies durch kühle Zurückgezogenheit und einschüchternde Geheimnistuerei.

Die Mittelschicht hat ihren eigenen Helden hervorgebracht, MACCHIAVELLI, der die Charakteristika des engstirnigen, seichten Denkens der einsamen Individuen zu Tugenden erhob. Es waren dies hemmungslose Selbstsucht und zynischer Opportunismus, die Hauptkomponente der Schläue oder Cleverneß, was Gerissenheit, Berechnung und Gaunerei bedeutet. Die Mittelschicht bewertete Schläue bald höher als Intelligenz. Diese Einschätzung entspricht ganz der engstirnigen und oberflächlichen, kurzsichtigen Reptiliendenkweise, wie sie der Streß der Einsamkeit hervorbringt.

Das Wachstum der Städte mit ihrer anonymen Lebensweise vergrößerte die individuelle Isolation und Einsamkeit, was den Kult der Individualität weiter förderte.

Durch den verstärkten Individualitätskult der Mittelschicht nahm die Angst zu. Diese größere Angst steigerte die nervösen Energien des Individuums. Diese mehrten die Unruhe, Erregung und Aggression, die der Mittelschicht den Weg zur politischen und wirtschaftlichen Macht ebneten. Nachdem die Mittelschicht die Macht erobert hatte, wuchs ihre nervöse Energie, weil sie die

Angst jener entwickelte, die ihre erworbene Macht zu verlieren fürchten.

Der Aufstieg der Mittelschicht in Nordeuropa brachte den Protestantismus hervor, eine direkte Verbindung zwischen dem Individuum und seinem allmächtigen Gott. Die protestantische Mittelschicht brach mit Rom nicht so sehr aus Glaubensgründen, sondern vielmehr wegen der nach kanonischem Recht auferlegten (finanziellen) Beschwernisse.

In der westlichen Welt erreichte der Individualitätskult seine Glanzzeit während des 17. und 18. Jahrhunderts. In dieser Epoche, der sogenannten Aufklärung, wurden aus den Haupteigenschaften des einsamen Individuums, der hemmungslosen Selbstsucht und dem extremen Eigennutz, »Naturgesetze«. Diese Naturgesetze waren Bestandteil der »unwandelbaren Gesetze des Universums«. Mehr noch, Selbstsucht und Eigennutz des Individuums wurden zum öffentlichen Anliegen erklärt.

In ihrer Erregung, die durch die von ihren Ansprüchen verursachte Unsicherheit erzeugt wurde, sahen die geistigen Führer der Aufklärung die Zukunft als »allgemeinen Fortschritt der Menschheit hin zur Vollkommenheit«.

Die Führer der Aufklärung wären vielleicht weniger euphorisch über die Fortschritte der Menschheit, wenn sie die ständig steigende Zahl der Menschen sähen, die Wahrsagern, Horoskopen, Aberglauben, der Psychoanalyse und Scharlatanen leichtgläubig auf den Leim gehen.

Von streßinduzierten Opiaten erregt, beging die französische Mittelschicht eine der größten Torheiten der Geschichte: die Französische Revolution von 1789. In ihrer streßinduzierten Euphorie merkte die französische Mittelschicht nicht einmal, wie lächerlich es war, als sie an jenem glorreichen 14. Juli 1789 die Bastille stürmte, um die »Unterdrückten« zu befreien. Sie fanden drei Geisteskranke und einen gewöhnlichen Dieb. Diese wurden befreit!

Merkwürdigerweise behaupten die meisten Historiker, daß die

moderne Ära der Geschichte mit der Französischen Revolution begann.

In ihrer Erregung formulierten die Anführer der Französischen Revolution die »Erklärung der Menschenrechte«. Diese Erklärung wurde im wesentlichen zu einem Leitfaden, der dem Individuum half, zu größerer Individualität, größerer Isolierung und größerer Einsamkeit zu gelangen.

Die französische Mittelschicht proklamierte die hohen Ziele der Revolution: Freiheit, Gleichheit, Brüderlichkeit.

Bei ihrer durch streßinduzierte Euphorie eingeschränkten Denkweise erkannten die »Bürger« und »Bürgerinnnen« Frankreichs nicht, daß diese Prinzipien einander widersprachen. Freiheit ist mit Gleichheit und Brüderlichkeit unvereinbar. Gleichheit tötet die Freiheit und die Brüderlichkeit, und die Brüderlichkeit verneint Freiheit und Gleichheit.

Mehr noch, jeder individuelle Geist hat seine eigene Idee von Freiheit, seine eigene Idee von Gleichheit, seine eigene Idee von Brüderlichkeit. Vielleicht erklärt dies, warum die französische Mittelschicht so überaus streitbar ist.

Die Mittelschicht schuf sich ihren eigenen Staat, den Nationalstaat, einen nationalistischen oder patriotischen Staat. Der Patriotismus, der sich auf das Vorurteil von der Überlegenheit der eigenen Nation gründet, erzeugt Angst und, damit verbunden, nervöse Energie. Diese nervöse Energie trug in hohem Maße zu den nationalistischen und imperialistischen Kriegen des neunzehnten Jahrhunderts bei und zu einer weiteren Absurdität der Geschichte: dem Ersten Weltkrieg.

Ein unparteiischer, unvoreingenommener, reifer Beobachter muß vom Ersten Weltkrieg den Eindruck bekommen, daß die politischen Führer Europas und ihre Untertanen durch eine chronische Vergiftung mit streßinduzierten Opiaten betäubt waren; die Ausschüttung der Opiate wurde durch das Vorurteil von der nationalen Überlegenheit angeregt.

Ein kannibalischer Kriegsberichterstatter gab – dem Witz eines französischen Humoristen während des Ersten Weltkrieges zufolge – diese Nachricht an seine Zeitung durch: »Die Leute hier töten sich gegenseitig, aber sie fressen sich nicht gegenseitig auf.«

Der Irrsinn, der sich während des Ersten Weltkriegs abspielte, dürfte zweifelsfrei bewiesen haben, daß entweder mit unserem besonders entwickelten Gehirn, auf dessen Volumen wir so stolz sind, etwas nicht stimmt oder daß die natürlichen Opiate, die das von Wunschdenken und Vorurteilen erfüllte Gehirn einsamer Individuen bildet, den Neokortex verwirren und dadurch das Denkvermögen einschränken.

Entsprechend fanden die westeuropäischen Missionare mit ihrem von körpereigenen Opiaten umnebelten Gehirn ihre verwestlichende Missionierung Afrikas keineswegs lächerlich. Diese Missionare brachten den afrikanischen Völkern, die in Einklang mit der Natur gelebt hatten, ihre Unruhe, Erregung, Arroganz, Aggression, ihre psychosomatischen Störungen und ihre Geisteskrankheiten.

Nachdem sich die einsame Mentalität der Mittelschicht in der westlichen Welt durchgesetzt hatte, übertrug sie ihre Wertvorstellungen auf alle Lebensbereiche, auf Philosophie und Wissenschaft, auf Wirtschaft und Ethik.

Die westliche Philosophie ist das Produkt der Gehirnaktivität einsamer Individuen unter dem Druck der geistig geschaffenen Angst. Die westliche Dialektik besteht aus These und Antithese, die mühsam zu einer Synthese gebracht werden müssen, welche sogleich zur These erhoben wird. Diese kämpft wiederum gegen ihre Antithese und so fort. Dies impliziert einen Zustand von Feindseligkeit und Intoleranz, einen Zustand des »Wer nicht für mich ist, ist gegen mich«, einen Zustand der Verfolgung, der Aggression, des Verbrechens und der Gewalt.

Ich werde später erklären, daß diese Art zu denken viel mehr unserem Reptilienerbe als dem Denken unseres Säugetiergehirns entspricht, dem umgänglicheren und toleranteren limbischen System oder dem verständnisvolleren und vielseitiger arbeitenden Neokortex. Es scheint, daß unsere geistige Aktivität vom Reptilienerbe dominiert wird, wenn das limbische System und der Neokortex durch die im Gehirn unter Streß gebildeten und ausgeschütteten Opiate erschüttert werden. Die mit der Einsamkeit verbundene Ungewißheit und Unsicherheit – vor allem von besonders abgehobenen Philosophen – erzeugt ganz enormen Streß.

Für das Reptiliengehirn eigentümlich sind kurzsichtiges Denken und Handeln, unmittelbare Befriedigung rücksichtsloser Selbstsucht sowie skrupellose egozentrische Cleverneß.

Je ausgeprägter unsere jugendlich-unreife Individualität und individuelle Isolation sind, desto stärker ist unser Denken und Handeln durch das Reptiliengehirn beeinflußt.

Die westliche Naturwissenschaft ist im wesentlichen eine anmaßende, mediokre und aggressive Wissenschaft, die darauf abzielt, die Natur zu beherrschen, auszubeuten, ja zu zerstören. Die geistige Einstellung, daß wir der Natur überlegen seien, begrenzt unsere Möglichkeiten, die Wahrheit zu finden. In der jugendlich-unreifen Denkweise der Mittelmäßigen ist die Wahrheit vor allem ein Opfer der Vorurteile und Meinungen oder der Geisteshaltung. Das beste Beispiel dafür, wie das Wunschdenken der jugendlich-unreifen Mentalität die Wahrheit zugunsten der subjektiv gewünschten Wahrheit ignoriert, ist der jahrhundertelang anerkannte Glauben, daß unsere Erde der Mittelpunkt des Universums sei, um den sich die Sonne und das übrige Universum drehen. Bis ins sechzehnte Jahrhundert war es bekanntermaßen lebensgefährlich, andere Denkmodelle zu vertreten.

Schon in der griechischen Antike entdeckten einige Beobachter mit reifer Mentalität, daß unser Planet nur ein kleiner Teil des Universums ist und genauso wie die anderen Planeten um die Sonne kreist.

Da die westliche Naturwissenschaft aus Unruhe und Erregung entstand, ist ihre Betriebsamkeit zum Teil unnütz und überflüssig. Die meisten unserer Wissenschaftler werden in der Tat bei ihrer Forschungsarbeit nicht von den wirklichen Bedürfnissen der Menschheit inspiriert und geleitet, sondern von ihrer Unruhe, die durch die Bedürfnisse ihres aufgeblähten Ichs oder ihr zwanghaftes Streben nach Erfolg und Ruhm erzeugt wird.

Tatsächlich erbringt die wissenschaftliche Arbeit kindlicher und reifer Mentalitäten mehr segensreiche Ergebnisse als die ausbeuterische Vorgehensweise der jugendlich-unreifen Mentalität.

Dem spielerischen Forschungsdrang der kindlichen Mentalität, der von Versuch und Irrtum geleitet wird, verdanken wir einen großen Teil unseres praktischen Wissens und unserer nützlichen Erfindungen. Inspiriert durch ihre universalere Betrachtungsweise des Lebens bringt die wissenschaftliche Arbeit der reifen Mentalität ein ganzheitlicheres und daher ein praktisch verwertbares Wissen hervor.

Da die jugendlich-unreife Mittelmaßmentalität die Mentalität eines isolierten und einsamen Individuums ist, stützt sie sich gern auf einen Reduktionismus, der komplizierte Phänomene durch ihre jeweiligen einzelnen Komponenten zu erklären sich anmaßt.

Mit der Zunahme des Kultes der Individualität und der persönlichen Freiheit werden sogar Religionen und Ideologien in der Regel immer weniger universal und immer unpersönlicher.

Einem Naturwissenschaftler mit jugendlich-unreifer Mentalität fällt es schwer, in seiner Forschung die experimentelle Methode von Versuch und Irrtum anzuwenden. Je aufgeblähter sein Ich, desto weniger ist er imstande zu erkennen, daß er sich geirrt hat, und umso mehr wird er statt dessen auf seinem Irrtum beharren und ihn nicht selten sogar verherrlichen.

Die jugendlich-unreife Mentalität leidet unter einer Art Beweiszwang und versucht, ein Ereignis durch den, der es bezeugen kann, zu verherrlichen oder aufzuwerten. Das aufgeblähte Ich, das ein Ereignis bezeugt, hält dieses Ereignis für bedeutend. Je selbstgefälliger das Ich, desto wichtiger und glorreicher wird das Ereignis, das es bezeugt hat. Vielleicht fällt es der jugendlich-unreifen Mentalität eben deswegen so schwer, einen Irrtum zuzugeben, was aber bei der Suche nach der Wahrheit ein entscheidendes Hindernis ist.

Viele Naturwissenschaftler behaupten, man könne die wissenschaftliche Wahrheit dadurch herausfinden, daß man eine Hypothese aufstellt und dann zu festzustellen versucht, ob sie falsch ist, indem man sie genau überprüft und kritisch auseinandernimmt.

Meist ist die jugendlich-unreife Mittelschichtmentalität von ihren Ideen besessen. Der Schöpfer verliebt sich in seine Schöpfung. Dadurch, daß er sie so innig liebt, leidet sein Realitätssinn. Die Sorge oder Angst des Wissenschaftlers, daß seine Hypothese falsch sein könnte, schränkt seine Sinnes-, Wahrnehmungs- und Denkleistung oft dermaßen ein, daß er alles ignoriert oder zurückweist, was ihn widerlegen könnte.

Wie die Mentalität die Arbeit eines Wissenschaftlers beeinflussen kann, sieht man besonders klar beim Darwinismus. CHARLES DARWINS Theorie von der Evolution durch die natürliche Auslese und das Überleben des Stärkeren konnte nur in einer Welt entstehen, die von den aggressiven, skrupellosen und selbstsüchtigen Individuen des Mittelstandes dominiert war, der Welt des erfolg- und siegreichen viktorianischen Großbritannien. Als DARWIN seine Theorie veröffentlichte, herrschte in Großbritannien – dem Zentrum eines Weltreiches – bereits ein Sozialdarwinismus. Denn noch vor DARWIN kam ADAM SMITH.

ADAM SMITHS Wirtschaftstheorie gründete sich auf individuellen Existenzkampf, auf individuelle Selbstsucht und Eigennutz, auf individuelle Aggression und auf Ausbeutung auf der Grundlage persönlichen Profitstrebens. Was unsere Spezies betrifft, die von einsamen, in einem isolierten System wirkenden Individuen beherrscht wird, scheint die auf natürliche Auslese sich gründende Evolution nach rückwärts zu wirken.

Es scheint, als hätten wir nur eine Überlebenschance, eine Chance, mit anderen skrupellosen und selbstsüchtigen Individuen zu konkurrieren, wenn wir noch selbstsicherer, noch aggressiver, noch skrupelloser, selbstsüchtiger und grausamer ausbeuterisch sind als die anderen.

Um so zu sein, um erfolgreicher zu sein als andere, müssen wir die Intelligenz und das weise Urteilsvermögen des Neokortex beiseite lassen, die Menschlichkeit und Umgänglichkeit des limbischen Systems aufgeben und unsere Gehirnaktivität und unser Verhalten so weit wie möglich von unserem Reptilienerbe dominieren lassen.

Doch wäre es nicht möglich, daß die Regression auf unser Reptilienerbe hauptsächlich durch die Unzuverlässigkeit unseres großen Gehirns infolge seiner mit der Volumenzunahme verbundenen Kompliziertheit bedingt ist? In großer oder gar tödlicher Gefahr vergessen die meisten Menschen tatsächlich, die analytischen Fähigkeiten des neuen Gehirns und die humanen, sozialen und emotionalen Kräfte des limbischen Systems zu nutzen, und zeigen ein Verhalten, das mit impulsiver Unmittelbarkeit vom Reptiliengehirn diktiert wird.

Möglicherweise leitet uns bei Lebensgefahr der Einfluß des Reptiliengehirns, weil die Leistung unseres neuen Gehirns zu sehr durch die streßinduzierten Opiate erschüttert wird, die von der Individualität des Individuums und seinem aufgeblähten Ich erzeugt werden.

Die westliche Wissenschaft ist regelbesessen. Dies ist wahrscheinlich durch den Einfluß des jüdischen und christlichen Glaubens und dessen Leidenschaft für ewige Gesetze bedingt – was jedoch in einer Welt der Ungewißheiten absurd erscheint.

Von einer universaleren Einstellung durch eine weniger egozentrische und somit weniger anspruchsvolle Betrachtung des Lebens und des Kosmos inspiriert, entdeckte die reife Mentalität schon vor einigen Hunderten von Jahren eine elementare Wahrheit, die von der erregten, anspruchsvollen jugendlich-unreifen Mentalität ignoriert wird. Diese elementare Wahrheit besagt schlicht, daß die Essenz des Lebens und die Essenz des Universums in ihrer Ausdehnung und Zusammenziehung aus Instabilität und Ungewißheit besteht. Universale Instabilität und Ungewißheit spiegeln sich in der ständigen Unzufriedenheit des menschlichen Geistes.

Angesichts dieser einfachen Wahrheit, daß keine menschliche Erregung oder Anmaßung imstande ist, jemals die Unzufriedenheit des Geistes beseitigen, bleibt uns nur eine Wahl: Wir müssen versuchen, diese Unzufriedenheit zu besänftigen. Die Unzufriedenheit des Geistes können wir aber nur durch Bescheidenheit, Menschlichkeit und Humor besänftigen, indem wir unser aufgeblähtes Ego abschütteln oder seiner spotten. Tatsächlich könnten wir sicherer überleben und ein vernünftigeres und angenehmeres Leben führen, wenn wir uns nur eine der folgenden Geisteshaltungen zu eigen machten: *Bescheidenheit* oder *Demut* impliziert *Menschlichkeit* und *Humor*, Menschlichkeit impliziert Demut und Humor, und Humor impliziert die beiden anderen Begriffe. Ich habe dies in meinem bereits erwähnten Buch »*Wer lacht, lebt länger – Von der Heilkraft des Humors*« (Ariston Verlag, Genf/München 1987) im einzelnen dargelegt.

Viele Religionen – auch das Christentum – predigen Demut. Infolge der Spannung und Angst, die der Glaube wegen der damit verbundenen Zweifel mit sich bringt, kann ein eifrig Glaubender selten spontan demütig sein. Daher ist er gezwungen, sich demütig zu gebärden, und vorgetäuschte Demut ist entweder lächerlich oder aggressiv.

Die einsamen Individuen mit der Mentalität der Mittelschicht entwickelten ihre bedeutendste Wirtschaftstheorie: die des Kapitalismus.

Die Kommunisten bezichtigen den Kapitalismus, daß er den Menschen entfremde, aber in Wirklichkeit sind es entfremdete Individuen, die den Kapitalismus erfanden und ihn lebendig erhalten.

Die Kapitalisten sind überzeugt, daß der Kapitalismus produktiver ist als jedes andere Wirtschaftssystem.

Dies ist dadurch bedingt, daß Individualität, individuelle Freiheit, Privateigentum und der Kult der skrupellosen Schläue viel Angst auslösen. Diese Angst erzeugt einen großen Teil der nervösen Energie, die den Kapitalismus zu seiner wirtschaftlichen Produktivität antreibt.

Verwegenheit, Aggressivität, Risikobereitschaft und Abenteuerlust werden durch diese nervöse Energie inspiriert und unterhalten. Tatsächlich ist der Wohlstand des kapitalistischen Westens nicht aus der Not geboren, sondern eine Folge der Entladung angstbedingter nervöser Energie. Da die kapitalistische Überschußproduktion unnatürlich ist, muß sie durch irrationale Kräfte geschaffen werden.

Diese unnötige und überflüssige kapitalistische Produktion wurde zum Statussymbol. Es stärkte das Ich des einsamen Individuums, was wiederum die Angst steigerte, durch die noch mehr nervöse Energie für die Herstellung von noch mehr Luxus und Statussymbolen bereitgestellt wurde.

Das Überflüssige wurde außerdem schön.

Da ein großer Teil der kapitalistischen Produktion von Überfluß auf der Ausbeutung der begrenzten Rohstoffreserven unseres Planeten beruht, scheint es klar, daß das Überflüssige, mag es noch so schön aussehen, auf Kosten dessen realisiert wird, was für künftige Generationen lebenswichtig sein wird.

Noch trauriger ist, daß viele Eltern ihre Jagd nach materiellem Wohlstand, der ihre Kinder beeindrucken soll, damit rechtfertigen, daß sie ihren Kindern diesen Wohlstand hinterlassen möchten, damit sie es einmal besser haben und materiell unabhängiger leben können, mit mehr Sicherheit und weniger Angst. Eben diese Eltern hinterlassen ihren Kindern aber auch eine ausgeplünderte, verschmutzte Umwelt, einen gefährdeten Planeten und damit absurderweise noch mehr Unsicherheit und Angst.

Überflüssige und unnötige Dinge zu erwerben steigert die Verblendung und den Eigendünkel, und das erhöht die Ängste. Um diese Ängste zu beschwichtigen, geben immer mehr Menschen immer mehr Geld für Unnötiges und Überflüssiges aus, was zu der psychischen Störung der »Kaufsucht« führt.

Manche Experten beurteilen Kaufsucht als Droge, die den Menschen in einen rauschartigen Zustand versetzt. Da Kaufsucht etwas Irrationales ist, muß sie aus einer eingeschränkten Aktivität des Geistes resultieren. Ich sagte bereits, daß wir im Zustand großer Angst oft heiter bis euphorisch werden können. In diesem Zustand der Heiterkeit oder Euphorie wird unsere geistige Aktivität und unser Verhalten irrational. Nicht der Kaufrausch macht uns euphorisch, sondern die streßbedingte Euphorie versetzt uns in einen Kaufrausch.

Diesen streßbedingten Betäubungszustand kann man besonders gut bei teuren Läden und Depots von Markenprodukten während des Ausverkaufs beobachten. Stundenlang und oft bei schlechtem Wetter stehen die Leute Schlange, stoßen sich und drängeln, um auf Kreditkarte irgendwelche überflüssigen, unnützen Waren zu kaufen. Bekanntlich sind diese Gelegenheiten ein

Eldorado für Taschendiebe, die den Betäubungszustand der euphorisierten Konsumenten geschickt ausnutzen.

Die Unruhe und Erregung im Kapitalismus kann auch zu allgemeiner Erschöpfung, geistiger Verwirrung und Desorientiertheit, Gedächtnisschwäche, »Yuppie-Grippe« sowie schweren psychosomatischen Krankheiten und seelischen Störungen führen.

Merkwürdigerweise nehmen diese Probleme in kommunistischen Ländern mit jedem Schritt zu größerer individueller Freiheit zu.

Unruhe, Erregung und Mobilität der einsamen Individuen mit jugendlich-unreifer Mittelschichtmentalität förderten die Entwicklung einer Hauptsäule des Kapitalismus: des Handels. Viele Menschen sind überzeugt, daß der Kapitalismus nur in einem Klima des individuellen freien Wettbewerbs gedeihen kann. Das stimmt, denn Konkurrenz verstärkt die Einsamkeit, Entfremdung und Feindseligkeit und vermehrt deswegen die Angst und die daraus geborene nervöse Energie.

Im Kapitalismus, der den Wettbewerb verherrlicht, wird der Erfolg zum Idol erhoben.

Jede Kultur, die den Erfolg vergöttert, muß Angst vor dem Versagen erzeugen. Diese Angst zu verlieren schafft soviel angsterzeugte nervöse Energie, daß sie dem Wettbewerb eine häßliche, brutale Seite verleiht.

Konkurrenz ist eine Eigentümlichkeit der jugendlich-unreifen Mentalität, die im Wettbewerb ihr Ich bestätigen will.

Weder die spielerische kindliche Mentalität noch die gutmütige, tolerante reife Mentalität kennt den wettkampforientierten und qualvollen Konkurrenzkampf.

Der Kapitalismus überlebt und gedeiht durch die Beharrlichkeit und Zähigkeit, die typisch ist für das Reptilienverhalten, das zum Vorschein kommt, wenn die Leistungen des Neokortex und des limbischen Systems durch die Gehirnopiate geschwächt sind.

Auf dieser hartnäckigen Reptilienbeharrlichkeit und dieser sturen Zähigkeit der selbstsüchtigen und skrupellosen Individuen beruht in einer freien Gesellschaft der ökonomische Überfluß oder das ökonomische Wachstum der kapitalistischen Wirtschaft.

In den USA gewann der Kapitalismus eine besondere Dynamik durch die Einwanderung oder, genauer gesagt, durch die Mentalität der Einwanderer. Die Einwanderer verliehen dem amerikanischen Kapitalismus seinen beschleunigten Rhythmus und seine Rasanz.

Viele Einwanderer zog es in die Vereinigten Staaten, weil sie dort so schnell wie möglich ein Vermögen machen wollten, um dann wieder in ihr Herkunftsland zurückzukehren. Viele aber kehrten nie wieder zurück, da sie von dem Streß umklammert wurden, den die von ihnen eingeführte Beschleunigung und Geschwindigkeit verursachte. Diejenigen, die in ihre Heimat zurückgingen, hinterließen ihre Begeisterung und das Tempo der Pioniere. Und dies half, den Rhythmus der amerikanischen Wirtschaft und den amerikanischen Lebensstil zu formen.

Das neunzehnte Jahrhundert sah die Geburt einer neuen Idee, einer Wirtschaftstheorie, die dem Kapitalismus entgegengesetzt war. Das neunzehnte Jahrhundert erfand den Sozialismus. Wie konnte die Idee des Sozialismus aufkommen? Welche Mentalität erfand ihn, und welche Mentalität versuchte, ihn sowohl auszunutzen als auch ihn zu mißbrauchen?

Ich habe den Eindruck, daß der Sozialismus – als Idee und Theorie – von der reifen philanthropischen Mentalität erfunden worden sein muß.

Der profitorientierte Kapitalismus von Industrie und Handel, den die skrupellose jugendlich-unreife Mittelschichtmentalität praktizierte, zwang viele Menschen zu einem elenden Leben.

Manche Menschen entwickeln angesichts der Bedürftigen und Elenden eine reife Mentalität der mütterlichen Fürsorge und Anteilnahme. Tatsächlich begann man im neunzehnten Jahrhundert, in den industrialisierten Ländern Wohltätigkeitsorganisationen zu gründen. Die Wohlfahrtseinrichtungen wurden und werden vornehmlich von Frauen organisiert, denn Frauen erwerben sich, wenn sie mit Not und Elend konfrontiert werden, viel leichter die nötige Reife als egomane Männer. Oft ist es so, daß skrupellose Ehemänner jene ausbeuten, die im Elend leben, während ihre Frauen sich in Wohltätigkeit engagieren, um eben diesen Opfern der Männer zu helfen. Vokabeln wie Sentimentalität und Sensibilität, die Gefühle beschreiben, fanden Eingang in die Sprachen des Westens.

Es muß die humanitäre und mütterliche Denkweise der reifen Mentalität gewesen sein, die, bedrückt von dem durch kapitalistische Skrupellosigkeit verursachten Elend, die sozialistische Philosophie, Ethik, Politik und Wirtschaft inspirierte.

Wie ich schon zuvor ausführte, gehört zu jeder Mentalität oder geistigen Haltung eine bestimmte endokrine Aktivität des Gehirns, eine bestimmte Denkart und Logik und ein bestimmtes ideales ökonomisches System. Nur die mütterliche Mentalität, wie sie im Umgang mit Kindern geübt wird, konnte beispielsweise das sozialistische Motto erfinden: »Jeder nach seinen Fähigkeiten, jedem nach seinen Bedürfnissen.«

Eine Wohltätigkeitsorganisation kann äußerst leistungsfähig und produktiv sein, sogar leistungsfähiger und produktiver als ein kapitalistisches Unternehmen, wenn sie durch die ehrenamtliche Tätigkeit von Menschen mit Gebermentalität organisiert wird. In der Tat kann Sozialismus sehr leistungsfähig und ökonomisch äußerst produktiv sein, wenn sich kleine Gruppen Freiwilliger für seine Ziele einsetzen. Anders wird die Sache freilich, sobald Sozialismus im großen Maßstab, unter staatlicher Führung, organisiert und praktiziert wird.

Die ersten Philosophen und Prediger des britischen ethischen Sozialismus, des französischen utopischen Sozialismus und des italienischen christlichen Sozialismus hatten alle einen Sozialismus in kleinen Gruppen vor Augen, mit einer begrenzten Anzahl von Männern und Frauen guten Willens, die sich zu einem Leben in einer Art Großfamilie zusammenfanden. Das war in einem großen Staatswesen nahezu unrealisierbar, vor allem in einer Welt, die von Menschen mit der ausbeuterischen jugendlich-unreifen Mentalität der Mittelschicht beherrscht wird.

Kooperation ist weitaus effizienter als zerstörerischer Wettbewerb, besagt die Logik des reifen Denkens. Doch leider ist den meisten Menschen die jugendlich-unreife Mittelschichtmentalität eigen, für die freiwillige Kooperation ein Opfer bedeutet, eine Mühsal, die ihr Ich kränkt. Ihr Ego wird nur durch hauptsächlich mittels Ausbeutung erzielten persönlichen Profit befriedigt.

Die Individuen mit jugendlich-unreifer Mittelschichtmentalität erkannten bald das enorme Ausbeutungspotential des Sozialismus. Dieses menschliche Element mit seiner Fülle an nervöser Energie, verbunden mit einer ausbeuterischen Mentalität, gestaltete den Sozialismus zum Kommunismus um.

Sozialismus und Kommunismus unterscheiden sich darin, daß ersterer hauptsächlich von Menschen mit gutwilliger reifer Mentalität entwickelt und geplant wird und nur funktionieren kann, wenn die gesamte Gesellschaft aus Menschen mit reifer Mentalität besteht, während der Kommunismus von Individuen dirigiert und gestaltet wird, denen die jugendlich-unreife Mittelschichtmentalität eigen ist. Die meisten kommunistischen Führer hatten und haben ja tatsächlich eine opportunistische, ausbeuterische, macchiavellische Mittelschichtmentalität. Kommunistische Führer geben vor, die Gleichheit für die oft elend lebenden Massen zu verwirklichen, kämpfen aber skrupellos für ihre individuellen persönlichen Privilegien.

Die Unterschiede zwischen einem amerikanischen Geschäftsmann und einem sowjetischen Politkommissar sind gering: Beide sind vom Eigennutz besessen. Ich bin sicher, daß ein erfolgreicher Geschäftsmann aus dem Westen, der in ein kommunistisches Land auswanderte, sehr bald ein führendes Mitglied der kommunistischen Partei wäre, genauso wie ein führendes Mitglied der kommunistischen Partei im Osten, würde ihm die Ausreise erlaubt, sehr bald ein erfolgreicher Geschäftsmann im Westen wäre: Ellenbogenmenschen eben!

Wenn andererseits ein politischer Dissident aus einem kommunistischen Land in den Westen emigriert, mag er entweder weiterhin gegen die etablierte Gesellschaftsordnung in seiner neuen Wahlheimat kämpfen, oder er könnte Entzugserscheinungen bekommen wie ein Drogensüchtiger bei plötzlichem Entzug (*cold turkey*). Für viele Dissidenten ist es aufregend, ja euphorisierend, das kommunistische Regime herauszufordern, denn sie stoßen damit die Ausschüttung zusätzlicher körpereigener Opiate an.

STALIN muß gewußt haben, daß die kommunistischen Revolutionäre, wie andere Revolutiuonäre auch, nach körpereigenen Opiaten süchtig waren. Folgerichtig ließ er, als er an die Macht kam, die meisten Revolutionäre, die dem Kommunismus zum Durchbruch verholfen hatten, ins Gefängnis werfen oder ermorden. Ihm muß klar gewesen sein, daß die meisten von ihnen, begierig nach Erregung und körpereigenen Opiaten, mit der Zeit gegen ihn revoltiert hätten.

Kapitalismus und Kommunismus konkurrieren miteinander, weil beide skrupellos und zynisch opportunistisch von Elementen derselben Mentalität gestaltet werden, die Verschlagenheit und Schläue idealisieren und vergöttern, eine Folge seichter und engstirniger, kurzsichtiger Denkweise.

Was die wirtschaftliche Leistungsfähigkeit angeht, ist jedoch der Kommunismus dem Kapitalismus unterlegen. Um das Ideal der Gleichheit durchzusetzen, mußte der Kommunismus das Privateigentum und die persönliche Freiheit abschaffen, die ja nervöse Energie erzeugte, jenen wesentlichen Faktor kapitalistischer Produktivität.

Der Kommunismus sieht sich selbst als revolutionäre Bewegung. Der Kapitalismus scheint jedoch mit seiner Unruhe, Erregung und ständigen Jagd nach Neuerung, Erneuerung und Expansion revolutionärer zu sein als der Kommunismus. Da der Kommunismus durch starre, unflexible Regeln und Gesetze, durch Staatsterror und unmenschlichen Zwang vermeintlich zu mehr Sicherheit führt, neigt er zur Stagnation.

Immer mehr alte oder auf staatliche Hilfen angewiesene Menschen und die vielen, die am Wettbewerb und an den Wertvorstellungen des Kapitalismus scheitern, – sie alle leben in der Hoffnung, daß die Menschheit eines Tages eine Art humanitären Sozialismus verwirklichen könnte. Dieser würde aber nur funktionieren, wenn Menschen mit reifer Mentalität ihn lenkten. Die reife Mentalität wird sich jedoch solange nicht durchsetzen können, wie die jugendlich-unreife Mittelschicht- und Mittelmaßmentalität die Welt beherrscht. Die einzige Chance, daß die reife Mentalität eines Tages dominieren könnte, liegt deswegen darin, daß die Kultur der jugendlich-unreifen Mittelschicht zusammenbricht.

Die Bedrohung durch nukleare Vernichtung könnte der Anstoß sein, daß die jugendlich-unreife Mittelschichtmentalität erwachsen wird und zur Vernunft kommt. Die Herstellung und Verbreitung atomarer Waffen könnten geradezu den Beginn eines Zeitalters der menschlichen Reife beschleunigen.

Wenn wir uns vom Wunschdenken und der Anmaßung des Geistes befreien, könnte eine konkrete Furcht wie die vor der atomaren Vernichtung die Menschheit dazu bringen, sich eine reifere, zukunftsbezogenere Denkweise anzueignen.

Möglicherweise ist es dafür aber zu spät. Die Menschheit wird zunehmend durch die unter Streß erzeugten Opiate vergiftet, die unter der ständigen Bedrohung durch totale Vernichtung gebildet werden.

Über Millionen von Jahren lebten unsere Vorfahren in Horden, aus denen die Großfamilie hervorging. Aus der Großfamilie entwickelte sich die Kernfamilie mit Mann, Frau und Kindern. Neuerdings gibt es immer mehr Ein-Eltern-Familien.

Immer mehr Menschen entscheiden sich dafür, lebenslang allein zu bleiben. Nachdem sie eine Zeitlang den Betäubungszustand des Single-Daseins erfahren haben, leben diese erklärten weiblichen und männlichen Junggesellen lieber weiter in diesem streßinduzierten Zustand, als sich der Wirklichkeit eines Ehelebens zu stellen. In den Augen dieser Alleinlebenden ist der streßinduzierte Betäubungszustand aufregender als das eintönige eheliche Leben. Allein zu leben ist bei einer sozialen Spezies – wie dem Menschen – der Gipfel einer Selbstsucht, die durch das Gehirn erzeugt wird, das unter Streß und streßinduzierten Opiaten arbeitet.

Die Individualität und die damit verbundene Einsamkeit brachten ein weiteres, in der Natur einmaliges Phänomen hervor: den Selbstmord. Es gibt Hinweise, daß Einsamkeit die Aktivität der

Achse Hypothalamus-Hypophyse-Nebennieren stimuliert. Eine starke Aktivität dieser Drüsen kann nachweislich einen Zustand der Depression bewirken, der nicht selten im Suizid mündet. Man hat außerdem festgestellt, daß durch Einsamkeit verursachter Streß die Drüsentätigkeit unseres Gehirns und die Ausschüttung von Neurotransmittern beeinflussen kann. Beim Suizid scheint die verminderte Ausschüttung des Neurotransmitters Serotonin eine Rolle zu spielen.

Menschen, die in einer von Individualität geprägten Gemeinschaft oder Kultur leben, sind stärker suizidgefährdet als Individuen in Gemeinschaften oder Kulturen, in denen die Werte der Gemeinschaft einen höheren Rang haben. Außerdem werden unter Alleinlebenden mehr Selbstmorde begangen als unter Verheirateten, in Kleinfamilien mehr als in Großfamilien, unter der städtischen mehr als unter der ländlichen Bevölkerung, beim Mittelstand mehr als bei der Arbeiterklasse, unter Menschen, die in wirtschaftlichem Überfluß leben, mehr als unter der Bevölkerung der Dritten Welt. Interessanterweise gibt es auch mehr Selbstmorde in Zeiten wirtschaftlichen Wachstums als in Zeiten der Stagnation oder des Niedergangs.

Der Kult der Individualität ließ eine neue Form der Liebe entstehen: die selbstsüchtige Liebe. Einsame sehnen sich danach, geliebt zu werden. Eigenliebe resultiert aus der Unsicherheit und Ungewißheit, in der das Ich der jugendlich-unreifen Mentalität lebt. Je stärker das Ich in Gefahr ist, desto ichbezogener wird es, desto größer wird seine Eigenliebe. Ein Ich liebt nur den, von dem es geliebt wird, der seine Unsicherheit mindert oder seiner Eitelkeit schmeichelt.

Die Liebe der jugendlich-unreifen Mentalität ist ausbeuterisch. Für diese ausbeuterische Mentalität ist alles schön, was ihr schmeichelt und einen Profit oder Gewinn verschafft. Schmeichelei, Profit und Gewinn sind die größte Befriedigung für ein unsicheres Ich.

Das einsame Individuum mit der jugendlich-unreifen Mentalität brachte noch eine Neuerung in die Natur: den Haß. Haß wird nur durch das aufgeblähte Ich des Geistes erzeugt. Nur das Ich kann hassen. Je aufgeblähter das Ich, um so größer ist auch sein Potential zu hassen. Das Ich haßt alles, was es in Angst versetzt oder seine Selbstverliebtheit bedroht.

Noch ein ebenfalls in der Natur einzigartiges Phänomen produzierte das Ich der jugendlich-unreifen Mentalität: die Leidenschaft. Leidenschaftliche Liebe und leidenschaftlicher Haß gehören zum aufgeblähten Ich der jugendlich-unreifen Mentalität. Die Energie, die leidenschaftliche Liebe und leidenschaftlichen Haß nährt, wird von der nervösen Energie bereitgestellt, welche die mit der Selbstverliebtheit verbundene Angst erzeugt.

In seiner Verletzbarkeit und Unsicherheit entwickelt das jugendlich-unreife aufgeblähte Ich eine weitere Leidenschaft, nämlich zu besitzen, was immer ihm gefallen oder schmeicheln mag. Desgleichen wächst in ihm eine Leidenschaft, was immer es bedroht oder kränkt, zu zerstören.

Die Gier nach Besitz inspirierte den Geist zu einer weiteren Erfindung: der Eifersucht. Daß Eifersucht eine Schöpfung des Geistes – der verunsicherten Psyche – ist, kann man daran sehen, daß die Energie, die sie weiterschwelen läßt, von der nervösen Energie bereitgestellt wird, die von der Angst vor dem Verlust von Besitz erzeugt wird. Die häufigste Ursache von Eifersucht ist vermutete Untreue des Liebespartners. Die Streß bewirkende Angst, der Treue verlustig zu gehen, die dem Ich schmeichelt, kann die Drüsentätigkeit und die geistige Aktivität des Gehirns so beeinträchtigen, daß geistige Störungen bis hin zur Paranoia auftreten können.

Über die Wesensbestimmung oder Definition der Liebe herrscht große Verwirrung. Vielleicht liegt das daran, daß sich in der Menschheit die unterschiedlichsten Mentalitäten finden, deren jede ihre eigene Vorstellung oder Idee von der Liebe hat, ihre eigene Auffassung von Gemeinsamkeit und Nähe, ihren Traum von Partnerschaft und ihre eigene Vorstellung von Sexualität und sexuellen Beziehungen.

Es gibt drei Hauptmentalitäten bei den Menschen: die kindliche Mentalität des *Homo ludens*, die jugendlich-unreife Mentalität des *Homo credulus* und die reife Mentalität des *Homo sapiens*.

Menschen mit kindlicher Mentalität werden meist von solchen angezogen, die Fürsorge und Schutz verheißen, also von denen mit reifer Mentalität. Das Gefühl, beschützt zu werden, ermutigt dazu, spielerisch und voll Charme zu sein.

Die Menschen mit reifer Mentalität werden gewöhnlich von den Hilfsbedürftigen angezogen, denn indem sie ihre Großzügigkeit, ihre Güte und ihre Mildtätigkeit ausüben, finden sie Erfüllung und Befriedigung. Die Liebe der reifen Mentalität ist eine mütterliche Liebe, die aus Großmut, Freundlichkeit, Mildtätigkeit, Mitleid und Mitgefühl besteht.

Kindliche und reife Mentalität haben eine besondere gegenseitige Anziehungskraft. Die Verspieltheit der kindlichen und der Sinn für Humor bei der reifen Mentalität haben viel gemeinsam, sie ergänzen einander.

Die Intelligenz und Weisheit der Reife gründet sich auf das Verständnis der Bedürfnisse, Nöte und Verletzlichkeiten anderer Menschen. Es gibt offensichtlich nur eine Möglichkeit, andere Menschen besser zu begreifen, und das ist weniger Ichbezogenheit.

Eltern könnten ihren Kindern helfen, reif zu werden, indem sie sich zu ihren Fehlschlägen, ihren Schwächen und ihren Verletzlichkeiten bekennen. Eltern entfremden sich ihre Kinder, wenn sie ihnen Perfektion und Eigendünkel vorspielen. Perfektion und Eigendünkel verhindern die Vertrautheit und die Kommunikation, ohne die es kein gegenseitiges Verständnis und keine Nähe gibt. Schwächen, Bedürftigkeit und Verletzlichkeit sind starke Stimulanzien der Kommunikation.

Die meisten Menschen reagieren, wenn sie mit Kranken oder Behinderten konfrontiert werden, mit einer reifen Mentalität, die Beistand, Fürsorge oder Hilfe beinhaltet. Der Bettler auf der Straße nähert sich dem potentiellen Spender mit verzerrtem Gesicht oder verdrehten Gliedern, um seine Reife, somit seine Freigiebigkeit, anzusprechen.

Individuen mit jugendlich-unreifer Mentalität können mit niemandem eine Zusammengehörigkeit oder Vertrautheit herstellen. Infolge ihrer Selbstsucht und Eigenliebe versuchen sie ständig, andere auszubeuten oder zu übervorteilen, vor allem jene, von denen sie geliebt werden.

Am ehesten fallen die Unschuld der kindlichen und die Gutmütigkeit der reifen Mentalität auf die ausbeutende Liebe der jugendlich-unreifen Mentalität herein. Das aufgeblähte Ich betrachtet diese Ausbeutung als Resultat seiner Schläue und Gerissenheit. Sie scheinen dem aufgeblähten Ich am meisten zu schmeicheln. In den Augen des aufgeblähten Ichs nimmt die Gerissenheit im gleichen Maß zu wie seine Niedertracht, seine Schwindeleien, Lügen und Heucheleien.

Manche Menschen, bei denen die jugendlich-unreife Mentalität besonders ausgeprägt ist, genießen es sogar, alte Menschen, Bettler, Krüppel oder andere Hilfsbedürftige zu erniedrigen, zu mißbrauchen, zu quälen oder gar zu töten. Das mag daran liegen, daß sie durch Behinderte oder Alte gereizt werden, weil der Anblick dieser elenden Gestalten ihre Reife stimulieren könnte. Individuen mit der unberechenbaren jugendlich-unreifen Mentalität verabscheuen jedoch alles und jeden, der versuchen sollte, sie aus ihrem Betäubungszustand zu befreien. Sie würden ja aus der Betäubung ihrer ausgeprägten und starrsinnigen jugendlich-unreifen Mentalität erwachen, wenn sie sich um andere kümmerten. Die meisten Grausamkeiten werden begangen, um ein betäubtes Ich zu verteidigen.

Die Menschen, die von diesen lasterhaften Adoleszenten bedroht werden, versuchen meist, sie zu beschwichtigen, indem sie an ihre Freundlichkeit oder Menschlichkeit appellieren oder um Gnade betteln, was diese aber nur wütender und gewalttätiger macht.

Seit der Menschheit die männliche jugendlich-unreife Mentalität aufgezwungen wurde, hat die Reife der Frauen zugenommen. Diese Zunahme wurde stimuliert durch die Unsicherheit und Verletzlichkeit, in die sich der Mann mit seiner Aufgeblähtheit und seinem Wunschdenken hineinmanövrierte. Die mütterliche Liebe der Frau empfand Mitleid mit der jugendlich-unreifen Mentalität der Männer, waren diese doch erbarmenswert in ihrer Angst zu versagen oder ihrem Lampenfieber, das sie ihren durch Wunschdenken oder geistigen Dünkel inspirierten, angemaßten Rollen verdankten.

Die Frauen waren und sind weiterhin gutmütig und liebevoll zu ihren Männern, selbst im Bett, obwohl diese ungeachtet ihrer Nacktheit auch dort immer noch eine Rolle spielen wollen. Beim reifen Menschen hingegen verbinden sich Mitgefühl und Humor zu mütterlicher Zärtlichkeit.

Mit der Emanzipation jedoch ziehen es immer mehr Frauen vor, die männliche jugendlich-unreife Mentalität nachzuahmen und männliche Einstellungen zu übernehmen. Durch diese Einstellung der Frau gründen sich immer mehr Beziehungen zwischen Mann und Frau auf gegenseitige Ausbeutung, die Ausbeutung zweier Egomanen. Diese oft zynische und skrupellose Ausbeutung zwingt immer mehr Menschen zu einem einsamen Singledasein.

Die ständige Zunahme der Zahl Alleinlebender könnte man mit folgendem Experiment vergleichen: Zerlegt man ein Stück Leberund ein Stück Haut in einzelne Zellen und inkubiert sie in einem Brutschrank, so werden sich die Zellen wieder zu einem Segment des Organs vereinigen, aus dem sie stammen. Führt man den gleichen Versuch mit einem Gemisch aus krebsig entarteten Leberzellen und Hautzellen durch, dann bilden sich während der Inkubation keine Fragmente der ursprünglichen Organe, sondern die einzelnen Krebszellen bleiben säuberlich voneinander getrennt.

Die Angst, die einsame Individuen in sich nähren, führte zu einem weiteren, allein auf den Menschen beschränkten Phänomen: Sexbesessenheit. Wir sind die einzige Spezies, die während des ganzen Jahres und zu jeder Tages- und Nachtzeit Sex praktizieren kann.

Das männliche Ego der jugendlich-unreifen Mentalität empfindet das Bedürfnis nach Selbstbestätigung immer dann, wenn es durch die Realität erschüttert wird, was in Anbetracht seines Dünkels ständig im Bereich des Möglichen liegt. Für ein Ich, dessen zentrale Vorstellung Männlichkeit und Zeugungskraft sind, hat sexuelle Tüchtigkeit den höchsten Stellenwert. Sie ist außerdem besonders einfach zu realisieren, da wir bloß unsere Phantasie bemühen müssen, um sexuell erregt zu werden.

Durch Angst erzeugte nervöse Erregung liefert die benötigte Energie für sexuelle Verführung und sexuelle Aktivität.

Durch die Kultur der jugendlich-unreifen Mentalität konditioniert, passen sich viele Frauen der Welt des Mannes an. Sie glauben, am besten überleben zu können, wenn sie sind oder zu sein vorgeben, was man von ihnen erwartet. Viele Frauen verhalten sich nach der Devise: »Der Mann will, daß ich seinem Ich schmeichle, also schmeichle ich ihm.«

Wenn der Mann um Sex fleht oder bettelt, erweckt dies bei vielen Frauen mütterliche Gefühle und damit Entgegenkommen und Großzügigkeit. Selten wird ein Mann erkennen oder gar zugeben, daß er viele seiner Eroberungen und Erfolge in Wirklichkeit dem Mitleid oder der Nächstenliebe der Frauen verdankt.

Viele Frauen im mittleren Alter empfinden echtes Mitleid für ihren Mann, wenn plötzlich seine jugendlich-unreife Mentalität unter der Bedrohung durch das nahende Alter zum Vorschein kommt und er sie wegen einer deutlich jüngeren Frau verläßt.

Sex mit Tieren, mit kleinen Kindern oder mit gleichgeschlechtlichen Partnern wird meist von Menschen praktiziert, die außerstande sind, normalen Sex zu genießen. Ihre Lust kommt von streßinduzierten Opiaten, die durch die Herausforderung oder Rebellion gegen die Natur oder die etablierte Ordnung erzeugt werden.

Ehebrecherischer Sex, vor allem in katholischen Gegenden, löst infolge der durch die Sünde angeregten streßinduzierten Ausschüttung körpereigener Opiate eine besondere Erregung aus. Vielleicht wurden die Sünde und der Sündenkult erfunden, um jenes besondere Vergnügen zu erleben, das Sündigen verschafft. Manche Menschen empfinden noch ein zusätzliches Vergnügen, wenn sie ihre Sünden beichten.

Es gibt einen frigiden selbstsicheren weiblichen Typus, meist mit gutem, wenn auch vielleicht langweiligem gesellschaftlichem

Hintergrund, der offenbar nur Befriedigung findet, wenn er sich gegen die gesellschaftliche Ordnung stellt und intime Beziehungen mit Gaunern, Schurken und gefährlichen Kriminellen eingeht.

Der Unterschied zwischen Angst und Streß läßt sich am besten am Sex aufzeigen. Ein mäßiger Grad von Ängsten erzeugt nervöse Energie, die wiederum Energie für sexuelle Aktivitäten bereitstellt. Ein hoher Grad von Ängsten oder Streß jedoch kann sexuelle Impotenz bewirken. Dies zeigt sich besonders deutlich bei Studenten, die sich auf ein Examen vorbereiten, oder bei Schauspielern und Schauspielerinnen kurz vor einer Premiere.

Zwei weitere in der Natur neuartige Phänomene entwickelte die jugendlich-unreife Mentalität: das Tragische und das Komische.

Im wesentlichen besteht zwischen Tragödie und Komödie kein Unterschied: Beide Male stürzt ein anmaßendes oder eitles Ich aus seinen Illusionen oder Erwartungen in die Realität des Lebens.

Wenn wir mit einem Pechvogel sympathisieren, weil sein Versagen unsere eigenen Illusionen bedroht, dann betrachten wir dieses Versagen als eine Tragödie. Die jugendlich-unreife Mentalität bezeichnet die Tragödie oft als »Ironie des Schicksals«. Die Ironie des Schicksals gehört wohl in die Welt des Glaubens, die Welt übersteigerter Illusionen und Erwartungen.

Menschen, die sich über die Niederlage eines eitlen Egos lustig machen, werden dieses komisch finden. Ein Kardinal in vollem Ornat oder ein hochdekorierter General in Uniform, der auf einer Bananenschale ausrutscht, ist ein klarer Anlaß zur Heiterkeit; aber wenn das gleiche Ungemach einem Körperbehinderten, einem Blinden oder einer schwangeren Frau widerfährt, ist das überhaupt nicht komisch.

Im Grunde amüsieren wir uns über den Sturz jener, die sich anmaßend, aufgeblasen und dünkelhaft gebärden, die eine Rolle spielen oder Maske zeigen; denn sie ängstigen oder bedrohen uns. Ihre Niederlage setzt bei uns nervöse Energie frei.

Jede Mentalität reagiert anders auf das Versagen einer aufgeblasenen Person. Die jugendlich-unreife Mentalität wird wahrscheinlich mit ihr leiden oder sympathisieren; die kindliche wird lachen oder kichern, während die reife Mentalität gutmütig lächeln und ihre Hilfe anbieten wird.

Die städtische Mittelschichtmentalität entwickelte ihre Sprachen. Für eine Mentalität, die sich auf Rollen, Posen und angenommene Persönlichkeiten stützte und zu beeindrucken versuchte, wurde eine blumige, beschönigende Sprache lebenswichtig. Tatsächlich verbringen die meisten Menschen mit dieser Mentalität einen großen Teil ihres Lebens damit, Angst vor Niederlagen oder Lampenfieber auszuhalten.

Diese Mentalität der Posen und Masken war es wohl, die das Theater erfand und lebendig erhielt.

Vielleicht ist die Sprache der städtischen Mittelschicht, weil ihr Gehirn vom Reptilienerbe beeinflußt wird, kühler und distanzierter als die gefühlvolle Sprache, Ausdrucksweise und Gestik, die sich der Gehirntätigkeit unter dem Einfluß des limbischen Systems verdankt, oder die knappere und prägnantere Sprache, die unter dem Einfluß des Neokortex entstand.

Geziertheit, Täuschung, Irreführung, Ritualisierungen, Formalismen oder Manierismen bestimmten das Leben der städtischen Mittelschicht, das urbane Leben. Urbanität wurde zur Tugend oder zum Zeichen zivilisierter oder verfeinerter Lebensart.

Alles, was nicht urban war oder, mit anderen Worten, was natürlich war, galt der Mittelschicht als gewöhnlich. Die Mentalität der Mittelschicht glaubt sich der Natur und der Natürlichkeit überlegen.

Mit der Flucht in die Privatheit wurde das einsame Individuum der Mittelklasse prüde. Die Schamhaftigkeit beeinflußte die Kleidermode, und Nacktheit wurde anstößig oder obszön.

In jenen Regionen der Erde und in jenen Perioden der Geschichte, die keinem starken Mittelschichteinfluß unterlagen, gab es interessanterweise keinen Begriff, keine Idee der Schamhaftigkeit.

Die kindliche Mentalität wird durch Nacktheit zu spielerischer Vertraulichkeit angeregt. Für die reife Mentalität beginnt Anstößigkeit erst, wo Schönheit aufhört. Allerdings beleidigt Anstößigkeit nicht die Reife, denn sie erweckt Güte.

Im neunzehnten Jahrhundert erreichte die Prüderie der Mittelklasse ihren Gipfel, als man es für notwendig hielt, die Beine von Tischen und Stühlen durch Decken zu verhüllen! Und um die durch Einsamkeit verursachte Angst zu beschwichtigen, entwickelte die Mittelschicht Selbstdisziplin, Selbstbeherrschung, Ordnung, Terminkalender, Pünktlichkeit und Reinlichkeit. Reinlichkeit war mehr ein Zurschaustellen der Schicklichkeit als das Bedürfnis nach Hygiene.

Vielleicht um sich sicherer zu fühlen, führten die einsamen Individuen der Mittelschicht auch die Pedanterie ein. Der Kult der Pedanterie entwickelte sich zu einer Leidenschaft für das Detail, die sehr bald in einen Zwang zur »Erbsenzählerei« ausartete.

Mit dem Aufstieg der Mittelschicht kamen mechanische Uhren in Gebrauch und waren bald unentbehrlich. Was mochte zur Erfindung der mechanischen Uhr und zu Uhrenmanie inspiriert haben? Welche Mentalität konnte auf die Idee kommen, die biologische Uhr einer künstlichen anzupassen? Nur eine extrem ehrgeizige und anspruchsvolle Mentalität war imstande, ihren biologischen Rhythmus einem mechanischen unterzuordnen, der stärker mit den geistigen Ambitionen als mit den körperlichen Bedürfnissen übereinstimmte.

Die Kluft zwischen der Anpassung an die mechanische Uhr des Geistes und der biologischen Uhr des Körpers erzeugt Spannung, Ängste und Streß.

Der Erfindung der mechanischen Uhr muß eine intensivere Wahrnehmung der Zeit und des durch sie verursachten Druckes vorausgegangen sein. Ein intensiveres Zeitbewußtsein dürfte die Folge von Gehirnaktivitäten unter einem bestimmten Grad von Ängsten gewesen sein. Tatsächlich ist bei angstfreien Daseinsformen das Zeitbewußtsein deutlich unterentwickelt.

Die durch die Einsamkeit eines Individuums verursachte Angst und Leere müssen das Zeitgefühl und den Zeitdruck verstärkt haben. In geselliger Runde wird uns Zeit viel weniger bewußt.

Ein verstärktes Zeitgefühl verursacht Spannung. Spannung erzeugt einen Sinn für die Vergänglichkeit von Zeit. In unserer Vorstellung vom Paradies gibt es keine Spannung, keine Dauer, keine Zeit. Das Paradies impliziert Ewigkeit.

Auch ein weiteres Merkmal einsamer Individuen, die Langeweile, ist eng mit einem verstärkten Zeitgefühl verbunden. In der Tat beruht Langeweile hauptsächlich darauf, daß der Betroffene sich von der Zeit bedroht fühlt.

Starre mechanische Präzision und peinliche Genauigkeit sind sehr stark an unser Reptilienerbe gebunden. Vielleicht half dieses Erbe dem menschlichen Gehirn, die mechanische Uhr zu erfinden. Jedenfalls harmoniert die mechanische Uhr keineswegs mit der Flexibilität des limbischen Systems und der Toleranz des Neokortex.

Die Wahrnehmung von Zeit wuchs sich zur Manie aus. Zeit wurde zum Tyrann, dem seine Opfer wie Sklaven blind gehorchten.

Kaum hatte die Mittelschichtmentalität die Zeit entdeckt, da begann sie auch schon, diese hemmungslos auszubeuten.

Die gierige Ausbeutung der Zeit schuf einen Sinn für Dringlichkeit: die *Zeitnot.* Das Verplanen von Zeit wird immer mehr zum Zwang. Das Einteilen der Zeit vermittelt das Gefühl, die Zeit werde maximal genutzt. Das schmeichelt dem Eigendünkel des Individuums, einer betäubten Daseinsform. Vielleicht ist dies der Grund, warum die Menschen gern unter Druck leben und ihren Terminkalender mit lauter Verabredungen vollpacken und vollkritzeln, die sie für wichtig halten.

Wahrscheinlich haben deshalb so viele Menschen Angst, Zeit zu verlieren. Verlorene Zeit ist verlorenes Ansehen. Für ein kostbares Ich ist Zeit kostbar. »Zeit ist Geld«, besagt eine Redensart, und sie trifft natürlich für jene zu, die das Geld lieben. *Viele Menschen versuchen, Zeit zu sparen, indem sie sich abhetzen.*

Vermehrtes Hetzen und Planen hat dazu geführt, daß man mehr Schlange stehen und warten muß und daß es häufiger Staus im Verkehr gibt. Doch wir bleiben dabei, obwohl wir das wissen. Vielleicht deswegen, weil die Frustration beim Schlange Stehen, Warten und im Stau die Ausschüttung der streßinduzierten Opiate steigert.

Daß Zeitgefühl an den Geist gebunden ist, erkennt man daran, daß jeder Geist sein spezielles Zeitgefühl besitzt, das sogar intraindividuell je nach Zeit und Raum variiert.

Die Vorstellung oder das Bewußtsein von Zeit ist also eng mit dem individuellen Geist verbunden. Dies geht auch daraus hervor, daß die Zeit rast, wenn dem Ego geschmeichelt wird. Wenn hingegen das individuelle Ich bedroht ist oder unter Druck steht, scheint die Zeit stillzustehen. Das Ich ist sich der Zeit am stärksten dann bewußt, wenn es sich verzweifelt nach einer erhofften Belohnung sehnt.

Zeitbewußtsein und die Begeisterung für das Planen von Zeit sind bei der Verspieltheit der kindlichen und bei der Heiterkeit der reifen Mentalität auf minimale Anteile reduziert.

Immer mehr einsame Individuen werden ganz versessen auf einen merkwürdigen Zeitvertreib: Sie versuchen, »sich selbst«, ihr »wahres inneres Selbst«, ihre Identität zu finden.

Individuen mit dieser Mentalität können ihre Identität niemals finden, weil diese bloß in ihrer Vorstellung existiert, die je nach dem Grad der geistigen Unzufriedenheit wechselt. Manche Menschen nennen dieses »tiefe innere Selbst« zu Recht persönliche Identität, zu Recht deshalb, weil »Persona« ursprünglich eine Maske bedeutete, eine angenommene Haltung, eine gespielte Rolle. Die Menschen erfinden ihr »Selbst« und nehmen dann das Recht in Anspruch, dieses Selbst auszufüllen.

Offensichtlich ist dieses »tiefe innere Selbst« eine vom Geist des Individuums geschaffene Wunschvorstellung, denn sie bringt viel Angst und Streß mit sich. Streßinduzierte Opiate, die von einer willensstarken, angemaßten Identität erzeugt werden, können in der Tat zu einem Betäubungszustand führen.

Dieses Identitätspiel, das so viele einsame jugendlich-unreife Individuen beschäftigt, erinnert mich an einen Witz. In einer Irrenanstalt spielt ein Insasse Patience. Ein Leidensgenosse sieht ihm zu und weist ihn darauf hin, daß er schummelt. Darauf lächelnd der Spieler: »Ich weiß, aber inzwischen kann ich das so gut, daß ich's gar nicht mehr merke.«

Der Kult mit der Individualität fand einen mächtigen Verbündeten im Fernsehen, da dieses Medium dazu beiträgt, Isolierung und Einsamkeit zu vergrößern. Da Fernsehen die Einsamkeit fördert, erhöht es auch die streßinduzierten Opiate im Gehirn. Tatsächlich hocken viele Leute stundenlang in betäubtem Zustand vor dem Fernsehgerät.

Auch das Springen durch die Programme, indem man einfach auf den Knopf der elektronischen Fernbedienung drückt, verschlimmert die Vergiftung, denn es weckt die Illusion von Macht. Viele Menschen wechseln denn auch ohne Grund fortwährend die Kanäle, während sie vor der Glotzkiste sitzen.

Wer behauptet, Kinder würden durch das Fernsehen eine Menge lernen – meist sind es selbstsüchtige Erwachsene mit jugendlich-unreifer Mentalität, die keine Lust haben, mit ihrem Nachwuchs zu reden oder zu spielen – , sollte es besser wissen. Kinder interessieren sich oft weniger für die Story, den Inhalt oder Zusammenhang eines Kulturprogramms als für die darin gebotenen Spezialeffekte. Mehr noch, Kinder begeistern sich dafür, durch die Programme zu springen.

Wer in der Kindheit ständig vor der Glotze hängt und nicht die Freude des Lesens und des gemeinsamen Spiels erfährt, hat später mehr Schwierigkeiten zu lernen, da es Informationen verzerrt wahrnimmt.

Das höchste Ziel beim Kult um die Individualität ist die persönliche Unabhängigkeit.

Das Streben nach persönlicher Unabhängigkeit führt viele Menschen zu einem Ersatz derselben, nämlich zu persönlicher Gleichgültigkeit. Mit der persönlichen Gleichgültigkeit nimmt die Einsamkeit zu.

Unsere persönliche Gleichgültigkeit betäubt uns dermaßen, daß wir ein Großteil unserer Energie daran wenden, sie zu verteidigen, sie gegen Empfindsamkeit und Verständnis abzuschotten.

Anscheinend bringt der Streß, den unser zwanghaftes Streben nach immer größerer individueller Unabhängigkeit verursacht, das menschliche Gehirn immer stärker unter den Einfluß unseres Reptilienerbes. Der wissenschaftliche und technologische Fortschritt, der durch das Reptilienerbe manipuliert wird, verheißt uns keine große Zukunft.

ZWEITER TEIL

Praktische Anwendung

1. Stress-Symptome

Kurse für den Umgang mit Angst und Streß

Da Angst und Streß unser Leben so enorm beeinflussen, sollten meines Erachtens Schulen und andere Erziehungs- und Ausbildungsinstitutionen, ja sogar Universitäten diese Problemkomplexe als Themen in ihre Lehrpläne aufnehmen.

Kurse über Angst und Streß und ihre Bewältigung sollten auch firmenintern eingeführt werden. In diesen Kursen müßte erklärt werden, wie Angst und Leistungsfähigkeit unserer Sinne und Wahrnehmungen zusammenhängen, daß die Leistung um so mehr absinkt, je größer die Angst ist. Bei extremem Streß kann die Sinnes- und Wahrnehmungseffizienz auf ein Minimum reduziert werden oder sogar völlig blockiert sein. Je stärker diese Effizienz eingeschränkt ist, desto weniger nehmen wir offensichtlich am Leben teil.

Extrem ichbezogene Menschen werden von der Wirklichkeit isoliert, da die Effizienz ihrer Sinne und Wahrnehmungen stark vermindert ist. Es fällt ihnen sehr schwer, aus dieser Isolation herauszukommen, denn ihre einzige Möglichkeit dazu wäre, die Effizienz ihrer Wahrnehmung der Wirklichkeit zu verbessern. Eine eingeschränkte Teilnahme am Leben kann sich bis zur Agoraphobie (Platzangst) entwickeln. All dies würde nicht überraschen, wenn man berücksichtigte, daß es in der Natur der Reptilien liegt, verborgen und isoliert zu leben.

Große Angst kann auch die Beziehung zwischen Sinnen und Wahrnehmung verzerren. Oft nehmen wir bedrohliche Personen oder Ereignisse als viel erschreckender und furchtbarer wahr, als sie tatsächlich sind. Wenn die Opfer von Vergewaltigungen oder Raubüberfällen ihre Angreifer beschreiben, dann meist viel kräftiger und viel größer, als sie in Wirklichkeit sind.

Verglichen mit der jugendlich-unreifen Mentalität besitzen die kindliche und die reife Mentalität eine viel größere Effizienz der Sinne und Wahrnehmungen. Eltern mit reifer Mentalität hören, wenn ihr Kind sich rührt oder weint, während dies Eltern mit jugendlich-unreifer Mentalität unter Umständen entgeht.

Frauen reagieren meist intuitiver als Männer, weil ihre Sinne und Wahrnehmungen infolge ihrer größeren Reife mehr zu leisten vermögen.

Viele emanzipierte Frauen haben jedoch, indem sie sich die männliche jugendlich-unreife Mentalität zu eigen machten, die Leistungsfähigkeit ihrer Sinne und Wahrnehmungen und daher auch ihre intuitiven Fähigkeiten teilweise eingebüßt.

Vielleicht beruht es auf der Entwicklung der Komplexität des Geistes und seiner Ängste, daß unsere Spezies in bezug auf die Leistungsfähigkeit der Sinne so weit hinter den anderen Säugetieren zurückbleibt.

In den Kursen über den Umgang mit Angst und Streß sollte erklärt werden, daß manche fixen Ideen oder tief eingewurzelten Meinungen eine neuronale Fixierung bewirken oder eine entsprechende Struktur im Gehirn schaffen können, die zu chronischer Angst führt. Je starrer die Meinung, desto starrer ist die neuronale Fixierung im Gehirn, die dessen endokrine und geistige Aktivitäten einschränkt.

Durch die starre geistige Verfassung, die sich dem Gehirn einprägt, werden die synaptischen Verbindungen zwischen den Neuronen weniger aktiv und weniger flexibel, was das Denken und das Erinnern hemmt. Menschen, die ihr Leben tiefen Vorurteilen oder fixen Ideen widmen, haben meist eine jugendlich-unreife Mentalität, sind viel häufiger von seniler Demenz betroffen als geistig regsamere Menschen.

Ein Gehirn, dessen geistige Verfassung durch die jugendlich-unreife Mentalität dominiert wird, verbraucht deutlich weniger Sauerstoff und Glukose als ein von kindlicher oder reifer Mentalität bestimmtes Gehirn. Viele Menschen nutzen während der meisten Zeit ihres Lebens nur annähernd dreißig Prozent der Kapazität ihres Gehirns.

Wir sind stolz auf unser großes Gehirn, aber ein banales Vorurteil oder überspanntes Wunschdenken kann seine Aktivität auf das erbärmlichste einschränken. Eine Clubkrawatte etwa, ein Regimentsabzeichen, eine Uniform, eine Auszeichnung, ein Haarschnitt oder ein Titel kann das Gehirn prägen und seine endokrinen und geistigen Aktivitäten auf ein ungesundes Maß reduzieren.

Diese Kurse sollten herausstellen, daß wir das Leben Drogensüchtiger führen, solange wir mit dem Kult der Individualität und persönlichen Absonderung leben, der Streß und die streßabhängigen Hirnopiate erzeugt.

Als 1973 die natürlichen Opiate entdeckt wurden, waren viele begeistert, weil diese Substanzen körperliche Schmerzen zu lindern vermögen.

Allerdings wird die Ausschüttung dieser Opiate nicht nur durch körperlichen Schmerz verursacht, sondern mehr noch durch das selbstinduzierte geistige Leiden. Dadurch entsteht die Sucht nach den körpereigenen Opiaten.

Die Kurse, die mir vorschweben, sollten erklären, daß diese Opiate auch die geistige Aktivität unseres Gehirns beeinträchtigen können. Wenn Narkotika oder Alkohol Sinne und Wahrnehmung und das Denkvermögen reduzieren oder unser Bewußtsein verändern können, sollte man erwarten, daß auch die Opiate im Gehirn das gleiche zu bewirken vermögen.

Ich erklärte bereits, daß unser Gehirn eigentlich aus drei Gehirnen besteht: dem neuen Gehirn oder Neokortex, dem Säugetiergehirn oder limbischen System und dem Reptiliengehirn oder alten Gehirn, das wir von unseren Reptilienvorfahren geerbt haben.

Unter dem Einfluß von Streß und streßbedingten Gehirnopiaten ist das als erstes betroffene Gehirn das entwicklungsgeschichtlich jüngste, der Neokortex, jener Teil, der für vertieftes analysierendes Denken und für reflektierendes Bewußtsein zuständig ist.

Das erste Zeichen für den Einfluß streßbedingter natürlicher Opiate auf den Neokortex, in dessen linker Hemisphäre das Sprachzentrum liegt, sind eine verminderte Sprechleistung und Sprechgenauigkeit.

Tatsächlich haben autistische Kinder, die im Übermaß Gehirnopiate zu sezernieren scheinen, Schwierigkeiten mit dem Spracherwerb.

Unter größerem Streß beginnen die Gehirnopiate unser Säugerhirn zu beeinträchtigen, das unter dem neuen Gehirn liegt und sich früher entwickelt hat als der Neokortex. Da die Gehirnopiate die Leistungsfähigkeit des Säugerhirns oder limbischen Systems erschüttern, beeinträchtigt starker Streß unser Gefühlsleben und unsere zwischenmenschlichen Beziehungen. Das limbische System ist zuständig für soziale Bindungen, Familienleben, mütterliche Zuwendung und Fürsorge, für Vertrauen in die Gemeinschaft und soziale Instinkte.

Wenn die Leistungsfähigkeit unseres limbischen Systems durch Streßopiate torpediert wird, gewinnt unser ältestes Gehirn, das von den Reptilienvorfahren ererbte Gehirn, die Vorherrschaft über unsere geistige Aktivität und unser Verhalten. Die Hauptmerkmale einer vom Reptilienerbe beherrschten geistigen Aktivität und Verhaltensweise sind Impulsivität in kritischen Situationen, Automatismen, unmittelbare Bedürfnisbefriedigung, Gewalttätigkeit, Grausamkeit, Bosheit, Unaufrichtigkeit, extreme Selbstsucht und Ichbezogenheit, Kurzsichtigkeit und ein skrupelloser Selbsterhaltungtrieb.

Tatsächlich dürfte der menschliche Geist zu seinen Vorstellungen vom Bösen, vom Teufel und den Kräften des Bösen durch das Reptilienerbe inspiriert worden sein. Schließlich war es ein Reptil, die Schlange, die Eva zur Erbsünde verführte.

Viele Geistesstörungen werden durch einen überstarken Einfluß des Reptiliengehirns erzeugt. Die grauenhaftesten Verbrechen in der Geschichte wurden in einem Zustand der Euphorie begangen, einem Zustand, in dem die geistige Aktivität und das Verhalten durch das primitive Reptiliengehirn dominiert werden.

Nachweislich nehmen unter Streß die Stoffwechselaktivität und die Durchblutung in zwei besonderen Hirnregionen zu. Und zwar geschieht dies im Bereich der Schläfenpole des Neokortex, wo höchstwahrscheinlich Wunschdenken und Vorurteile, die Streß erzeugen und unterhalten, lokalisisiert sind oder streßbelastete Erlebnisse wahrgenommen werden. Außerdem erhöhen sich unter Streß die Stoffwechselaktivität und die Durchblutung in jenen Teilen des (phylogenetisch) alten Gehirns, die für Notfallsituationen zuständig sind.

Viele Experten raten, daß man unter Streß seine Probleme sachlich überdenken soll, sich zusammenreißen soll. Diese Experten übersehen eindeutig, daß der Streß, der diese Probleme begleitet, meist die Leistungsfähigkeit des neuen Gehirns außer Kraft setzt. Nur dieses vermag aber Probleme zu durchdenken.

Die Experten behaupten auch steif und fest, die Hauptschwierigkeit der Gestreßten sei, daß sie ihre Gefühle unter Verschluß halten, anstatt ihnen freien Lauf zu lassen. Sie behaupten, diese bedauernswerten Geschöpfe hätten niemanden, mit dem sie reden könnten.

Menschen, bei denen der Einfluß des Reptilienerbes dominiert, sind selten für die Sorgen und Nöte anderer aufgeschlossen. Vielleicht kommen sie deswegen auch nicht auf die Idee, daß ein anderer bereit sein könnte, ihnen zuzuhören.

Bedenkt man, daß wir dazu neigen, unnötige Probleme zu schaffen und Schwierigkeiten hochzuspielen, daß wir mit Begeisterung unser Leben bei gefährlichen Sportarten riskieren, daß Unsicherheit uns magisch anzieht und erregt und wir sogar im Leiden schwelgen, dann ist offensichtlich, daß wir nach unseren körpereigenen Opiaten süchtig sind.

Wenn die Gehirnopiate nicht ausreichen, um uns einen »Kick« zu geben, fangen wir an, Betäubungsmittel und Alkohol zu konsumieren und zu mißbrauchen.

Die meisten Menschen, die zuviel trinken oder Narkotika mißbrauchen, wissen um die Gefahr, in die sie sich begeben. Aber womöglich vermittelt ihnen erst ein gefährliches Leben das ersehnte außergewöhnliche Hochgefühl.

Die Kurse, wie ich sie mir vorstelle, sollten erklären, daß unsere selbstinduzierte Drogensüchtigkeit uns zu einer Spezies macht, die mit Leichtigkeit manipuliert und verführt werden kann. Die Geschichte bietet viele Beispiele blinden Gehorsams gegenüber den offensichtlichsten Absurditäten und den irrationalsten Religionen oder Ideologien. Dieser blinde, unterwürfige Gehorsam läßt sich nur mit Streßsucht erklären.

In diesen Kursen sollte hervorgehoben werden, daß sich die Gehirne verschiedener Rassen biologisch nicht voneinander unterscheiden. Der einzige Unterschied zwischen den Rassen besteht darin, wie sie ihr Gehirn benutzen, das von den hauptsächlich auf Vorurteilen beruhenden Grenzen des Geistes beherrscht wird. In einer Gesellschaft der Rassendiskriminierung unterliegen die Gehirne der Diskriminierenden wie auch der Diskriminierten dem Reptilienerbe.

In Gesellschaften, die von Rassenvorurteilen beherrscht werden, gibt es relativ mehr Menschen mit Geistesstörungen als in toleranteren Gesellschaften.

Diese Kurse sollten erklären, daß nationale Vorurteile ähnliche Ängste und somit ähnliches Denken und Verhalten der Angehörigen einer Nation erzeugen können. In der Tat ist es die Ähnlichkeit der Ängste, die die hauptsächlichen Eigenheiten einer Nation ausmacht. Oft manipulieren geschickte Regierungen die kollektiven Ängste, um das Denken und die Einstellung der Bürger lenken zu können. Viele politische Führer versuchen, das Volk gegen drängende lokale Probleme dadurch unempfindlich zu machen, daß sie seine Wahrnehmungsfähigkeit und sein Urteilsvermögen betäuben und kollektive, nationale Angst erzeugen, indem sie internationale Spannungen oder eine Bedrohung durch ein anderes Land provozieren.

Ähnliche Umweltbedingungen können, da sie mit ähnlichen Ängsten verbunden sind, auch ein ähnliches Denken und Verhalten hervorbringen. Auf der ganzen Welt denken und handeln Randgruppen ganz ähnlich, weil sie ähnliche Ängste erfahren.

Da strenggläubige Menschen, seien es christliche Fundamentalisten in den USA oder moslemische Fundamentalisten im Libanon, einen ähnlichen Grad von Angst erfahren, werden sie auch ein ähnliches Denken und Verhalten, eine ähnliche Intoleranz und Aggressivität zeigen. Die blutrünstigsten Kriege waren stets Religionskriege.

Die Leiter und Dozenten dieser Kurse müßten die nationale Geschichte ihres Landes unter diesem Aspekt neu interpretieren. Jeder neigt dazu, die Vergangenheit der eigenen Nation durch eine heroisierende Brille zu betrachten, aber eine neue Geschichtsschreibung sollte neben Größe und Erfolg auch auf Torheit und Niedertracht hinweisen.

Bescheidenheit verbessert die Leistungsfähigkeit der Sinne und der Wahrnehmungen und hilft den Menschen, eine weitere und tiefere Denkweise zu erlangen. Der Glaube an eine nationale Überlegenheit erzeugt nationale Rowdies aller Art: Nazis, Militaristen, Faschisten, Staatsterroristen, arabische Fundamentalisten und dergleichen mehr.

Die Länder der Europäischen Gemeinschaft könnten mehr Gemeinsamkeiten entdecken, würde ihre jeweilige nationale Geschichte auch die begangenen Fehler und Torheiten aufzeigen. Europa könnte viel leichter geeint werden, wenn man all die Absurditäten der letzten beiden Weltkriege einsehen und unumwunden zugeben würde.

Diese Kurse sollten darüber aufklären, daß westliches Wissen der Cleverneß, aber nicht der Intelligenz dient. Cleverneß konzentriert sich auf die Wirksamkeit der Methoden und Mittel, weil sie kurzsichtig und ausschließlich nur auf unmittelbare Ausbeutung und Profit aus ist. Für Cleverneß heiligt der Zweck die Mittel.

Die Handlungsbasis der Cleverneß ist das Hier und Jetzt, und deswegen sind ihre Folgen unabsehbar. Sie geht deshalb mit Befürchtungen und Spannungen, mit Angst und Streß einher. Intelligenz handelt vorausschauender und einsichtsvoller und impliziert deswegen weniger Befürchtungen, Spannung, Angst und Streß.

Im Besitz der Mittelschichtmentalität steigert Wissen die Arroganz und Aggressivität. Die Naziverbrechen wurden von sehr kenntnisreichen Leuten mit hochqualifizierten wissenschaftlichen Methoden vorbereitet und ausgeführt. Im Westen brachte das neunzehnte Jahrhundert mehr Erkenntnis und Wissen als irgendein Jahrhundert zuvor, aber dies erzeugte auch die arroganten und aggressiven Meinungen, die höchst wirksame und äußerst geschickte Ausbeutung der Kolonien sowie mehr Revolutionen und Kriege als jemals in vergangenen Zeiten.

Bei der kindlichen Mentalität bereichert Wissen das Spiel und die Verspieltheit. Bei der reifen Mentalität mehrt Wissen die Bescheidenheit und die Toleranz.

Viele Menschen verbringen den größten Teil ihres Lebens damit, Wunschträumen nachzuhängen. Das Wunschdenken des Geistes beruht auf dem Streben der Instabilität nach weniger Instabilität.

Alles und jedes Wunschdenken ist stets auch mit Zweifeln und Unsicherheiten verbunden. Jeder Zweifel, jede Unsicherheit aber bringt Angst und Streß mit sich.

Angst und Streß sind stets von einer entsprechenden Aktivität des Hypothalamus, einer Ausschüttung von Neurotransmittern und Hormonen begleitet, und die sezernierten Substanzen erzeugen jeweils eine bestimmte Spannung oder ein Unbehagen im Organismus.

Diese durch Angst oder Streß erzeugten körperlichen Veränderungen steigern die Unzufriedenheit des Geistes, der diese durch Vergrößerung seiner selbst verringern will. Dies macht den Geist komplizierter und somit instabiler, was wiederum mehr Angst und mehr Streß erzeugt. Jede Zunahme an Komplexität schafft somit mehr Probleme, als sie löst.

Entwicklungsgeschichtlich betrachtet findet die kontinuierliche Expansion des Geistes demnach ihr natürliches Ende in der Geistesgestörtheit. Tatsächlich weist das unaufhörliche Anwachsen der menschlichen Unruhe und Erregung, der Verbrechen und der Gewalt, des Neides und der Unduldsamkeit, des Konsums von Betäubungsmitteln, Barbituraten und Alkohol sowie der gegenseitigen dumpfen Gleichgültigkeit auf die anhaltende Zunahme der geistigen Instabilität hin.

Daß wir ständig zu geistiger Instabilität getrieben werden, geht auch daraus hervor, daß wir immer stärker von Menschen angezogen werden, deren Sinne und Intellekt offensichtlich verzerrt sind, und zwar vor allem auf dem Gebiet der Kunst und der Literatur.

Mehr noch, wir werden mitunter durch die Arbeiten dieser geistig labilen Künstler oder Autoren, die wir sogar als genial rühmen, bis hin zur Erregung oder Ekstase verführt.

Die Geschichte ist voll von Beispielen jener Menschen, Gruppen oder Völker, die durch geistesgestörte politische oder militärische Führer verführt wurden.

Tatsächlich spricht Geistesgestörtheit die Massen besonders an, da sie Masseneuphorie, ja -hysterie und damit die Irrationalität der Massen erzeugt. Ob im Berlin der späten Dreißiger- und frühen Vierzigerjahre, ob im Teheran der Achtzigerjahre – die Bilder gleichen sich, wenn Psychopathen wie HITLER, GOEBBELS oder KHOMEINI die Hysterie offenbar verblödeter Massen zu schierem Fanatismus aufheizen.

Es ist ein merkwürdiges Phänomen, daß Massen durch extremen Individualitätskult entstehen. In seiner streßbezogenen Sucht findet das einsame Individuum schließlich Zuflucht bei der von Geistesgestörtheit beherrschten Masse.

Wenn das einsame Individuum Teil der Masse ist, wird sein Betäubungszustand intensiviert, weil es sich beschützter fühlt und stärker an seine Wunschträume glaubt. Dieses Gefühl vermehrten Glaubens ist es, das die Massen so gefährlich aggressiv und zerstörerisch macht.

Kurse gegen Angst und Streß müßten darauf aufmerksam machen, daß der Menschheit infolge der fortschreitenden streßinduzierten Schwächung des Immunsystems neue Seuchen drohen. Wir können sehen, daß bestimmte Gruppen wie beispielsweise homosexuelle Männer, die ja unter überdurchschnittlichem Streß leben, für opportunistische Infektionen und Aids anfälliger sind als die übrige Bevölkerung. Übrigens stimmen die Verbreitung von Aids und die Zunahme opportunistischer Infektionen unter Homosexuellen mit der von den Schwulen-Befreiungsbewegungen erzeugten Unruhe, der Erregung und dem Streß überein.

Ich erwähnte bereits, daß männliche Homosexualität hauptsächlich in einer geistigen Haltung der Herausforderung gegenüber der natürlichen Ordnung besteht. Jede durch Herausforderung errungene neue Freiheit bedeutet gleichzeitig mehr Herausforderung, mehr Streß und mehr gesundheitliche Risiken. Herausforderung ist ein rein menschliches Phänomen und trägt wesentlich zur Streßsucht bei.

Diese Kurse sollten auch einsichtig machen, daß mit der Zunahme von Streß und Streßsucht ein gehäuftes Auftreten von Impotenz und Sterilität einhergeht.

Lange Zeit hat die Menschheit gehofft, daß die Kreativität des Geistes Lösungen für menschliche Unzufriedenheit und Leiden finden würde. Von dieser Illusion entfernen wir uns immer mehr.

Diese Kurse sollten erklären, daß wir uns über die zunehmende Häßlichkeit, Verwirrung und das Unbehagen, die von der Kreativität des Geistes in den Bereichen Kunst, Philosophie, Politik und Wirtschaft hervorgebracht werden, nicht wundern dürfen.

Die Kehrseite der Illusionen ist, daß sie natürliche Opiate erzeugen, die das realistische Denken unseres Gehirns erschüttern. Bei realistischem Denken könnte man leicht darauf kommen, daß der Geist mit seinem Wunschdenken keinerlei praktische Lösung bieten kann. Der Geist ist das Ergebnis einer Flucht, und eine Flucht bringt Leere mit sich. Leere aber kann nur Illusionen oder Hoffnungen und noch mehr Leere schaffen. Flucht ist eine Niederlage.

Jene, die der Menschheit schmeicheln, das menschliche Gehirn preisen und uns eine großartige Zukunft versprechen, sind im Grunde grausam. Grausam, weil dies die Drogensüchtigen an die Droge fixiert. Grausam, weil es die Blinden zu einem Abgrund führt.

Viele kritische Geister beklagen, daß die Menschheit sich in einer tragischen Situation befinde. Ich denke, daß die Lage der Menschheit weniger tragisch als komisch ist. Es ist anmaßend zu hoffen, daß die Lösung ihrer Probleme durch Wunschdenken oder angenehme Phantasien herbeigeführt werden könnte, und Anmaßung ist eine Ursache der Lächerlichkeit.

Unsere Sucht nach Hoffnungen erklärt sich indessen daraus, daß Hoffnungen Streß erzeugen und daß Streß die Bildung von Hirnopiaten auslöst. Hoffnungen haben keinen positiven Wert, da sie etwas Abstraktes sind. Wenn sie manchmal erfüllt werden, verschwinden sie bald danach und hinterlassen den Geist mit der ihm eigenen Leere und Unzufriedenheit.

Die Klage, daß die Menschheit in einer Krise stecke, in einer irreparablen Krise, ist die Art des Geistes, sich eine zusätzliche Ausschüttung von Gehirnopiaten zu verschaffen, also eine weitere clevere Erfindung der Streßsucht.

Die Kurse gegen Angst und Streß sollten uns lehren, daß wir nur durch Demut zu einer tieferen Denkweise gelangen können, denn Streßsucht läßt sich nur durch Demut verringern, weil Demut die Anmaßung mindert. Dies ist der einzige Weg, die Entwicklung der Menschheit zum Wahnsinn hin aufzuhalten.

Diese Kurse sollten erklären, daß die Entwicklung unseres Geistes zu einer höheren Organisation, zu größerer Instabilität und mehr Geisteskrankheit nicht angehalten und noch weniger rückgängig gemacht werden kann. Diese Einsicht könnte tatsächlich der Menschheit, vor allem der herrschenden jugendlich-unreifen Mittelschichtmentalität helfen, zur Demut zu finden. Durch Demut könnte diese Schicht entweder die spielerische kindliche Mentalität erlangen oder den Sinn für Humor der reifen Mentalität erwerben. Vielleicht könnten wir dadurch die Ausdehnung des Geistes zu noch größerer Komplexität verlangsamen. Vielleicht könnten wir auf diese Weise ein neues Zugehörigkeitsgefühl entwickeln, um den Streß zu mindern. Humor impliziert Warmherzigkeit, und Warmherzigkeit geht mit Zusammengehörigkeit Hand in Hand.

Wir nehmen uns viel zu ernst, und das ist albern; wir halten uns für wichtig und unentbehrlich, und das macht uns lächerlich.

Diese Kurse sollten erklären, daß wir, wenn wir über uns lachen, dagegen gefeit sind, lächerlich zu werden.

In Wirklichkeit besteht unser Hauptproblem darin, daß wir von der Angst besessen sind, uns lächerlich zu machen. Sich über sich selbst lustig machen – und darauf beruht der Sinn für Humor –, kann jeden davor bewahren, sich lächerlich zu machen.

Exkurs

Man sollte alle Streßsüchtigen immer wieder warnen, daß Streß – was ja bekannt ist – sowohl die geistig-seelische als auch die körperliche Gesundheit schwer beeinträchtigen kann. Tatsächlich geht der zunehmende Streß in der westlichen Welt mit einem deutlichen Anstieg streßbedingter Störungen und Erkrankungen einher. Magengeschwüre und Herzattacken sind nur die landläufig bekanntesten, sozusagen »klassischen« streßbedingten Erkrankungen.

Man hat ausgerechnet, daß 75 Prozent der Fehlzeiten in westlichen Betrieben auf streßbedingten Krankheiten beruhen. Mehr als ein Drittel der Bevölkerung der USA, wo die Menschen größerem Streß ausgeliefert sind als in irgendeinem anderen Land, leidet an streßbedingtem Übergewicht. Jedes Jahr erleiden etwa 1,2 Millionen Menschen einen Herzanfall infolge Streß. Da es der Schulmedizin einige Probleme bereitet, mit einer derartigen Zunahme der sich rasch ausbreitenden streßbedingten Krankheiten und Befindensstörungen klarzukommen, wenden sich immer mehr Betroffene der alternativen und ganzheitlichen Medizin zu. Dies erweist sich auch daran, daß Bücher, die sich mit alternativer oder ganzheitlicher Medizin befassen, heute zu den Bestsellern zählen.

Streß ist gesundheitsschädlich, weil unter Streß, ähnlich wie bei Lebensgefahr oder in Notfallsituationen, ein großer Zustrom von Blut die Muskeln und jenen Teil des Gehirns überflutet, der die Muskeltätigkeit steuert, um das individuelle Überleben durch Kampf oder Flucht zu sichern, wobei der restliche Organismus mangelernährt wird und zuwenig Sauerstoff bekommt. Je länger der Streß andauert, desto gefährdeter ist der Organismus. Unter chronischem Streß bricht der Körper früher oder später zusammen.

Da Streß überwiegend durch das Wunschdenken und den Dünkel des Geistes erzeugt wird, kann eben dieser Geist ihn auch besänftigen oder beseitigen.

Wenn Streß vor allem durch die Kluft zwischen den überzogenen Erwartungen des Geistes einerseits und der Realität des Alltags andererseits verursacht ist, könnten wir diese Kluft verringern oder beseitigen, indem wir unsere übertriebenen Erwartungen niedriger schrauben und dadurch viel gesünder leben.

Der altrömische Leitsatz »Mens sana in corpore sano« (das heißt »In einem gesunden Körper wohnt ein gesunder Geist«) war eine vollkommene Richtschnur für das tägliche Leben. Tatsächlich bewahrt es die geistige Gesundheit, wenn man für die körperliche Gesundheit sorgt.

Bedenkt man, daß Streß die Ursache vieler körperlicher Krankheiten ist, bedenkt man ferner, daß Streß hauptsächlich durch den Geist verursacht ist, könnte man umgekehrt behaupten, daß bei einem gesunden Geist auch der Körper gesund ist. Wenn geistig induzierter Streß zu psychosomatischen Krankheiten führen kann, dann kann geistig induziertes positives Denken auch zu psychosomatischer Gesundheit oder Wohlbefinden führen.

Um unser Gehirn zu veranlassen, daß es seine extrem hohen Erwartungen herunterschraubt, und um unser Denken tiefer oder realistischer zu machen, sollten wir schlicht die bescheidene Gabe der Dankbarkeit pflegen, der Dankbarkeit für das, was wir bereits haben. Streß und Leiden beruhen zumeist darauf, daß wir alles, was wir im Leben erworben oder erreicht haben, für selbstverständlich halten. Und was noch trauriger ist, je mehr wir haben, nach desto mehr begehren wir. Schon SENECA sagte: »Arm ist nicht der Mann, der wenig besitzt, sondern jener, der immer mehr will.«

Die meisten Menschen sind imstande, dankbar an das, was sie hatten oder was sie haben, zu denken oder sich wenigstens einen glücklichen Augenblick in der Vergangenheit vergegenwärtigen, auf dem sie ein Gefühl der Dankbarkeit aufbauen können.

Mit dem Sinn für Dankbarkeit verschwinden unser Dünkel, unser Eifer und unsere Gier, diese wahren Streßursachen, und eröffnen den Weg zu einer intensiveren Teilnahme am Leben. Wenn wir unsere Anmaßung abbauen, reagieren unsere Sinne und unsere Wahrnehmung besser. Dies weitet unser Denken, gibt uns mehr Raum und Zeit, bereichert unser Leben und verbessert dadurch die Lebensqualität.

Die Vorstellung, daß etwas hätte schlimmer sein können oder schlimmer sein könnte, kann ungeheuer dazu beitragen, ein Gefühl der Dankbarkeit zu entwickeln. In unserer von Ungewißheit und Instabilität beherrschten Welt besteht immer eine gewisse Möglichkeit, daß etwas »schlimm« ausgeht. Zum Beispiel könnten wir ja auch tot sein. Die Dankbarkeit dafür, überhaupt zu leben, kann Freude am Leben, den Übermut eines verspielten Kindes in uns wecken.

Wir sollten uns vergegenwärtigen, daß jeder Tag unser letzter sein könnte. Das kann uns zu der Einsicht verhelfen, daß unsere meisten Streßprobleme entweder trivial oder sogar lächerlich sind.

Immer wenn ein Problem uns mit Streß bedrängt, sollten wir uns einen humorlosen, nüchternen Mediziner vorstellen, der uns feierlich eröffnet, daß wir nur noch wenige Monate zu leben haben. Diese Vorstellung kann unser Streßproblem leicht entschärfen.

Wenn wir das Leben als eine Gunst betrachten, als Geschenk, für das wir dankbar sein müssen, können wir uns eine Menge Streß ersparen und viele streßbedingte Krankheiten und Störungen verhüten.

Die meisten Menschen halten es für selbstverständlich, daß sie gesund sind. Sie lernen die Gesundheit erst schätzen, wenn sie von einer Krankheit heimgesucht werden. Würden wir unsere Gesundheit schätzen und gesundheitsbewußt denken und handeln, wenn wir gesund sind und uns wohlfühlen, dann könnte unser Leben ein freudiges Erleben werden.

In unserer materialistischen Welt entsteht viel Elend und Streß dadurch, daß wir in unserem Umfeld Menschen sehen, die reicher sind und denen es besser geht. In unserer materialistischen Gesinnung glauben wir, wir könnten mit Geld sogar das Glück kaufen.

Ich habe erklärt, daß unser Gehirn sich in einem mehr oder minder anhaltenden Zustand biochemischer Instabilität oder Unzufriedenheit befindet. Je größer diese Instabilität ist, desto unruhiger und erregter, desto aktiver und produktiver sind wir, und desto reicher können wir folglich sein. Jene, die anderen ihren Reichtum neiden, können einen gewissen Trost in der Tatsache finden, daß deren Wohlstand das Ergebnis größerer Unzufriedenheit, tieferen Kummers ist.

Wer sich über andere ärgert, denen es besser geht, könnte seinen Zorn durch die Vorstellung mildern, daß es oft in der Natur der Erfolgreichen liegt, ihren geistigen Dünkel zu vergrößern, noch ehrgeiziger und sogar noch gieriger zu werden. Das bringt Erregung und Kummer.

Sehr viel Streß entsteht durch Neid, Eifersucht, Groll und Haß, alles Produkte unseres beleidigten und frustrierten Ichs. Je weniger aufgebläht und verblendet das Ich ist, desto weniger wird es gekränkt und frustriert. Unser Ich kann so aufgebläht sein, daß es den Kränkenden zu töten imstande ist. Zwanzig Prozent der Morde in den USA sind durch Eifersucht ausgelöst. Ein noch größerer Prozentsatz von Karzinomen, Magen- und Darmgeschwüren, Koronargefäßerkrankungen und Bluthochdruck wird durch Neid, Groll und Haß erzeugt.

Fachleute behaupten, daß Neid und Eifersucht durch ein Gefühl der Unsicherheit, durch Zweifel an unseren Fähigkeiten verursacht sind. In diese Lage geraten wir allerdings nur, wenn unser Ehrgeiz größer ist als unsere Begabung, wenn unser Dünkel unsere Fähigkeiten übertrifft. Diese selbstzerstörerischen Gefühle von Neid und Eifersucht könnten wir besänftigen, wenn wir einfach unseren Dünkel verringerten.

Es ist interessant festzustellen, daß wir im allgemeinen nicht etwa begründet, sondern aus Gier neidisch und eifersüchtig sind. Der Appetit hört auf, wenn man satt ist, und, wie schon LAOTSE sagte: »Er, der weiß, daß genug genug ist, hat genug.« Gier fängt erst an, wenn genug nicht genügt, und wenn die Gier beginnt, wuchert sie grenzenlos wie ein Krebsgeschwür. Im Grunde sind wir neidisch, weil wir Überflüssiges und Unnützes begehren.

Wir klagen über streßbeladene Hilflosigkeit, sollten uns aber vor Augen halten, daß unsere zu hoch gespannten Erwartungen die traurige Hilflosigkeit hervorbringen, daß Illusionen Enttäuschung erzeugen und Wunschträume zu Alpträumen werden.

Viele Menschen behaupten, daß Hoffnungen, Illusionen und Träume die Würze des Lebens sind. Das trifft zu, aber nur für Menschen mit jugendlich-unreifer Mentalität, da diese niemals die Freude erfahren hat, die von der Heiterkeit, dem Mitgefühl, der liebenden Fürsorge und Freundschaft einer reifen Mentalität vermittelt wird. Mehr noch, die Befriedigung und Freude der reifen Mentalität halten länger an. Auf die freudige Erregung folgen bei der jugendlich-unreifen Mentalität oft Depression und Apathie.

Es gibt viele Techniken zur Entspannung oder zum Abbau von Streß, die meisten davon raten zu bestimmten körperlichen Übungen. Dies kann hilfreich sein, sofern die betreffende körperliche Übung auch dem Geist hilft, seine Anmaßung abzubauen.

Da Streß hauptsächlich vom Geist erzeugt wird, muß er auch leichter zu beseitigen oder zu mildern sein, indem man sich geistig entspannt.

In der westlichen Welt und in Japan gibt es viele Fitneßzentren, in denen gestreßte Menschen versuchen, Spannungen durch körperliche Übungen abzubauen.

Die körperliche Ertüchtigung in Fitneßzentren hat den Nachteil, daß die Menschen meist einsam vor sich hin trainieren, was die Isolation und Einsamkeit des einzelnen, beides Streßfaktoren, verstärkt. Außerdem kann das Training ohne Gesellschaft oft langweilig sein und dadurch den Streß steigern, statt ihn zu verringern.

Ich bin überzeugt, daß es viel besser wäre, wenn die Gesellschaft Schulen für Gehirntraining einrichten würde, Zentren also, in denen die geistige Aktivität der Menschen stimuliert werden könnte.

Genauso wie ein Muskeltraining die Leistungsfähigkeit der Muskulatur verbessert, könnte ein Training der Gehirntätigkeit die geistige und endokrine Aktivität des Gehirns und damit sowohl die geistige als auch die körperliche Gesundheit bessern.

Unsere Sinnesfunktionen und unsere Wahrnehmungsfähigkeit werden verbessert, und unser Denken vertieft sich, wenn wir die Aktivität des Gehirns steigern. Dies bereichert unser Leben, da wir stärker an der Wirklichkeit teilhaben. Wir sind dann fähig zu erkennen, daß ein Problem keine Tragödie, eine Krise kein Drama ist. Je aufgeblähter das Ich, desto begrenzter wird die Gehirntätigkeit, desto eher schlägt Leiden in Verzweiflung um, desto eher wird Schmerz zu Agonie.

Die Experten behaupten, daß unser Gehirn ausreichende Mengen an Sauerstoff, Glukose, Mineralstoffen und Vitaminen benötigt, um ordentlich zu funktionieren. Dem möchte ich hinzufügen, daß das Gehirn außerdem reichlich trainiert werden muß, denn Übung verhütet weitgehend eine Verkümmerung der endokrinen und der geistigen Funktionen des Gehirns.

Das Gehirn sollte vor allem die Neugier trainieren und lernen, wie es das Interesse an anderen Menschen im allgemeinen und an den Menschen unseres sozialen Umfeldes im besonderen vertiefen kann.

Neugier kann unseren Streß mindern, indem sie die Vorurteile und Voreingenommenheiten unseres Geistes unterdrückt. Streßerzeugende Langeweile, die oft Migräne, Rückenschmerzen, Depressionen oder andere psychosomatische Störungen verursacht, könnte folglich durch eine Steigerung der Neugier gemildert werden.

Indem wir uns für andere interessieren, erkennen wir bald, daß die meisten unserer streßerzeugenden Probleme bloß alltägliche Probleme sind, mit denen jeder geplagt ist. So lautet denn auch eine gängige Redensart: »Geteiltes Leid ist halbes Leid.«

Die Zentren für geistiges Training oder Mentaltraining könnten für Menschen im mittleren Alter und für ältere Menschen besonders hilfreich sein. Kurse, die jeweils ganz unterschiedliche theoretische oder praktische Kenntnisse und Fertigkeiten vermitteln, können schlummernde Begabungen wieder erwekken.

Das Erlernen einer Fremdsprache beispielsweise kann die Neugier und das Interesse an der Kultur der Bevölkerung des betreffenden Landes vertiefen. Dies wiederum baut nationale Vorurteile ab und ermöglicht ein intensiveres Leben.

Diese Trainingszentren sollten die Menschen anregen, Theater- und Musikgruppen zu bilden. Die Wände sollten mit Zerrspiegeln dekoriert sein. Wenn man sich total verzerrt darin erblickt, muß man über sich lachen, und das löst eine Menge Spannungen.

Die Regierungen müßten anerkennen, daß eine aktive und konsequente Förderung des Wohlbefindens und der Gesundheit die beste Krankheitsprophylaxe ist. Sie sollten nicht zögern, Zeit und Geld in diese Zentren zu investieren, denn diese Investitionen zahlen sich aus, indem weniger Geld für die medizinische Maßnahmen erforderlich ist.

Die Lebensqualität könnte auch verbessert werden, wenn diese Zentren die Menschen lehrten, anderen gegenüber höflich und freundlich zu sein. Freundlichkeit hilft beiden Seiten, die geistige Aktivität über den Einfluß des Reptilienerbes hinauswachsen zu lassen. Freundlich und zivilisiert zu sein beseitigt Mißtrauen und Furcht.

Wir können unser Gehirn jederzeit und überall trainieren. Eine der besten Übungen dieser Art würde darin bestehen, die Augen weit aufzumachen und einen raschen Blick rundum zu werfen, dann die Augen zu schließen und sich möglichst genau zu erinnern, was man gesehen hat. Diese Übung kann die visuelle Wahrnehmungsfähigkeit und die geistige Aktivität des Gehirns deutlich verbessern.

Ich erklärte bereits, daß es äußere Streßfaktoren oder Stressoren gibt. Ich möchte nochmals betonen, daß die durch äußere Streßfaktoren verursachte Irritation und unsere bereits bestehende Reizbarkeit unmittelbar zusammenhängen und die Reizbarkeit direkt an die Aufblähung unseres Ichs, unsere Eigenliebe und Selbstüberschätzung gebunden ist.

Stressoren und Maßnahmen gegen Streß sind indessen individuell: Was der eine beruhigend findet, irritiert den anderen. Bei jedem Geist sind ja Art und Grad der Aufgeblähtheit und des Dünkels verschieden.

Auch in bezug auf die nationalen Werte und Eigenheiten können Streßfaktoren variieren. Eine Studie von GARY COOPER ergab beispielsweise, daß amerikanische Angestellte »Mangel an Macht und Einfluß« oder ihren »unfähigen Chef« als besonders stressig werten.

Die Japaner belastet es am meisten, »mit der neuen Technologie klarkommen« zu müssen. Deutsche Angestellte klagen offenbar am häufigsten, daß sie »mit schlecht ausgebildeten Untergebenen arbeiten« oder einen Job machen müssen, für den sie sich überqualifiziert fühlen. Englische Angestellte scheint es besonders zu belasten, wenn sie beruflich mit Ausländern zu tun haben. Sie fürchten, Ausländer könnten ihre insulare Überlegenheit erschüttern.

Berufe, die von Menschen mit besonders ausgeprägtem Dünkel bevorzugt werden – etwa Journalismus, Schriftstellerei, Malerei, Naturwissenschaften oder Schauspielkunst – , sind stressiger als Berufe, die von weniger aufgeblähten Egos gewählt werden, wie etwa Theologie, Sozialarbeit oder die Mitarbeit bei Wohltätigkeitsorganisationen.

Es gibt eine einfache Methode, mit der jeder die Irritation durch äußeren Streß mildern kann: nämlich die, den Stressor, der uns am stärksten zu schaffen macht, mit einem Kosenamen oder dem Namen einer Blume zu belegen.

Geistig-seelische und körperliche Probleme

Geistige Beschränktheit

Immer mehr Kinder, die in unserer streßbelasteten westlichen Welt aufwachsen, sind stumpfsinnig, beschränkt wahrnehmungsfähig, gefühlsarm, gleichgültig und selbstsüchtig. Aus einem wachsenden Anteil dieser Kinder werden später ichbezogene, mitleidlose, skrupellose oder abgebrühte Erwachsene. Eines Tages könnte das gefährlich werden; denn es wird immer mehr alte Menschen geben, deren Überleben von den nächsten Generationen abhängt. Sofern die neue Generation immer selbstsüchtiger und immer erbarmungsloser wird, darf es nicht überraschen, wenn die Lebensdauer der Alten in absehbarer Zeit rationiert oder gesetzlich begrenzt wird. In Großbritannien leben derzeit zirka 180.000 Menschen in Altersheimen und kosten jährlich eine Milliarde Pfund. In wenigen Jahren wird es in England mehr als drei Millionen Menschen über 75 Jahre geben, von denen die meisten vollständig auf die Gemeinde oder den Staat angewiesen sein werden.

Kinder, die von gestreßten Eltern, vor allem von einer gestreßten Mutter erzogen werden, zeigen einen gewissen Grad geistiger Stumpfheit oder Retardiertheit, eine gewisse Einschränkung der Sinnesfunktionen und Wahrnehmungsfähigkeit, eine gewisse geistige Beschränktheit. Diesen Kindern fehlt die Heiterkeit, Verspieltheit, Geselligkeit, Kommunikationsfähigkeit und vor allem die Liebe.

Da gestreßte Eltern unter dem Einfluß ihres Reptiliengehirns handeln, reagieren sie oft gewalttätig, aggressiv oder grausam, was die geistige Beschränktheit der Kinder verschlimmert. Auch alkoholkranke oder drogenabhängige Eltern handeln unter dem Einfluß ihres Reptiliengehirns und zeugen deshalb oft geistig behinderte Nachkommen.

Kinder, deren Eltern zerstritten sind und in Scheidung leben, können leicht geistig beschränkt, stumpfsinnig oder gefühlskalt werden.

Bei Kindern unter Streß entwickelt sich die Organisation der Hirnzellen und der Synapsen über das Reptilienhirn hinaus verzögert. Unter Streß erreichen Kinder nie das volle Potential des limbischen Systems und des Neokortex.

Die ersten paar Jahre im Leben des Kindes sind entscheidend für die Entwicklung der neuronalen Hirnstrukturen. Tatsächlich wird die Persönlichkeit des Erwachsenen weitgehend während der frühen Organisation des kindlichen Gehirns geprägt und geformt.

Das limbische System des Kindes, das Gefühlsleben, Geselligkeit, Freundschaft, Mitgefühl, Anteilnahme, Liebe und Zuneigung steuert, und der kindliche Neokortex, der die Fähigkeit zum analytischen Denken und zum Spracherwerb steuert, entwickeln sich unter Streß weniger vollkommen.

Ich möchte jetzt eine wichtige Tatsache hervorheben. Die Gesellschaft müßte die Kindererziehung durch die Mutter als wichtigste Tätigkeit anerkennen; denn diese Tätigkeit förderte und fördert noch immer eine der wertvollsten menschlichen Eigenschaften: die der Menschlichkeit. Diese besteht aus einer hohen Empfindsamkeit, die von einem gut entwickelten limbischen System, und einer höheren Sensibilität, die von einem gut entwickelten Neokortex gesteuert wird.

Mütterliche Fürsorge und Liebe in der frühen Kindheit ist der wesentliche Faktor, der unsere Sensitivität und Sensibilität bestimmt.

Die frühe Kindheit ist der Lebensabschnitt, in dem sich die Neuronen und Synapsen des limbischen Systems und des Neokortex entwickeln. Wir müssen diese Strukturen in der frühen Kindheit entwickeln – im späteren Leben wird dies nämlich viel schwieriger, wenn nicht gar unmöglich. Man kann dies am Beispiel des Spracherwerbs aufzeigen. Wenn wir nicht in der frühen Kindheit sprechen lernen, tun wir uns damit später meist schwerer.

Außerdem muß festgehalten werden, daß ein Kind, nachdem es die neuronalen und synaptischen Strukturen des limbischen Systems und des Neokortex entwickkelt hat, als erwachsener

Mensch das Bedürfnis empfinden wird, diese Gehirnteile zu trainieren.

Die Regierungen sollten das häusliche Wirken der Mütter entlohnen, vor allem wenn diese für Kleinkinder sorgen; denn dadurch würde eine bessere und menschlichere neue Generation heranwachsen.

Mehr noch, indem sie die Mütter für ihre Arbeit zuhause während der ersten Lebensjahre der Kinder entlohnen, würden die Regierungen große Ausgaben für spätere Krankheiten und Leiden sparen, die sämtlich durch eine gestörte frühe Kindheit entstehen. Eine verbesserte geistige und endokrine Aktivität des Gehirns bei der neuen Generation brächte auch eine verbesserte Lebensqualität mit sich. Eine größere Sensitivität und Sensibilität der neuen Generation hätte zur Folge, daß man die zunehmende Zahl alter Menschen mit weitaus mehr Anteilnahme betrachten würde.

Das wichtigste und einfachste Mittel, das kindliche Gehirn zu entwickeln, ist das Spiel. Spiel impliziert Erkundung, Aufgewecktheit und Neugier. Spiel impliziert Interaktion, Körperkontakt, Kommunikation und Geselligkeit. All dies hilft dem Kind, zwei hochzivilisierte Eigenschaften zu entwickeln: die des Fair play und der friedlichen Koexistenz.

Gestreßte Eltern spielen selten mit ihren Kindern. Für ihren Fehler, daß sie ihren Kindern nicht dabei helfen, ihr Gehirn über das Reptilienerbe hinaus zu entwickeln, müssen diese Eltern später häufig schwer büßen, da sie schließlich im Alter, wenn sie die Kinder am meisten brauchen, oft von diesen im Stich gelassen werden.

In ihrer Selbstsucht behindern streßgeplagte Eltern die geistige Entwicklung ihrer Kinder, indem sie sie möglichst frühzeitig vor dem Fernseher allein lassen.

Wenn sie ihren Kindern so früh wie möglich die herrschenden gesellschaftlichen und moralischen Werte, Vorurteile oder stereotypen Verhaltensweisen eintrichtern, kann dies ebenfalls deren geistige Entwicklung begrenzen.

Autismus

Der Extremfall der durch gestreßte Eltern verursachten Stumpfsinnigkeit wird offenkundig bei autistischen Kindern. Als Krankheitsbild wurde der frühkindliche Autismus 1943 erstmals beschrieben, seither wird er in westlichen Ländern mit zunehmender Häufigkeit diagnostiziert. Wie beim stumpfsinnigen ist auch beim autistischen Kind das Gehirn physisch normal. Die Störung beruht auf der unterentwickelten oder unentwickelten Organisation der Gehirnzellen und ihrer Synapsen im limbischen System und im Neokortex.

Ein autistisches Kind hat extreme Schwierigkeiten, Liebe, Freundschaft, Mitgefühl, Sympathie oder soziale Beziehungen zu empfinden oder zu begreifen. Das autistische Kind zieht es vor, allein zu bleiben, und reagiert oft heftig abwehrend auf Berührungen oder Liebkosungen seiner Eltern und anderer Menschen. Es versteht nicht die Bedeutung von Vertrauen oder Zusammengehörigkeit.

Angesichts der Tatsache, daß das limbische System eine wesentliche Rolle für das Lernen und das Gedächtnis spielt, ergeben sich beim autistischen Kind mit seinem schlecht entwickelten limbischen System Lern- und Merkstörungen.

Da die Strukturen des Neokortex beim autistischen Kind unzureichend entwickelt sind, fallen ihm Sprechen und Buchstabieren schwer.

Ich habe beobachtet, daß Kinder, deren Eltern liebevoll mit ihnen schmusen und spielen, ihre Muttersprache besser beherrschen und artikulieren lernen. Tatsache ist auch, daß viele große Redner erstgeborene Kinder waren und sind. Den Erstgeborenen schenken die Eltern meist mehr Zeit und mehr Zuwendung. Es ist außerdem merkwürdig festzustellen, daß eine große Zahl der eloquentesten italienischen und französischen Rechtsanwälte aus dem Süden des jeweiligen Landes stammen, wo die Eltern und vor allem die Mütter ihren Sprößlingen bedeutend mehr Zeit widmen als die Eltern in den nördlichen Regionen dieser Länder.

Da autistischen Kindern die Fähigkeit des phantasievollen Denkens fehlt, fällt es ihnen schwer, die Bedeutung von Anspielungen, Metaphern, Spielregeln oder Wünschen und Absichten anderer Menschen zu verstehen.

Autistische Kinder entwickeln eine extreme Art des Denkens im Hier und Jetzt und ein zwanghaft sich wiederholendes, stereotypes Verhalten, was beides weitgehend mit dem Reptiliengehirn übereinstimmt.

Es ist eine unbestreitbare Tatsache, daß Kinder, die in einer liebevollen Umgebung aufwachsen, im späteren Leben weitaus seltener eine Schizophrenie oder eine andere Geisteskrankheit bekommen.

Vier von fünf autistischen Kindern sind Knaben. Vielleicht ist dies dadurch bedingt, daß Jungen von Natur aus ängstlicher sind als Mädchen. Diese Ängstlichkeit wird am besten durch elterliche Liebe, Zärtlichkeit, Spielen und Schmusen überwunden und indem die Eltern am Leben und an den Interessen des Kindes Anteil nehmen und sie teilen.

Die Eltern autistischer Kinder sollten dahingehend aufgeklärt werden, daß man am ehesten wirkliche Liebe erlangen kann, indem man die Eigenliebe aufgibt oder begrenzt, die bei vielen Eltern solcher Kinder extrem ausgeprägt ist.

Liebe und Zuwendung ihren Kindern gegenüber könnte auch das schwere Streßproblem lösen, das Eltern zu schaffen macht, wenn die Kinder das Elternhaus verlassen haben. Die plötzliche Leere in ihrem Leben ist oft eine traumatische Erfahrung.

Da Kinder im Grunde durch Nachahmen lernen, werden liebevolle, opferbereite Eltern feststellen, daß ihre heranwachsenden Kinder das Bedürfnis empfinden, den Eltern mit ebensolcher Liebe zu begegnen (es ist ein Bedürfnis, ihr limbisches System zu nutzen).

In den meisten westlichen Ländern sind heutzutage beide Eltern voll berufstätig, oft genug bloß, um überflüssige Konsumgüter und Statussymbole anschaffen zu können. Die Betreuung der Kinder überlassen sie einer Kinderfrau oder einem Au-pair-Mädchen. Abends sind die Eltern zu müde, um mit ihren Kindern zu spielen. Wenn Kinder so aufwachsen, braucht man sich da noch zu wundern, daß sie schlechter lernen, ein schlechteres Gedächtnis haben und daß Gewalt und Kriminalität bei Jugendlichen zunehmen? Würden wir unsere versnobte Einstellung aufgeben, unsere zwanghafte Gier, immer die neuesten Spielzeuge haben zu müssen, nur um die Nachbarn zu beeindrucken, und würden wir statt dessen unserem Nachwuchs mehr Zeit widmen, dann könnten wir die geistigen Fähigkeiten und die Zivilisiertheit der künftigen Generationen deutlich verbessern.

Mit den Kindern zu spielen und liebevoll und zärtlich mit ihnen umzugehen, kann Eltern und Kindern helfen, den ersteren, indem es ihre Ängste und ihren Streß mildert, und den letzteren, indem es die Entwicklung des kindlichen Gehirns fördert.

Um sich in einen Zustand der Verspieltheit versetzen zu können, müssen die Eltern und vor allem die Mütter apathischer und autistischer Kinder ihre Ichbezogenheit, ihre verinnerlichten gesellschaftlichen Rollen und erst recht ihre Überernsthaftigkeit aufgeben. Indem sie Überernsthaftigkeit und angemaßte Rollen aufgeben, können die Eltern dieser gestörten Kinder ihr eigenes limbisches System, das Liebe und Mitgefühl steuert, neu beleben. Die betroffenen Kinder befinden sich in der Defensive und reagieren heftig auf alle aufgesetzten, kühlen oder unaufrichtigen Äußerungen von Liebe, Verspieltheit, Schmusen oder Berührung.

Die Amerikaner haben vor einiger Zeit die »therapeutische Umarmung« als Behandlung apathischer und autistischer Kinder erfunden. Bei dieser Behandlungsform halten die Eltern, insbesondere die Mütter, das Kind immer wieder möglichst lange in den Armen.

Soll die Methode Erfolg haben, müssen die Eltern ihren Streß drastisch abbauen, bevor sie ihr psychisch gestörtes Kind umarmen und liebkosen. Ich sagte ja bereits, daß diese Kinder auf jede unaufrichtige Berührung sehr heftig reagieren.

Manche berufstätigen Eltern entwickeln Schuldgefühle. Im Einklang mit unserer materialistischen Lebensweise versuchen diese Eltern, sich freizukaufen, indem sie ihre Sprößlinge mit ausgefallenen Spielen und Spielzeugen überschütten. Dies isoliert die Kinder nur noch stärker von der Wirklichkeit.

Der enorme Umsatzzuwachs bei teurem Spielzeug in westlichen Ländern dürfte der deutlichste Beweis für das Schuldgefühl der Eltern sein.

Manche Väter spielen mit unumstrittener Autorität eine »perfekte Vaterrolle«. Ein autoritärer Vater spielt gewöhnlich die Rolle, die zu seinen persönlichen, religiösen oder politischen Ansichten und den sittlichen Regeln seiner Gesellschaftsschicht paßt. Dies entfremdet die Kinder, macht sie zu Seelenkrüppeln und setzt sie sicherem Streß für ihr ferneres Leben aus. Ein autoritärer Vater kann seinen Kindern auch eine gewisse lebenslange Furcht oder Ängstlichkeit gegenüber Autoritäten oder den Zeichen der Autorität eintrichtern. Wenn ein autoritärer Vater das Image, das er sich seiner Gesellschaftsschicht zuliebe zugelegt hat, abbauen würde, könnte er einen großen Teil der irrationalen Rebellion seiner Kinder vermeiden.

Der Kult des Westens um die Individualität und die persönliche Unabhängigkeit beeinflußt Kinder dahingehend, daß sie von der frühesten Kindheit an versuchen, individualistisch und unabhängig zu werden. Der mit dem Individualitätskult verbundene Streß kann verhindern, daß sich das kindliche Gehirn über das Reptilienerbe hinaus entwickelt.

Wenn man Kindern den Kult des Individualismus und der persönlichen Unabhängigkeit eintrichtert, wird dies nicht selten zur Ursache einer Agoraphobie, dieser für den Westen typischen psychischen Störung. Dieser Kult könnte auch eine der Ursachen der zunehmenden Drogensucht unter jungen Menschen sein.

In den USA und in Großbritannien gibt es an den Schulen große Probleme mit *hyperaktiven Kindern* und *Rabauken.*

Die betreffenden Kinder sind aggressiv und widerspenstig und vertragen sich nicht mit den anderen Kindern. Abgesehen davon, daß sie unter Lernstörungen leiden, versuchen sie ihre Probleme impulsiv und gewalttätig zu lösen.

Bei Interviews mit mehreren Eltern gewalttätiger Kinder habe ich festgestellt, daß diese selbst unter schwerem Streß stehen und ebenfalls gewalttätig und impulsiv sind.

Ich meine, daß man diesen Kindern am ehesten helfen könnte, wenn man zuerst ihren Eltern helfen würde. Aggression und Gewalt lernt man meist im Elternhaus. Also müßten zuerst die Eltern ihren Streß abbauen, damit sie weniger gewalttätig reagieren.

Eine Redensart besagt, daß ein Lob zur rechten Zeit noch nie geschadet hat. Kinder zu loben wirkt viel besser, als sie bei unerwünschtem Verhalten zu bestrafen. Gutes Benehmen muß ermutigt werden, damit die Kinder es als normales Verhalten begreifen.

Selbst erwachsene Menschen können autistisch werden, wenn sie eine Zeitlang unter sehr starkem Streß oder Terror leben. Gefangene in nationalsozialistischen oder russischen Konzentrationslagern beobachteten, daß viele ihrer Leidensgenossen entmenschlicht reagierten und mitunter stumm wurden. Sie fielen auf die Stufe des Reptiliendaseins zurück, ein Dasein ohne Mitleid oder Mitgefühl, ein Dasein, das gegenüber dem Leiden und den Schmerzen anderer völlig gleichgültig war.

Sogar der normalste Mensch kann, wenn er plötzlich starker Furcht oder massivem Streß ausgesetzt ist, zu einer Reptilienexistenz regredieren und wird dann nur noch stammeln oder sprachlos sein.

Scheidung

Immer mehr Menschen geraten unter schweren Streß, wenn ihre Ehe zu scheitern droht (von zehn Ehen in England werden vier geschieden). Der Scheidungsstreß ist meist dadurch bedingt, daß jede der Parteien das Gefühl bekommt, versagt zu haben.

Eine Scheidung kann böse Folgen haben, wenn die Kinder noch keine fünf Jahre alt sind, da ihre Gehirnentwicklung dann noch auf einer niedriger organisierten Stufe ist. Sind die Kinder bereits im Schulalter, dann kann ihr Lernen blockiert werden, und Teenager werden meist chronisch depressiv, vor allem wenn bei der Scheidung in aller Feindschaft schmutzige Wäsche gewaschen wird, wenn ein Partner den anderen für die eigenen Gefühle des Versagens bestrafen will.

Viele Regierungen geben heute riesige Beträge aus, um den Einelternfamilien zu helfen, aber zur Rettung von Ehen, also um Einelternfamilien zu verhüten, wird nur sehr wenig investiert. Die Regierungen müßten Beratungsstellen zur Rettung gefährdeter Ehen einrichten. Diese Beratungsstellen müßten sich mehr mit den Folgen als mit den Ursachen von Scheidungen auseinandersetzen, vor allem wenn Kleinkinder betroffen sind. Verglichen mit den Folgen sind die Gründe für Scheidungen oft eher trivial. Ihre Autorität und Daseinsberechtigung könnten die Beratungsstellen damit begründen, daß Befragungen zufolge viele Leute, auch nachdem sie eine neue Familie gegründet haben, immer noch Gewissensbisse empfinden, weil ihre erste Ehe gescheitert ist.

Freundschaft

Liebevolle und fürsorgliche Eltern können ihren Kindern dadurch, daß sie die Entwicklung ihres limbischen Systems fördern, eine äußerst wertvolle Streßtherapie vermitteln: die Gabe, Freundschaften zu schließen und zu pflegen.

Es gibt keinen Streß, den man nicht durch die Gegenwart und mit dem Verständnis eines Freundes mildern oder gar beseitigen könnte. Bei ARISTOTELES ist zu lesen: »Ohne Freunde ist das Leben nichts wert, auch wenn man alle anderen Güter besitzt.« In unserer Zeit, in der die Gleichgültigkeit des einzelnen und der Zerfall der Familie die Gesellschaft beherrschen, ist die Pflege von Freundschaften umso wichtiger. Gemäß der Redensart: »Die Verwandtschaft ist gottgewollt, aber gottseidank können wir unsere Freunde selbst wählen.«

Das Christentum gebietet, daß wir unsere Feinde lieben sollen. In unserer stressigen Zeit meine ich, es wäre viel besser, wir würden unsere Freunde lieben. Wenn wir gute Freunde haben, fürchten wir unsere Feinde nicht; wenn Freunde um uns sind, verliert die Vorstellung von Feinden ihre Macht. Tatsächlich haben wir weniger Feinde, wenn wir viele Freunde haben. Ein selbstsüchtiger, ichbezogener Mensch wird wahnsinnig, wenn er keine Freunde hat.

Um unsere Feinde lieben zu können, müssen wir übrigens selbst liebesfähig sein, so daß wir über die Selbstsucht und Eigenliebe des Reptils in uns hinauswachsen. Freundschaft hilft uns, von Herzen lieben zu lernen.

Die einfachste Möglichkeit, Feinde zu verlieren und Freunde

zu gewinnen, besteht darin, die Eigenliebe abzubauen. Eigenliebe zerstört die Liebe. Wer anderen gegenüber Aufmerksamkeit und Rücksicht zeigt und sich Zeit für sie nimmt, dem widmen auch die anderen ihre Zeit, ihre Anteilnahme und ihr Interesse.

Allmählich verschwindet die Freundschaft aus der unruhigen, erregten westlichen Welt. Der beste Beweis dafür ist die stetige Zunahme professioneller »Telefonberater« oder »Sorgentelefone«, um unsere Probleme zu lösen, die früher durch ein vertrauliches Gespräch mit einem guten Freund leicht zu bewältigen waren.

Da Freundschaft entkrampfend wirkt, ist sie eine wirksame Therapie gegen Streß. Jeder kann Freunde gewinnen. Man muß nur selbst freundlich sein.

Die Schwierigkeit, heute Freundschaften zu schließen, liegt darin, daß die Menschen sich scheuen, Fremde anzulächeln oder zu grüßen, aus Angst, zurückgewiesen oder ausgelacht zu werden. Sie fürchten hintergangen zu werden, wenn sie die Freundeshand reichen wollen.

»Der beste Freund des Menschen ist sein Hund«, sagt eine Redensart, die wohl wahr ist. Aber man kann sie ebenso auf Katzen, Vögel, Kaninchen, Goldfische, Pferde oder sogar auf Pflanzen und Blumen anwenden.

Wenn wir Freundschaft gegenüber allem Lebendigen entwikkeln, hilft dies, ein Gefühl des Friedens, der Reife und der Großherzigkeit zu erzeugen, und das reduziert Streß. Haustiere sind die beste Übung für das limbische System, jenen Teil des Gehirns, der für Menschlichkeit und Humanität, Mitgefühl und Sympathie, Freundschaft und Geselligkeit steht.

Freundschaft entspannt uns, da sie Aufrichtigkeit und Spontaneität fördert. In der Freundschaft geben wir angemaßte Rollen auf, und das ermöglicht Nähe und Vertrautheit. In der Vertrautheit zeigen wir unsere empfindlichen Stellen und das Gegenüber die seinen, und wir entdecken, daß jeder gleich verletzbar ist, und das erzeugt Zuwendung, Anteilnahme und Großherzigkeit.

Viele Menschen klagen über Kommunikationsprobleme, die sie in ihrer streßerzeugenden Einsamkeit noch stärker isolieren. Doch entstehen Kommunikationsprobleme nur, weil wir so ichbezogen sind, daß wir nicht zuhören können. Wenn wir anderen zuhören, hören auch die anderen uns zu.

Die Erde als Lebensraum

Der Kult des Individualismus und die Pflege des Familienlebens sind unvereinbare Gegensätze. Familienleben impliziert teilzuhaben, und das heißt zu geben und sich einzubringen. Dagegen bedeutet der Kult der Individualität, jeder persönlichen Anstrengung und jedem Opfer auszuweichen, da diese das Ich des Individuums, seine Illusion von Unabhängigkeit und seine Vorstellung von der eigenen Wichtigkeit verkleinern.

Zu einer Familie zu gehören und an ihrem Leben teilzuhaben, ist weitaus weniger stressig, besonders für Männer. Tatsächlich leben alleinstehende Frauen in westlichen Ländern länger und sind gesünder als alleinstehende Männer. In den Vereinigten Staaten ist die Selbstmordziffer alleinlebender Männer fast doppelt so hoch wie bei den verheirateten und bei ledigen Frauen anderthalbmal so hoch wie bei verheirateten. In Großbritannien ist das Selbstmordrisiko lediger Männer dreimal so hoch wie bei verheirateten, während ledige Frauen doppelt so häufig wie verheiratete Selbstmord begehen.

Krebs, Schlaganfall, Leberzirrhose, Lungenentzündung und die meisten Unfälle kommen bei alleinstehenden Männern zwei- bis sechsmal öfter vor als bei verheirateten, aber es ist schwer, einen von seiner Unabhängigkeit in der Einsamkeit betäubten Individualisten zu überzeugen, daß er heiraten oder eine Familie gründen sollte. Selten kehrt ein Flüchtiger zum Ausgangspunkt seiner Flucht zurück.

Noch wichtiger scheint mir, daß bei Menschen, die in einer eigenen Wohnung oder im eigenen Haus leben, der Sinn für Häuslichkeit und Familie stärker entwickelt ist als bei Leuten, die in möbliert gemieteten Behausungen wohnen. Auch streßbedingte Krankheiten und Störungen sind bei denen, die in möblierten Appartements hausen, häufiger als bei denen, die inmitten ihrer eigenen Siebensachen leben.

Eine Familie zu haben, bei der man sich nach einer Krankheit oder einer Niederlage erholen kann, mindert die streßerzeugende Furcht, die derlei Probleme oft begleitet.

Immerhin könnte die Menschheit heute eine Menge Streß mildern, der durch individuelle Einsamkeit verursacht ist, indem sie eine neue Gemeinsamkeit, eine neue Solidarität schafft. Dies ließe sich erreichen, indem man gemeinschaftlich ein neues Bewußtsein erwirbt, ein Bewußtsein für die Gefährdung des Lebens auf der Erde; ein Bewußtsein, daß das Leben auf unserem Planeten bedroht ist, daß wir durch die Abnahme der Ozonschicht in der Erdatmosphäre, durch den Treibhauseffekt, durch Umweltgifte und durch Überbevölkerung alle bald ausgelöscht werden könnten.

Das Bewußtsein, daß unser Leben in Gefahr ist, könnte das gesamte Menschengeschlecht zu einer Familie werden lassen und unseren Planeten in ein beglückendes Zuhause verwandeln.

Wie ich bereits sagte, kann eine konkrete Gefahr eine wirksame Behandlung von Streß und von streßbedingtem Panikdenken sein, da die Bedrohung durch eine echte Gefahr die Aufgeblähtheit und den Dünkel des Individuums beseitigt, die ein vertieftes Denken verhindern.

Die vom Kult des Individualismus geleitete Menschheit ist von der Idee der Menschenrechte besessen. Die menschliche Spezies wäre in weit besserer Verfassung, wenn sie auch eine Charta der Menschenpflichten hätte, eine Charta der universalen Verantwortung gegenüber dem Leben und dem Planeten. Diese Charta müßte heilig sein.

Das Heilige verbindet die Seelen, wie schon Goethe formulierte.

Eltern und Lehrer sollten die Verherrlichung des Individualismus durch den Kult um die Erde als Heimat ersetzen. Individualismus und seine Illusion der Freiheit würden bald der Lächerlichkeit anheimfallen, wenn man sie der drohenden Zerstörung unseres Planeten Erde gegenüberstellte.

Unfruchtbarkeit und Impotenz

Bei der Unfruchtbarkeit ist Streß wesentlich beteiligt. Wie ich bereits erläuterte, fließt das Blut unter Streß zu den Organen, die für Kampf oder Flucht benötigt werden, und die daraus resultierende Mangeldurchblutung der Ovarien bei der Frau und der Hoden beim Mann verringern die Bildung und die Qualität von Eiern und Samenzellen.

Die Beseitigung von geistig ausgelöstem Streß kann einem unfruchtbaren Paar das ersehnte Kind bescheren. Eine Kreuzfahrt bei herrlichem Wetter kann dazu beitragen, den Geist von seinen Sorgen abzulenken.

Wenn der geistig bedingte Streß, der oft darin besteht, mit aller Gewalt ein Kind haben zu wollen, gemindert wird, kann dies bereits die Fruchtbarkeit wiederherstellen. Auch die Adoption eines Kindes oder das Nachdenken darüber, ob man ein Kind adoptieren sollte, kann den Seelenfrieden eines Paares soweit wiederherstellen, daß sich der gewünschte Nachwuchs einstellt.

Eine wachsende Zahl kinderloser Paare versuchen heute, eine Schwangerschaft durch künstliche Befruchtung im Labor, im Reagenzglas herbeizuführen.

Diese Eltern fragen sich selten, was für einen Streß es für ein Kind bedeuten mag, sein Leben lang mit dem Bewußtsein herumzulaufen, daß es künstlich gezeugt wurde. Manche dieser Kinder werden ihren Eltern und den an dieser Befruchtung beteiligten Personen niemals verzeihen.

Streßbedingte Impotenz breitet sich wie ein Flächenbrand in den westlichen Ländern aus. Man schätzt, daß zehn Prozent der Amerikaner chronisch impotent sind.

Viele Männer mit ihrer jugendlich-unreifen Mentalität sind gewöhnt, sofort eine Erektion zu haben, wenn sie mit jemandem ins Bett gehen. Wenn das nicht funktioniert, geraten Männer leicht in Panik, und in Panik ist es schwer, wenn nicht unmöglich, eine Erektion zu bekommen.

Streßbedingte Impotenz ist am ehesten zu überwinden, indem man sich im Bett Zeit nimmt und sich mit der Partnerin einem ausgiebigeren Vorspiel mit spielerischem Küssen, Streicheln und

Umarmen hingibt. Wenn man nur in der Absicht zu schmusen und weniger, um Geschlechtsverkehr zu haben, miteinander ins Bett geht, kommt es oft spontan zur Erektion.

In Kulturkreisen, die Sex als Leistung ansehen, sogar als eine Art athletisches Ritual, und in denen sexuelle Leistungsfähigkeit mit Selbstbestätigung und Eigendünkel zu tun hat, kommt es unter diesem Leistungsdruck häufig zu Impotenz. Dieser Leistungsdruck entsteht durch Angst zu versagen. Leistungsdruck tötet Leistung. Der berühmte *Latin Lover*, der sein Ich über seine sexuelle Leistungsfähigkeit definiert, wird oft impotent. Je höher außerdem der Stellenwert ist, den man Sex und sexueller Leistung zumißt, desto häufiger kommt es zu einer vorzeitigen Ejakulation.

Wenn der Mann sein Ich weniger ernstnimmt und den sexuellen Akt in ein Spiel verwandelt, befreit er sich vom Leistungsdruck, und dies hat zur Folge, daß der Penis stärker durchblutet und dadurch steif wird.

Nach Auffassung mancher Fachleute kann die männliche Impotenz, vor allem im mittleren Alter, durch das männliche Hormon Testosteron erfolgreich behandelt werden. Ich halte dafür, daß diese Therapie mehr schadet als nützt, und zwar aus drei Gründen: Erstens steigert die Testosteron-Therapie meist eher die sexuelle Libido als die Potenz. Zweitens können Testosterongaben die Leber schädigen, und drittens können sie Prostatakrebs verursachen.

Die Impotenz, die durch den Streß der *Midlife-crisis* des Mannes ausgelöst wird, könnte leichter durch ein Hobby oder durch die Zuneigung zu einem Haustier geheilt werden. Dies wirkt geistig entspannend und beseitigt daher die Hauptursache von Streß und streßbedingter Impotenz.

Der Frau können romantische oder poetische Vorstellungen in der Dunkelheit ihres Schlafzimmers helfen, ihre Frigidität zu überwinden. Falls die Frigidität durch Schuldgefühle infolge der sittlichen, religiösen oder gesellschaftlichen Erziehung einer Frau verursacht ist, könnte eine mögliche Lösung dieses weiblichen Problems darin bestehen, daß sie sich vorstellt, sie würde vergewaltigt und würde aus Mitleid mit dem Übeltäter nachgeben. Schuldgefühle kann man durch Mitleiden und Erbarmen abbauen.

Da Frigidität auf Vorurteilen beruht und Vorurteile durch den Neokortex erzeugt werden, können manche Frauen ihr Problem überwinden, indem sie bei entsprechendem Anlaß eine kleine Dosis ihres bevorzugten alkoholischen Getränks genießen. Als erstes erschüttert Alkohol nämlich die Funktion jener neuen Gehirnanteile, in denen die Vorurteile eingeprägt sind.

Übrigens kann es bei Impotenz wie auch bei Frigidität sehr hilfreich sein, wenn die Partner über diese Probleme reden und sich ein bißchen darüber lustig machen.

Die Menschen, insbesondere die männlichen, haben sich immer für Aphrodisiaka, Kräuter und chemische Substanzen interessiert, mit denen die sexuelle Potenz gesteigert werden könnte. Dabei bedenken sie natürlich nicht, daß hingebende Liebe das wirksamste Aphrodisiakum ist und daß die Ichsucht der schlimmste Feind der sexuellen Potenz ist.

Streß kann Unregelmäßigkeiten des Menstruationszyklus verursachen.

Dieser Streß, der oft bei beruflich äußerst engagierten Frauen, bei Hochleistungssportlerinnen oder übertrieben ehrgeizigen Schauspielerinnen vorkommt, ließe sich mildern, wenn die betroffenen Frauen sich durch Beschäftigung mit Spielzeug und mit Puppen entspannen würden. Wenn sich die Frauen in ihrer Wohnung eine Ecke einrichten könnten, in der sie das Spielzeug und die Puppen ihrer Kindheit aufheben würden, würde die Beschäftigung damit streßabbauend wirken. Es kann entspannend sein, wenn man sich, und sei es auch selten und nur für kurze Zeit, in die Kindheit zurückversetzt. Und bei denen, die durch das herannahende Alter unter Streß leiden, kann es durchaus verjüngend wirken, wenn sie sich in eine kindliche Stimmung zurückversetzen.

Posttraumatischer Streß

Eines der besten Beispiele, wie man mitten aus dem Leben heraus in die Streßsucht fliehen kann, ist der posttraumatische Streß. Menschen mit stark aufgeblähtem Ich ziehen sich immer mehr aus der Wirklichkeit, nachdem ein tragisches Ereignis ihr Leben erschüttert hat. Typische Beispiele für diese Art von Streß sind amerikanische, russische oder britische Soldaten, die beim Einsatz in Vietnam, Afghanistan oder auf den Falkland-Inseln erlebten, wie Menschen um sie herum starben. Ebenso reagieren auch manche, die Zeuge eines tödlichen Unfalls wurden. Die Hauptursache dieses Syndroms ist offenbar, daß dem Betroffenen die eigene Sterblichkeit und die Endgültigkeit des Todes schlagartig bewußt werden.

Die beste Therapie für Menschen, die unter dieser besonderen Form von Streß leiden, könnte darin bestehen, Selbsthilfegruppen oder Begegnungen zu organisieren, bei denen sich die Betroffenen über ihr tragisches Erlebnis aussprechen könnten. Traumatische Erlebnisse, über die man spricht, werden entdramatisiert und dadurch zu einem Teil des normalen Lebens.

Wenn man die Realität des Alltags akzeptiert, wird die Aufgeblähtheit des Ichs abgebaut, und dies wiederum verringert den Streß und eröffnet die Möglichkeit, geistig und körperlich gesünder zu leben.

Beruf

Es ist wissenschaftlich bewiesen, daß Menschen, die mit ihrer Arbeit zufrieden sind, weniger unter Streß leiden. Arbeit eignet sich sogar hervorragend, um streßbedingte Probleme zu bewältigen.

Arbeit selbst streßt uns vor allem dann, wenn wir zu glauben beginnen, daß wir einen anregenderen, besser bezahlten oder angeseheneren Job verdienen. Arbeitsbedingter Streß hängt daher vor allem mit Selbstüberschätzung oder Eigendünkel zusammen.

Streß bei der Arbeit gefährdet nicht nur die geistige und körperliche Gesundheit, sondern ist auch eine der Hauptursachen von Unfällen am Arbeitsplatz und anderswo.

Viele Fachleute behaupten, daß Streß umso wahrscheinlicher ist, je höher die Stellung oder der Rang in der Hierarchie. Das erklärt sich vielleicht dadurch, daß meist die überehrgeizigen und besonders anmaßenden Menschen, die ganz ausgeprägte Ängste empfinden, am ehesten die höchste Stufe der Karriereleiter erreichen. Sie treiben sich solange an, bis sie eine Stufe der Inkompetenz erreicht haben, und Inkompetenz ist äußerst stressig. Um den Streß der Inkompetenz zu mildern, fangen viele an zu trinken, werden Kettenraucher oder mitunter sogar Drogenkonsumenten, und all dies bewirkt nur, daß das belastende Gefühl der Unzulänglichkeit zunimmt.

Einige Experten erklären, daß die Verantwortlichkeit um so größer ist, je höher man in der Hierarchie emporsteigt. In Wirklichkeit erzeugt das Verantwortungsgefühl erst Streß, wenn jemand inkompetent ist. Wer kompetent ist, wird selten durch seine Arbeit gestreßt. Dem Kompetenten macht die Arbeit Spaß.

Mit Kompetenz verbindet sich auch ein gründlicherer und ausgiebigerer Gebrauch des Gehirns, somit differenzierteres Wahrnehmen und Denken, und das ist wesentlich, um richtig zu urteilen, schnell zu entscheiden und, vor allem, um Aufgaben zu delegieren.

Es ist interessant festzustellen, daß Frauen als leitende Angestellte zwar körperlich abbauen, aber meist weniger unter Streß leiden als die Männer. Das beruht vielleicht darauf, daß Frauen sich im allgemeinen von ihrer Begabung, ihrem Können und ihrer Kompetenz leiten lassen. Männer hingegen werden hauptsächlich von ihrem aufgeblähten Ich, von ihrem Dünkel geleitet. Frauen sind selten bereit, eine Position zu übernehmen, die sie nicht ausfüllen können. Vielleicht ist dies dadurch bedingt, daß die Frau von Natur aus eine bessere Einstellung zur Arbeit hat als der Mann. Intuitiv weiß die Frau, daß sie durch Arbeit ihre Fähigkeiten trainiert.

Nur wenn bestimmte übermäßig ehrgeizige Frauen mehr wollen, als sie können, geraten sie unter den gleichen Streß wie Männer.

Viele Angestellte beklagen sich, daß sie unter Streß stehen, weil sie zuviel zu tun haben. Doch zuviel Arbeit wie auch das Jammern darüber gehört irgendwie zum Prestige und ist Zeichen, daß man unentbehrlich ist. Prestige und Unentbehrlichkeit können sehr rasch krank machen.

Jeder intelligente Angestellte könnte seine Arbeitsüberlastung an geeignete Mitarbeiter delegieren und dadurch sein Streßproblem lösen, wenn er sich weniger wichtig nähme und vor allem sich nicht für unentbehrlich hielte. Manche leitenden Angestellten sind jedoch überrascht und enttäuscht zu entdecken, daß ihre Firma nach wie vor auch ohne sie prosperiert, nachdem sie pensioniert wurden.

Wer einen monotonen, langweiligen Job hat oder aus wirtschaftlichen Gründen eine Arbeit annehmen muß, für die er überqualifiziert ist, sollte sich ein Hobby zulegen, in das seine brachliegenden Talente und Energien einfließen können.

Ein großer Teil des Streß bei der Arbeit ist dadurch bedingt, daß viele junge Menschen ihren Beruf oder ihre Karriere eher nach den Bedürfnissen ihres Ichs wählen als mit Rücksicht auf ihren metabolischen Rhythmus, ihre körperlichen und geistigen Fähigkeiten und ihr wahres Ich.

Eltern, meist sind es die Väter, können das Leben ihrer Kinder ruinieren, indem sie diese zu Karrieren zwingen, die ihrem eigenen Prestige schmeicheln, ungeachtet, ob der betreffende Beruf der Begabung und den Neigungen des Kindes entspricht.

Im alten Rom gab es unter dem Einfluß des Stoizismus einen Kult um die Arbeit. Das Motto lautete »Age quod agis«, das bedeutet: Was immer man tut, das soll man richtig tun. Das heißt, das Wesen der Arbeit liegt in ihrer Qualität.

Der heutige Streß bei der Arbeit wird meist durch die westliche Gepflogenheit, möglichst viel in möglichst kurzer Zeit zu produzieren, verursacht. Wenn man die Arbeit nach der Menge der produzierten Güter bemißt, entsteht Zeitdruck, und dies erzeugt Druck und Streß, was sowohl die Qualität der Arbeit als auch die Lebensqualität beeinträchtigt.

In einem weiteren Sinn könnte man sagen, daß Frauen mehr an

der Qualität der produzierten Güter gelegen ist, während Männern meist die Menge derselben wichtiger nehmen.

Es könnte die Umweltbedingungen und damit die Lebensqualität verbessern, wenn die Qualität der Arbeit höher bewertet würde als die (quantitative) Produktivität. Tatsächlich werden wir früher oder später einsehen müssen, daß in Wirklichkeit die Besessenheit, immer größere Mengen zu produzieren, die Umwelt zerstört und damit zu Umweltbelastung führt. Dies erzeugt einen Überfluß, der das moderne Leben häßlich, vulgär und stressig macht. Häßlich ist alles, was über das notwendige Maß hinausgeht. Wie MICHELANGELO formulierte: »Schönheit ist die Reinigung von Überflüssigem.«

Bei unserer an Überfluß so reichen Zivilisation ist es unvermeidlich, daß unser Leben überaus häßlich und vulgär wird. Das Überflüssige ist häßlich, da es protzig ist. Protzen aber schüchtert ein und macht aggressiv.

Schönheit wirkt beruhigend, da sie harmonisch ist. Wegen ihrer beruhigenden Wirkung stellt Schönheit eine ausgezeichnete Therapie für gestreßte Menschen dar. Im wesentlichen ist Schönheit alles, was nicht einschüchternd und bedrohlich auf uns wirkt; wir sind ja im Grunde eine höchst unsichere und ängstliche Spezies.

Wenn wir uns angesichts von Schönheit entspannen, werden unsere Sinnesfunktionen und unsere Wahrnehmungsfähigkeit gesteigert, und unsere Gehirnaktivität wird intensiviert. Angesichts von Schönheit werden wir menschlicher, mitfühlender und liebevoller, weil die Aktivität unseres limbischen Systems gesteigert wird. Die verstärkte Aktivität unseres Neokortex beim Anblick von Schönheit erzeugt in der Regel einen Zustand heiterer Gelöstheit.

Um streßärmer zu leben, müssen wir eine bessere Lebensqualität anstreben.

Dies gelingt nur, wenn wir anspruchsloser leben, die Hast ablegen und unseren Lebensrhythmus verlangsamen. In Schönheit muß man sich ohne Eile versenken.

Leistungsstreß

Unterhaltungskünstler und Schauspieler leiden oft unter Lampenfieber. Bekanntlich kann Lampenfieber beim Musiker die Motorik, beim Schauspieler das Gedächtnis und beim Sänger die Stimmbänder blockieren.

Fast das ganze Leben ist jedoch eine Bühne, auf der wir unsere im Geist erträumte Rolle spielen, um Anerkennung und Applaus zu bekommen. Dies erzeugt, was ich den Leistungsdruck des Alltags nennen möchte. Dieser Leistungsdruck kann äußerlich sichtbar sein, da er unsere mimischen Muskeln verkrampft und dadurch unsere Sprechweise und unsere Mimik beeinträchtigt.

Einen großen Teil des Leistungsdrucks könnten wir beseitigen, wenn wir unsere Rolle weniger ernst nähmen und weniger dramatisch spielten, indem wir unsere Maske ablegten und anderen unser wahres Selbst zeigten.

Durch angemaßte Rollen verursachter Streß gibt unserem Reptiliengehirn ein größeres Gewicht auf Kosten des limbischen Systems und des Neokortex. Wenn wir Rollen spielen, hindert uns dies, Liebe und Freundschaft zu schenken und zu empfangen und groß zu denken.

Je intensiver wir im Leben Rollen spielen, umso größer wird der Streß, und mit zunehmendem Streß werden wir noch dramatischer. Dramatisches Gebaren wird vornehmlich vom Reptiliengehirn ausgelöst, dem für unser Überleben zuständigen Hirnteil.

Eine wirkungsvolle Therapie des Leistungsdrucks bestünde darin, Mitglied einer Laienspielgruppe zu werden. Durch eine Rolle im Amateurtheater könnte man lernen, wie man eine Rolle gestalten kann, wie man die Überernsthaftigkeit der im Leben angemaßten Rolle zurücknimmt. Man kann lernen, daß überzogenes Spiel lächerlich ist. Überernsthaftigkeit ist albern.

Professionelle Schauspieler und Unterhaltungskünstler könnten ihr Lampenfieber manchmal verringern, wenn sie versuchten, sich vorzustellen, daß sie nicht für das Publikum spielen, sondern mit ihrer eigenen Darbietung spielen, nur um des Spiels willen. Mit der eigenen Darstellung zu spielen würde zur Virtuosität führen.

Um Lampenfieber zu vermeiden, sollten Schauspieler niemals eine Rolle annehmen, sei sie noch so schmeichelhaft oder einträglich, die ihr Können überfordert. Wenn man beruflich kompetent ist, braucht man weder Lampenfieber noch Leistungsdruck zu fürchten.

Interessanterweise können Menschen, die in einer normalen Unterhaltung stottern, ganz fließend sprechen, wenn es um ein Thema geht, mit dem sie sich gut auskennen.

Angst vor Mißerfolg

Indem die westliche Kultur den Erfolg überbewertet, hat sie uns eine wesentliche Streßursache beschert. Die Überbewertung des Erfolgs steigert die Angst zu versagen. Wer Erfolg übermäßig ernst nimmt, der muß auch einen Mißerfolg übermäßig ernst nehmen. Dies führt zu Selbstvorwürfen, Selbstverachtung, Haß, Wut, Neid und Selbstmord.

Am ehesten läßt sich die Angst zu versagen überwinden, indem man die Vorstellung des Versagens entdramatisiert. Dies gelingt am besten, wenn man lernt, ein guter Verlierer zu sein. Ein guter Verlierer hat viele Freunde, da jeder Mensch ein Verlierer oder ein potentieller Verlierer ist. Ein guter Verlierer verbreitet eine Aura der Herzlichkeit und Gemeinsamkeit.

Die Angst zu versagen wird oft dadurch verursacht, daß man fürchtet, sich vor aller Augen lächerlich zu machen. Diese Angst ist leicht zu überwinden, wenn man Sinn für Humor hat oder sich über sich selbst lustig machen kann.

Auch die Vorstellung, daß Mißerfolg eine Chance, eine neue Herausforderung ist, kann die Angst davor verringern.

Wenn man es schafft, die Angst vor Mißerfolg abzuschwächen, wird auch die geistige und endokrine Aktivität des Gehirns und damit natürlich die Lebensqualität verbessert.

Kaufrausch

Die Zunahme des Stresses hat eine neue psychische Störung mit sich gebracht: den Kaufrausch – eine Art Zwangsneurose. Wir kaufen immer mehr, nicht aus Notwendigkeit, sondern aus einem inneren Zwang. Ich sagte schon, daß der Notwendigkeit Genüge getan ist, wenn wir haben, was wir wirklich brauchen. Zwanghaftes Kaufen kennt keine Grenzen, weil es von unserem kaum je zufriedenenzustellenden Geist diktiert wird; mit jeder Befriedigung nehmen seine Ansprüche zu und damit seine Erwartungen, seine Unzufriedenheit.

Zum zwanghaften Kaufen gesellt sich oft eine weitere Geistesstörung, die Neophilie, das ist eine zwanghafte Gier nach Neuem. Der Neophile hofft unbewußt, seine Unsicherheit oder Unzufriedenheit zu verringern, indem er neue Sachen erwirbt. Neophilie aber kann streßerzeugende Unsicherheit oder Unzufriedenheit nicht mindern, weil sie wie jede andere Gier auch unser Denkvermögen beeinträchtigt. Nur ein vertieftes, differenzierteres Denken könnte das Gefühl der Unsicherheit oder Unzufriedenheit, das durch die übertriebenen Erwartungen des Geistes erzeugt wurde, besänftigen oder beseitigen.

Das zwanghafte Kaufen, diese Streßfolge, brachte weiteren Streß mit sich: den Kreditkartenstreß. Clevere Geschäftemacher und skrupellose Banker haben die Geltungssucht, das materielle Sicherheits- und das Machtbedürfnis der Leute ausgebeutet. Die Banker wußten: Wenn sie den Leuten Kreditkarten gaben und somit ihre Sucht nach scheinbar unbegrenzter Macht über finanzielle Mittel (von denen sie eigentlich nur träumen) befriedigten, würden sie bald Kreditsüchtige haben. Eine Kreditkarte in der Tasche ist wie eine Schußwaffe, die man im Krieg bei sich trägt: Es juckt einen in den Fingern, sie auch zu benutzen. Kreditkarten steigern den Konsum, weil die Leute sich damit wichtig vorkommen. Manche Leute haben sogar ein besonderes Mäppchen für ihre verschiedenen Kreditkarten, mit denen sie gern protzen wie ein eitler General mit seinem Lametta.

Es ist eine Tatsache, daß Depressive mitunter in unnötigen Einkäufen, vor allem neuen Statussymbolen, vorübergehend Trost finden. Der hochgepuschte Konsum in den Industrieländern zeigt, wie sehr Depressionen in unserer Überflußgesellschaft verbreitet sind.

Als unvermeidliche Folge sind Menschen, die durch den Mißbrauch ihrer Kreditkarten Schulden haben, anfälliger für streßbedingte Krankheiten, Geistesstörungen und Unfälle als Leute ohne Schulden.

Schlaflosigkeit

Schlafstörungen zählen zu den unangenehmsten Streßfolgen. Fast jedes amerikanische Gesundheitszentrum verfügt heute über eine Abteilung, die sich mit diesem Problem beschäftigt. Neuere Daten aus Großbritannien zeigen, daß ein Drittel der Bevölkerung über schlechten Schlaf klagt.

Zu Schlaflosigkeit kommt es meist durch eine erhöhte Aktivität des Funktionskreises Hypothalamus-Hypophyse-Nebennieren. Diese Steigerung der Vitalfunktionen wird durch Sorge um unsere Wunschvorstellungen und Ambitionen ausgelöst. Eine der erfolgreichsten Kuren für diese Form der Schlaflosigkeit besteht darin, diese Ansprüche herunterzuschrauben, und dies gelingt leicht, indem wir unsere Leistungen ins Gedächtnis rufen.

Es kann beruhigend wirken, wenn man sich bestimmte entspannende Augenblicke aus der Vergangenheit vergegenwärtigt. Es kann auch die Entspannung fördern, sich an einen Ort zu erinnern, an dem man glücklich war oder sich sicher und geborgen fühlte.

Da der Geruchssinn stärker als die meisten Dinge die Erinnerung an frühere Erlebnisse wecken kann, könnten Menschen, die unter Schlafstörungen leiden, ihr Kopfkissen mit Düften imprägnieren, die sie an angenehme, glückliche Ereignisse der Vergangenheit erinnern.

Es kann sehr beruhigen, wenn man mit geschlossenen Augen im Bett liegt und sich die Farben einer friedlichen Sommerlandschaft vorstellt. Ebenso kann es den Geist friedlich stimmen, an ein schönes Erlebnis oder an die Großzügigkeit eines anderen Menschen zu denken.

Schlaffördernd wirkt selbstverständlich eher ein Lustspiel als der Krimi kurz vor Mitternacht. Durch Lachen werden nervöse Energie und Spannungen entladen.

Sorgenvolle Gedanken lassen sich vertreiben, indem man sich mit einem Schmusetier oder auch mit einem Knuddelspielzeug unterhält.

Anscheinend läßt sich Schlaflosigkeit verhüten, indem man mit der Nahrung genügend Proteine, etwa in Form von Milch und Milchprodukten zuführt. Milcheiweiß enthält nämlich die Aminosäure Tryptophan. Sie ist Ausgangssubstanz für die Bildung des Neutrotransmitters Serotonin, der den Schlaf zu bahnen scheint.

Eine mehr als häufige Ursache streßbedingter Schlaflosigkeit ist schlicht die Sorge, nicht einschlafen zu können. Darunter leiden vor allem Menschen, die alles immer sofort und auf der Stelle haben müssen. Diese Persönlichkeit mit dem Anspruch auf unmittelbare Triebbefriedigung steht unter einem permanenten Zeitdruck, der die schlafhemmende Spannung verursacht.

Diese ungeduldigen Menschen sollten stets im Bett lesen, bevor sie einzuschlafen versuchen. Lesen kann das Gefühl des Getriebenseins beseitigen oder verringern.

Eine Gruppe von Wissenschaftlern an der Universität von Kalifornien entdeckte im März 1990, daß Schlafentzug Depressionen schlagartig zu bessern vermag. Vielleicht, so spekulierten die Wissenschaftler, setzt unser Gehirn während des Schlafs bestimmte Substanzen frei, die unsere Stimmung im Wachzustand nachteilig beeinflussen.

Aber könnte es nicht auch eine einfachere Erklärung geben? Eine schlaflose Nacht macht uns körperlich müde. Körperliche Müdigkeit verringert unseren geistigen Dünkel und übertriebenen Ehrgeiz – die Hauptursachen der Depression. Körperliche Müdigkeit wirkt sich bei allen Geistesstörungen günstig aus, weil sie den Menschen näher an die Wirklichkeit heranführt. Körperliche Müdigkeit ist auch das wirksamste Schlafmittel.

Alpträume

Jede Zunahme von Streß, wie etwa Prüfungen, Umzug, ein neuer Arbeitsplatz, der Verlust eines geliebten Menschen, Scheidung oder Arbeitslosigkeit, kann Alpträume auslösen oder häufiger auftreten lassen.

Menschen, die an Hypochondrie, Paranoia, Depressionen, Hysterie oder Manien leiden, haben öfter Alpträume oder schrecken nachts aus bösen Träumen auf.

Auch bestimmte Krankheiten, Hilflosigkeit, Atemnot, Arznei- und Betäubungsmittel, die das Gleichgewicht der Neurotransmitter im Gehirn stören, indem sie die Konzentration von Dopamin oder Azetylcholin erhöhen und den Serotoninspiegel senken, können Alpträume verursachen.

Körperliche Müdigkeit kann auch Alpträume unterbinden. Kinder, die unter Streß stehen, leiden häufig unter Alpträumen. Dagegen hilft, wenn die Eltern ihren eigenen Streß abbauen. Am ehesten lassen sich kindliche Alpträume beheben, wenn Vater oder Mutter oder beide Eltern im Zimmer nebenan schlafen und die Tür zum Kinderzimmer offen lassen. Das Gefühl der Nähe gibt dem Kind Sicherheit und verringert die Alpträume.

Auch Erwachsene, die zusammen schlafen, haben seltener Alpträume als Alleinschläfer.

Alpträume sind eng an unser Reptiliengehirn gekoppelt. Da sie mit unserem Reptilienerbe zusammenhängen, sind sie meist gewalttätig, brutal und erschreckend; denn das Reptilienhirn ist für unser Überleben zuständig.

Sehr phantasievolle Menschen, wie Dichter, Künstler, Schriftsteller oder Menschen, die gefährlicher leben, weil die Kluft zwischen ihren Erwartungen und der Wirklichkeit größer ist, haben bekanntlich mehr Alpträume als Menschen mit anderen Berufen oder Berufungen.

Bluthochdruck

Streß ist eine sehr häufige Ursache des Bluthochdrucks. Dies beruht hauptsächlich auf Übereifer des Geistes. Wenn wir uns in die Ungewißheit zu hoch gespannter Erwartungen manövrieren, entsteht in uns ein ausgeprägtes Gefühl des Drucks, der Übereifer erzeugt. Dieses Druckgefühl ist besonders ausgeprägt bei überehrgeizigen Menschen, wenn sie ins mittlere Lebensalter kommen. Dann wird ihnen nämlich auf einmal klar, daß sich das Leben dem Ende zuneigt und ihnen nicht mehr viel Zeit bleibt.

Übereifer beschleunigt unseren Schritt und zwingt uns zur Eile. Tatsächlich treibt uns der Übereifer an, damit wir bloß nichts versäumen.

Wenn wir uns beeilen, sollten wir dadurch eigentlich Zeit gewinnen, um das Leben zu genießen und uns zu entspannen. Eile sollte ein Mittel sein, das uns zu Sicherheit, Ruhe und Heiterkeit führen sollte, aber sie wurde zum Selbstzweck, zum Wert an sich. Eile ist zu einer zwanghaften Störung geworden. Mehr noch, wir sind geradezu stolz auf die Eile, überzeugt, daß sie unser Image und unsere Wichtigkeit erhöht. In den USA wird Eile ganz groß geschrieben, und das hat zur welthöchsten Erkrankungsziffer an Bluthochdruck geführt.

Bluthochdruck läßt sich senken, indem man seinen übertriebenen Ehrgeiz abbaut. Das würde unseren Übereifer und damit auch die Schnellebigkeit reduzieren. Sich abregen heißt die Devise, um das Problem des Bluthochdrucks zu lösen.

Mit zunehmendem Alter wird Bluthochdruck häufiger, weil wir unsere Lebensweise mit den Jahren nicht etwa ändern, sondern mit demselben Tempo wie in jungen Jahren weiter durch das Leben hetzen. Mit fortschreitendem Alter sollten die Menschen Hobbys entwickeln. Hobbys sind beruhigende Aktivitäten.

Unser Eifer richtet sich größtenteils auf Verbesserung oder Wachstum. Wachstum wird zur Besessenheit. Würden wir innehalten und trotz unserer Anmaßung die Natur beobachten, deren Teil wir sind, dann würden wir erkennen, daß kein Baum und keine Pflanze während der Wachstumsperiode Blüten oder

Früchte bildet. Dies geschieht erst im Zustand der Reife, und wenn die Reife einsetzt, hört das Wachstum auf. Wenn wir die Heiterkeit der Fruchtbarkeit und Reife genießen wollen, müssen wir unsere Wachstumsbesessenheit aufgeben, um so mehr, weil diese zur Folge hat, daß wir immer mehr überflüssige und unnötige materielle Güter erwerben.

Alkoholismus und Drogenmißbrauch

Jeder weiß, daß Mißbrauch von Alkohol und Drogen unsere geistige und körperliche Gesundheit untergräbt, daß er die Hauptursache von Verkehrsunfällen und ein häufiger Grund für Mord und Selbstmord ist.

Die meisten Fachleute, die sich mit diesem Thema befassen, erklären, daß Alkohol- und Drogenmißbrauch eine Flucht ist, eine Flucht vor der Wirklichkeit. Allerdings erklären sie nicht, welcher Wirklichkeit die Betreffenden zu entfliehen trachten.

Ich glaube, daß Alkoholiker und Drogensüchtige sich der Familiendisziplin, gesellschaftlichen Verpflichtungen, moralischen Pflichten, menschlicher Verantwortung, eigener Anstrengung oder persönlichen Opfern entziehen und oft auch aus Recht und Ordnung ausbrechen wollen. Diese Werte können bei einem Ich, das extrem hochgespannte Erwartungen hegt, Streß auslösen. Die betreffenden Personen wenden sich von diesen Werten ab, indem sie ihren eigentlichen Urheber, den Neokortex, verwirren oder betäuben.

Der Neokortex, diese entwicklungsgeschichtlich neueste Erwerbung, wird als erstes durch Alkohol oder Narkotika funktionell beeinträchtigt oder substantiell geschädigt. In zweiter Linie wird das limbische System erschüttert oder geschädigt. Am Ende ihrer Karriere bleiben chronisch Alkoholkranke und Drogenabhängige von ihrem Reptiliengehirn beherrscht.

Tatsächlich büßen Alkoholkranke und Drogenabhängige die artikulierte, fließende Sprache ein, das soziale und sittliche Gewissen und die Achtung vor den Regeln von Recht und Ordnung, die alle hauptsächlich vom Neokortex gesteuert werden. Sie werden außerdem antisozial, abweisend, unmenschlich und neigen zu Verlust des Gedächtnisses und der Lernfähigkeit, Funktionen, die das limbische System reguliert. Zu guter Letzt sind sie unsensibel, selbstsüchtig, ichbezogen und einsam, mit einer primitiven Art des Denkens und der Logik, die dem Reptiliengehirn gemäß sind.

Indem sie auf die Stufe des Reptiliengehirns regredieren, erwerben die chronischen Alkoholiker und Drogensüchtigen jedoch atavistische Ängste. Ich denke, daß diese primitiven Ängste unserer Spezies die Entwicklung des limbischen Systems und des Neokortex gefördert haben. Tatsächlich tragen beide Hirnstrukturen dazu bei, diese Ängste zu besänftigen – das limbische System über Geselligkeit und Gemeinschaftsgefühl, der Neokortex über das bewußte Denken.

Da bei Alkoholikern und Drogensüchtigen die Aktivität dieser beiden Hirnstrukturen schwer geschädigt wird, stellen sich bei ihnen wieder primordiale Ängste und Verletzlichkeiten ein. Tatsächlich spricht einiges dafür, daß die Wahnvorstellungen und Alpträume von Alkoholikern und Drogenabhängigen mit diesen atavistischen Ängsten zusammenhängen.

Den Alkoholiker und den Drogensüchtigen quält vor allem die eine Angst, die leicht in Verzweiflung oder Entsetzen umschlagen kann: die Angst, dorthin zurückzukehren, von wo er geflohen ist, zu der Aktivität der neuen Hirnstrukturen und ihren Werten. Diese Angst beginnt, sobald die Wirkung des Alkohols oder der Drogen im Gehirn nachläßt. Die Anzeichen dieser fürchterlichen Angst sind als sogenanntes Entzugssyndrom sichtbar. Das ist der Augenblick, in dem der Alkoholiker nach Schnaps lechzt und der Drogensüchtige alles für einen »Schuß« geben wird.

Alkoholmißbrauch vermindert die sexuelle Potenz. Ob das vielleicht daran liegt, daß der Alkohol die Leistungsfähigkeit der für Emotionen zuständigen Hirnstrukturen herabsetzt?

Alkoholismus und Drogensucht beginnen mit der Entwicklung des Geistes und seines Wunsch-Ichs. Dieser Prozeß setzt in der Adoleszenz ein und dauert fort, indem die jugendlich-unreife Mentalität ins Erwachsenenalter und ins Alter hinübergenommen wird.

In den westlichen Ländern steigert der materielle Fortschritt die Erwartungen und Ansprüche des einzelnen. Mit unseren Erwartungen und Ansprüchen nehmen auch unsere Frustrationen und unser Streß zu. Diese Zunahme von Frustration und Streß beim extrem aufgeblähten Ich ist die Hauptursache nicht nur von Alkoholismus und Drogensucht, sondern ganz allgemein von Verbrechen, vor allem Verbrechen im Zusammenhang mit Alkoholismus und Drogenabhängigkeit. Andererseits hat bekanntlich die bedrückende Wirklichkeit in den Ländern des »real existierenden Sozialismus« ein gewaltiges Alkoholismus-Problem geschaffen.

Eine Chance, »trocken« oder »clean« zu werden, haben insbesondere junge Suchtkranke in Programmen, in denen sie Gärtnerei, Ackerbau, Tierzucht oder auch handwerkliche Arbeiten lernen. Gartenbau und Landwirtschaft bringen ein unmittelbares Erfolgserlebnis, weil man das Ergebnis der Arbeit gleich mit Händen greifen kann. Auch handwerkliche Arbeiten können schnelle Befriedigung über eine ordentlich vollbrachte Leistung vermitteln.

Alle diese Tätigkeiten haben eins gemeinsam: Sie können allein verrichtet werden, was der einzelgängerischen Mentalität des Alkoholikers und des Drogenabhängigen entgegenkommt.

Viele Experten fordern, daß Alkoholiker und Drogensüchtige wieder in die Gesellschaft integriert werden müssen. Dies wäre leichter zu bewerkstelligen durch eine Übergangszeit alleiniger Aktivität, in welcher der Alkoholiker oder Drogensüchtige die Befriedigung durch eigene Leistung entdecken kann, wodurch er ein gewisses Selbstvertrauen aufbaut. Nur Selbstvertrauen auf der Grundlage beruflicher Kompetenz kann einem Suchtkranken helfen, wieder in der Gesellschaft Fuß zu fassen.

Depressionen

Die Depression ist eine der am weitesten verbreiteten Folgen von geistig inspiriertem Streß. Meist empfindet der Depressive ein Gefühl der Wertlosigkeit, das immer dann eintritt, wenn er erkennt, daß er unfähig ist, seine Wunschvorstellungen zu verwirklichen. Dies aber kann niemals gelingen, wenn diese Vorstellungen einer extremen Selbstüberschätzung entspringen. Das Gefühl der Wertlosigkeit zeitigt Mutlosigleit, Desinteresse, ein Gefühl der Hilf- und Hoffnungslosigkeit, der Sinnlosigkeit.

Minderwertigkeitsgefühle lassen sich leicht abbauen oder überwinden, indem man das Gefühl entwickelt, gebraucht zu werden, und jeder Mensch wird gebraucht, wenn er sich nur von seiner Selbstüberschätzung befreit. Wenn wir es schaffen, daß unser Dasein für einen anderen Menschen oder für ein Haustier wichtig wird, können wir eine Depression verhüten oder heilen. Indem wir geben, können wir ein leeres in ein sinnvolles Dasein verwandeln.

Immer wenn wir uns in eine Lage manövrieren, die uns überfordert, werden wir hoffnungslos und hilflos. Wenn wir vom hohen Roß auf die uns gemäße Ebene herabsteigen, erlangen wir jenes gesunde Selbstbewußtsein, das sich auf Kompetenz gründet.

Viele Depressive entwickeln einen tiefen Selbsthaß, der sehr leicht zu Selbstmordgedanken führt. Meist tritt dieser Selbsthaß auf, wenn wir in unserer Eigenliebe enttäuscht werden, und das passiert, wenn wir diese übertreiben. Selbstsüchtige Eigenliebe wird am besten durch selbstlose Liebe kuriert.

Liebe zu anderen verlangt Verzicht. Der Verzicht aber gibt uns eines der besten Gefühle, nämlich Lebensfreude. Die Lebensfreude fällt uns zu, wenn wir aufhören, ständig nach dem Sinn des Lebens zu fragen.

Viele Depressive klagen, daß ihr Leben sinnlos sei. Zu dieser Schlußfolgerung gelangen sie immer, wenn das wirkliche Leben ihres in selbstsüchtigen Träumen befangenen Daseins spottet.

Je aufgeblähter das Ich, desto größer ist die Neigung zur Depression. Schon ARISTOTELES fragte sich, warum alle hervorragenden Philosophen, Politiker, Dichter und Künstler zutiefst melancholisch sind. Diese Frage ließe sich dahingehend beantworten, daß solche Männer meist eine hohe Meinung von sich haben, die oft von der Wirklichkeit konterkariert wird, was sie kränkt. Ein gekränktes Ich jedoch ist ein depressives Ich, und das depressive Ich macht auch körperlich krank. Ein italienischer Bauer erklärte mir einmal seine Auffassung von Evolution: Die Pflanze nährt sich von Mineralien, das Tier frißt die Pflanzen, der Mensch ernährt sich von Tieren, und der menschliche Geist frißt den Menschen auf.

Mit dem Kindbett und mit der Menopause gehen bestimmte biochemische und hormonelle Veränderungen einher, die zum Teil depressive Verstimmungen erzeugen können. Es gibt außerdem prämenstruell depressive Spannungszustände heutzutage spricht man von prämenstruellem Syndrom. Diese physiologischen Veränderungen oder Gleichgewichtsstörungen können auch wirklich verschiedene Grade der Depression erzeugen, wenn man sie als Drama wertet oder ihre Bedeutung übertreibt. Und in der Tat: Je dramatischer die Persönlichkeit einer Frau ist, desto dramatischer wird sie diese Veränderungen werten.

Panik

Extremer Streß kann einen Zustand von Panik auslösen, in dem wir überwiegend von unserem Reptilienerbe beherrscht sind.

Gegen einen akuten Anfall von Panik kann man nichts tun, aber man kann Panik leicht verhindern, wenn man bedenkt, daß Panik zum großen Teil mit Phobien zusammenhängt und daß man Phobien verhüten, mildern oder beseitigen kann, da sie mit unserer geistigen Aktivität zusammenhängen, die wiederum beeinflußbar ist.

Die meisten Phobien sind Flucht- oder Abwehrreaktionen eines übersteigerten Eigendünkels oder starker Überheblichkeit. Somit läßt sich eine Phobie am ehesten bessern oder heilen, indem man den Eigendünkel und die Überheblichkeit abstellt. Das ist einfach zu bewerkstelligen, indem wir uns darüber lustig machen, über unsere Vorurteile und Voreingenommenheiten lächeln, von denen die Phobien hauptsächlich ausgelöst und unterhalten werden. Phobien sind lächerlich, und dem begegnet man am besten dadurch, daß man darüber lacht.

Das Wesen der Phobie zeigt sich ganz deutlich bei der Xenophobie, der Fremdenfeindlichkeit. Der Xenophobiker haßt Ausländer. Dabei verbirgt er seine eigene Minderwertigkeitsgefühle hinter seinen Vorurteilen der nationalen Überlegenheit.

Phobien kann man auch behandeln, indem man sie im Geist auslebt, indem man sich stressige und angsterregende Situationen vorstellt und in der Phantasie durchspielt. Phobien auszuleben wirkt beruhigend, und das weitet unser Denken. Wenn wir gründlicher denken, können wir uns die Phobien wegargumentieren.

Phobiker könnten sich in einer örtlichen Selbsthilfegruppe zum Erfahrungsaustausch treffen, das würde ihnen helfen, ihre Rigidität und ihren Starrsinn zu mildern.

Hysterie gleicht der Panik insofern, als beide Zustände überwiegend durch das Reptiliengehirn dominiert sind: Beide implizieren extreme Ichbezogenheit.

Hysterie tritt immer dann auf, wenn unsere Erwartungen nicht erfüllt worden sind oder wenn wir mit Situationen konfrontiert sind, die von uns verlangen, eine angenehme und sichere Lage für eine weniger angenehme und weniger sichere aufzugeben. Hysterie läßt sich verhindern oder beheben, indem man Selbstsucht und Ichbezogenheit abbaut oder indem man einfach ein guter Verlierer wird.

Selbstmord

In vielen Ländern wird Selbstmord immer mehr zum Problem. Täglich nehmen sich auf unserer Erde etwa tausend Menschen das Leben. In den vergangenen zwanzig Jahren ist die Selbstmordrate in den USA um 400 Prozent angestiegen.

Selbstmord und Streß hängen unmittelbar zusammen. Ich sagte bereits, daß extremer Streß suizidales Verhalten induziert, da er die Aktivität des Funktionskreises Hypothalamus-Hypophyse-Nebennieren steigert und dadurch den Serotonin-Stoffwechsel massiv stört. Niedrige Serotonin-Konzentrationen im *Liquor cerebrospinalis* (Flüssigkeit in Gehirn und Rückenmark) sind mit einem erhöhten Risiko für depressive Verstimmungen, Melancholie, Feindseligkeit und suizidales Verhalten verbunden.

Auch wenn wir nicht alle Ängste in unserem Leben ausschalten können, sind wir doch in der Lage, extreme Ängste und Streß zu beheben, da sie Gebilde übersteigerter geistiger Anmaßung sind.

Ein wenig Bescheidenheit und Demut können Dünkel und Arroganz leicht dämpfen. Wir sollten unsere Kinder lehren und andere Menschen darauf hinweisen, daß Bescheidenheit und Demut gesünder sind als übertriebener Ehrgeiz und Unersättlichkeit. Mehr noch, hinsichtlich unserer Lebensqualität und Lebensdauer sind Bescheidenheit und Demut auf Dauer erfolgreicher als übertriebener Ehrgeiz und Arroganz. Vor allem führen Bescheidenheit und Demut niemals zu Depression, suizidalem Verhalten oder anderen seelischen Störungen.

Wenn wir einsichtiger werden, erkennen wir, daß der Gedanke, sich umzubringen, lächerlich ist. Die lächerliche Seite des Selbstmordes ist die Tatsache, daß der Suizid die todsichere Lösung eines trivialen Problems ist, so als würde man sich köpfen lassen, um Kopfschmerzen zu beseitigen.

Die Tatsache, daß wir die einzige Spezies sind, die freiwillig Selbstmord begeht, macht uns gleichzeitig zur einzigen lächerlichen Spezies.

Jene, die versuchen, die Aufmerksamkeit auf sich zu lenken, indem sie einen Selbstmord simulieren, sind noch lächerlicher, denn nicht selten enden diese demonstrativen Selbstmordversuche tragisch. Bevor Menschen, die sich das Leben nehmen wollen, um Zuwendung jammern, sollten sie einmal darüber nachdenken, was sie für andere getan haben, um deren Zuwendung zu verdienen. Dächten sie selbst an andere, dann würde sich der Gedanke an Selbstmord bald verflüchtigen.

Allergien

Es ist nachgewiesen, daß Menschen unter Streß auf äußerlich einwirkende Stoffe eher allergisch reagieren. Das ist auch logisch, weil Streß unsere körpereigenen Abwehrkräfte schwächt. Tatsächlich haben unter dem stetig wachsenden Streß in der westlichen Welt alle Arten von Allergien rapide zugenommen. Heuschnupfen etwa, den es in Europa und in den USA vor 150 Jahren noch gar nicht gab, quält heute bereits 15 Prozent der Bevölkerung der Industriestaaten.

Statt sich an Spezialdiäten zu halten oder sich einer Behandlung mit Antiallergika zu unterziehen, wäre es weitaus sinnvoller, den geistig induzierten Streß zu verringern, der oft durch extreme Sorge um das eigene Ich verursacht ist. Hypochonder, die ganz besonders auf sich bedacht sind, bekommen leichter Allergien als andere Menschen.

Autoimmunkrankheiten

Die Menschen sollten ernsthaft in Betracht ziehen, ihren geistig erzeugten Streß zu verringern, da es eine positive Korrelation zwischen Streß und drei entstellenden und unheilbaren Krankheiten gibt: nämlich Autoimmunkrankheiten, Rheumatoide Arthritis und Multiple Sklerose.

Die Autoimmunkrankheit oder Allergie gegen körpereigene Stoffe beginnt, wenn der Organismus anfängt, gegen die eigenen Zellen Antikörper zu bilden. Ich sagte bereits, daß es einen innigen Zusammenhang gibt zwischen Streß und der Aktivität und Leistungsfähigkeit unseres Immunsystems.

Dieser tückischen Krankheit kann man wirksam vorbeugen, indem man das Leben weniger gierig konsumiert und die eigenen Probleme weniger dramatisiert.

Die gleiche Überlegung könnte man auf die Rheumatoide Arthritis und auf die Multiple Sklerose anwenden. Es kann zur Verhütung dieser Krankheiten beitragen, wenn man versucht, das Leben weniger auszubeuten. Und die beste Therapie dieser Krankheiten besteht darin, den Lebensrhythmus gleichmäßiger zu gestalten und alles gemächlicher anzugehen.

Ähnliche Überlegungen könnten auch für die Addison-Krankheit gelten, eine mangelhafte oder fehlende Sekretion der Nebennierenrindenhormone. Die Nebennieren sind an den Hypothalamus gekoppelt, der überaus empfindlich auf geistig induzierte Sorgen und Ängste reagiert.

Aids (Erworbenes Immunschwäche-Syndrom)

Für eine virustatische Therapie oder eine Impfung gegen Aids sind bislang mehr Geld und mehr renommierte Forscher investiert worden als dafür, die Risikogruppen aufzuklären, daß sie die Effizienz ihrer immunologischen Abwehrkräfte steigern müssen, indem sie ihren Streß abbauen. Ich sagte ja schon, daß es wissenschaftliche Erkenntnisse gibt, die belegen, daß Streß unsere natürlichen Abwehrkräfte schwächen kann.

Wäre es nicht auch klug gewesen, Zeit und Geld zu investieren, um zu erforschen, wie die Effizienz unserer immunologischen Abwehrkräfte gesteigert werden kann?

Wäre es nicht logischer gewesen, die Psychoneuroimmunologie stärker zu fördern, jene neue Wissenschaft, die auf dem Prinzip beruht, daß man das Immunsystem und die Widerstandskraft gegen Krankheiten geistig beeinflussen kann? Ein Infektionserreger ist ein notwendiger, aber nicht ausreichender Kausalfaktor bei einer Infektionskrankheit. Die Infektiosität oder Virulenz eines Erregers hängt auch davon ab, wie leistungsfähig die körpereigene Abwehr ist.

Ohne ein gut funktionierendes Immunsystem wird es in den Gruppen mit besonders großem Erkrankungsrisiko immer noch Personen geben, die auch bei einer wirksamen Aids-Therapie für opportunistische Infektionen, wie etwa Pneumonie, Tuberkulose, Herpes und Herpes zoster, Soor, Kaposi-Sarkom und andere bösartige Tumoren, anfällig sind.

Ein Virus kann von einem Virusträger übertragen werden, aber um wirksam zu werden, müssen die Abwehrkräfte der infizierten Person gering sein. Jeder Mensch trägt Tausende von Viren und Bakterien, von Geburt an oder im Laufe des Lebens erworben, in seinem Organismus. Sie rühren sich nicht, solange das Immunsystem intakt ist.

Wäre es nicht möglich, daß sich Aids dann entwickelt, wenn die Immunabwehr infolge Streß oder infolge einer anderen Infektion, auf ein besonders niedriges Niveau gesunken ist? Wäre es nicht denkbar, daß Aids dann für das Immunsystem tödlich wird, wenn dieses irreparabel vorgeschädigt ist?

Die schlimmsten Feinde unseres Immunsystems sind Spannung und Streß.

Jede geistige Haltung, die nicht mit der Natur übereinstimmt oder harmoniert, jede unsere Fähigkeiten überfordernde Rolle oder Haltung, alle aus übertriebenen Erwartungen geborenen Ansprüche führen zu einer gewissen Gefährdung oder Bedrohung des Daseins. Jedes unnatürliche Dasein steigert den Streß.

Wenn Spannungen oder Streß lange anhalten oder sich häufen, treten verschiedene Veränderungen im Blutbild auf, insbesondere kommt es zu einer Leukopenie, das ist eine Abnahme der Leukozyten oder weißen Blutkörperchen weit unter die Norm. Die weißen Blutkörperchen sind für die Abwehr von Krankheitskeimen verantwortlich.

Eine geistig induzierte Schwächung der Immunlage läßt sich besonders prägnant am »Syndrom des gebrochenen Herzens« darstellen, bei dem der Streß der Einsamkeit bewirken kann, daß ein Mensch sehr bald nach dem Tod des Partners oder eines geliebten Menschen ebenfalls stirbt.

Daß der Geist die Abwehrkräfte des Körpers beeinflussen kann, ist auch daraus ersichtlich, daß in allen Kulturen in der Woche vor hohen religiösen Feiertagen ein Drittel weniger alte Menschen sterben. Der Vorfreude auf das Fest folgt nach den Feiertagen eine Depression, welche die Zahl der Todesfälle unter den alten Menschen wieder um ein Drittel ansteigen läßt. Nach der Ekstase kommt anscheinend die Agonie.

Wir sollten eine der Grunderkenntnisse der Medizin bedenken: daß wir im wesentlichen unseren eigenen Lebensstil und vor allem auch seine Exzesse selbst wählen, die oft zu einer Schwächung des Immunsystems führen, welche die Entwicklung bestimmter Krankheiten fördert. Die beste Behandlung und die

Verhütung dieser Krankheiten wird erreicht, indem wir unsere Lebensweise ändern und Exzesse vermeiden.

Viele Menschen vergiften ihren Organismus mit allen möglichen Medikamenten, um eine durch die Lebensweise verursachte Krankheit zu kurieren. Sie sind aber nicht bereit, ihre Lebensweise zu ändern, denn das würde ja ihr Wunsch-Ich vom Sockel stoßen.

Es ist durchaus wahrscheinlich, daß moralische Haltung, guter Geschmack und gesunder Menschenverstand ursprünglich von Gesundheitsgründen inspiriert waren. Im Verlauf der Geschichte wurden Epidemien oft als Strafe Gottes für Exzesse genommen.

Die Geschichte zeigt außerdem, daß sich nach Epidemien die Moral, der gute Geschmack und der gesunde Menschenverstand bessern.

Jeder kann die Effizienz seiner Immunreaktionen steigern, indem er Spannungen, Überanstrengung und Streß reduziert. Dies geschieht am besten, indem man eigene übertriebene Ernsthaftigkeit, Dünkel und Wichtigtuerei verlacht.

Ich möchte dieses Kapitel mit dem Hinweis beenden, daß Untersuchungen am Institut für Erkältungsforschung im englischen Salisbury gezeigt haben, daß sich sehr ernste Menschen leichter einen Schnupfen holen als fröhliche. Was für Schnupfen gilt, könnte auch für andere Krankheiten zutreffen.

Altern

Streß beschleunigt das Altern, da er unser Reparatur- und Immunsystem schwächt.

Die Angst vor dem Alter ist die Hauptursache von Streß bei alten Menschen. Das beste Mittel gegen vorzeitiges Altern ist die Wiederentdeckkung des Spiels. Es gibt Spiele für jedes Alter. Spielen verjüngt, und ein jung gewordener oder jung gebliebener Mensch betrachtet das Leben optimistischer.

Ältere Menschen neigen dazu, das Leben in negativem Licht zu betrachten, meistens, weil sie sich einreden wollen, daß das Leben nicht mehr lebenswert sei. Diese Einstellung bewirkt nur, daß sie unsere Welt beleidigt und voll Überheblichkeit verlassen.

Die älteren sollten lernen, daß diese negative Haltung den jüngeren Menschen gegenüber unfair ist. Die junge Generation arbeitet hart – auch damit die Renten und die Betreuung der alten Menschen finanziert werden können. Die Alten sollten sich moralisch verpflichtet fühlen, fröhlich und freundlich zu sein, damit ihre optimistische Haltung die jüngeren Generationen ermutigt. Das wäre der Sinn der oft zitierten Weisheit des Alters.

Die steigende Zahl alter Menschen mit langen Gesichtern und mürrischer Miene kann junge Leute nur erschrecken und bewirken, daß diese sich zurückziehen und gleichgültig werden.

Es wäre hilfreich, wenn die Älteren sich und ihr Alter humorvoller nähmen. Das wäre leicht zu bewerkstelligen, wenn sie sich auch mal über sich und ihr Alter lustig machen könnten und es als ein Geschenk des Lebens betrachten würden.

Für manche alten Menschen mag das zu schwer sein, aber zumindest sollten sie doch in der Öffentlichkeit lächeln. Ein Lächeln wirkt einnehmend und beschwichtigend. Lächeln ist universal und wird von jedem verstanden. Es ist die nonverbale Einladung zu friedlichem, freundlichem Miteinander. Lächeln beseitigt streßerzeugende Barrieren, es bewirkt einen Zauber, der den heute so nötigen Kontakt zwischen alten und jungen Menschen fördert.

Da die Alten über mehr Zeit verfügen als die meisten jungen Menschen, könnten sie durchaus den jüngeren beim Warten auf den Bus, am Post- oder Bankschalter den Vortritt lassen. Dies würde sie nicht nur in der Gemeinschaft beliebt machen, sondern könnte auch die jungen veranlassen, weniger zu hetzen, abgesehen davon, daß es in ihnen die wohltuende Gabe der Dankbarkeit fördern würde.

Wenn die Alten durch die Stadt schlendern, könnten sie gelegentlich Abfall einsammeln und in den Papierkörben deponieren. Das wäre nicht nur eine gute körperliche Übung, sondern auch ein gutes Beispiel, dem andere bald folgen würden.

2. Therapeutische Massnahmen

Humor als Therapie

Es gibt keinen einzigen geistig induzierten Streß, der nicht durch seinen mächtigsten Feind gedämpft oder beseitigt werden könnte: nämlich durch Sinn für Humor. Die billigste und wirksamste Methode, Streß zu verringern oder zu eliminieren, ist die, den Geist in die Niederungen der Wirklichkeit herunterzuholen, und das ist möglich, indem man seiner Überernsthaftigkeit spottet. Überernsthaftigkeit reizt zum Lachen, weil sie lächerlich ist. Wir halten uns etwas darauf zugute, daß wir die einzige Spezies sind, die lachen kann. Wir sind aber auch die einzige lächerliche Spezies, die einzige Spezies, die sich zu ernst nimmt.

Wenn wir alles mit Humor betrachten, wahrnehmen und beurteilen, beruht das auf einer Gehirnaktivität ohne Spannung oder Streß, die ja durch geistige Frustration oder Unzufriedenheit erzeugt werden, und ohne ein bedrohtes oder verletzliches idealisiertes Ich.

Die einzige Möglichkeit, die Welt um uns herum realistisch zu betrachten, wäre, unser Wunsch-Ich zu begraben, unsere Bestrebungen nach dem wahren Ich zu orientieren. Wir dürfen niemals vergessen, daß unsere Unzufriedenheit und unser Elend größtenteils vor allem durch die Kluft zwischen den unberechenbaren Ansprüchen unseres aufgeblähten Ichs und den Fähigkeiten unseres wahren Ichs, diese Ansprüche zu verwirklichen, verursacht sind.

Sinn für Humor können wir lernen, indem wir spielerisch mit dem Ich und seinen Ansprüchen umgehen, unsere Masken, Posen und angemaßten Persönlichkeiten als Jux ansehen, unsere Überernsthaftigkeit nicht ernst nehmen, indem wir einen Sinn für die eigene Lächerlichkeit entwickeln. Menschen, die sich selbst nicht so wichtig nehmen, die wissen, daß die Friedhöfe voll sind von den Gräbern derjenigen, die sich für unentbehrlich hielten, sie haben Sinn für Humor. Der englische Essayist Samuel But-

LER (1835 – 1902) spricht von einem »Sinn für Humor, der genügend ausgeprägt ist, daß er dem Menschen seine eigene Absurdität wie auch die der anderen vor Augen führt.«

Indem wir über uns lachen können, setzen wir uns auch über die schreckliche Angst hinweg, daß wir uns zum Narren machen oder lächerlich wirken könnten. »Wer über sich lacht, ist nicht lächerlich«, heißt es bei SENECA. Wenn einen die Angst verfolgt, man könnte sich zum Narren zu machen, wird man lächerlich, weil man übermäßig ernst reagiert.

Wenn man das Leben als Spiel kosmischer Kräfte betrachtet, kann Sinn für Humor einen großen Teil der menschlichen Destruktivität beseitigen. Vielleicht ist es dies, was WILHELM RAABE meinte, als er schrieb: »Wir können im Strom des Lebens nur überleben, wenn wir auf einem Rettungsring aus Humor schwimmen«.

Wenn wir das Leben als absurdes Spiel auffassen, das die Sonnenenergie aus anorganischem Material aufleben läßt, wenn wir es als ständiges Werden und Vergehen betrachten, wenn wir begreifen, daß jeder Takt, jede rhythmische Bewegung des Lebens, wie die Atmung, zwischen Tod und Wiedergeburt erfolgt, dann können wir eine gewisse Liebe gegenüber allem Lebendigen entwickeln.

Das Leben ist ein Geschenk der kosmischen Kräfte, und für ein Geschenk sollten wir dankbar sein.

Sinn für Humor befreit unser Wahrnehmungssystem von der durch Überernsthaftigkeit erzeugten Hemmung und befähigt uns dadurch, die menschliche Armseligkeit großherzig zu sehen. Der schottische Historiker THOMAS CARLYLE hatte das erkannt, als er schrieb: »Das Wesen des Humors ist Empfindsamkeit: warmes liebevolles Mitgefühl mit allen Formen des Daseins.«

Sinn für Humor macht großherzig, denn er hilft uns zu erkennen, daß Lächerlichkeit zum großen Teil aus menschlichem Leiden, aus einer pathetischen Verzweiflung besteht, eine Folge von Anmaßung und Jagd nach ehrgeizigen Wunschträumen.

Sinn für Humor befreit nicht nur unser nüchternes und realistisches Denken von der Einschüchterung durch irrationales

Wunschdenken, sondern hält auch die intelligente Aktivität unseres Gehirns wach und lebendig.

Sinn für Humor wappnet uns gegen Ideologien, Aberglauben, Dogmen und Vorurteile und befähigt uns deswegen, in wirklicher Freiheit zu leben, in Freiheit von Streß und Frustrationen.

Humor ist ansteckend. Deswegen kann Sinn für Humor ein gesundes Klima der Geborgenheit und Zusammengehörigkeit schaffen, das so wichtig für unsere Spezies ist, die für das Leben in der Gemeinschaft geschaffen ist.

Lachen

Man sagt, Lachen sei die beste Medizin. Tatsächlich gibt es in vielen amerikanischen Krankenhäusern Abteilungen, in denen Lachtherapie praktiziert wird. Darüber habe ich in meinem bereits mehrfach erwähnten Buch »*Wer lacht, lebt länger – Von der Heilkraft des Humors*« berichtet.

Die heilende Kraft des Lachens liegt unter anderem darin, daß Lachen Streß beseitigt, denn es löst nervöse Spannungen und reaktiviert dadurch unser Immunsystem.

Indem Lachen Streß beseitigt oder verringert, bessert es auch die Leistungsfähigkeit unserer Sinne und unserer Wahrnehmung. Außerdem steigert Lachen die Aktivität des Gehirns. Viele Menschen werden menschlicher und heiterer, nachdem sie herzhaft gelacht haben.

Um geistig und körperlich besser in Form zu bleiben, sollten wir uns bemühen, jeden Tag neu einen Anlaß zum Lachen zu finden. Es gibt dazu die unterschiedlichsten Möglichkeiten, von der Lektüre humoristischer Bücher oder Magazine über komische Sendungen im Fernsehen bis zu den kleinen amüsanten Ereignissen im Alltag.

In unserer übertriebenen Ernsthaftigkeit steckt eine Menge Komik, und wir sollten auch bedenken, daß die meisten unserer persönlichen Katastrophen im allgemeinen Komödien sind, die wir zu dramatisieren belieben.

Ablenkung

Eine mögliche Methode, geistig bedingten Streß zu mindern, ist Ablenkung. Ganz besonders gut kann man sich ablenken, indem man Kinder oder Tiere beim Spielen beobachtet. Wenn lebhafte kleine Kätzchen Wollknäuel aufdröseln, Hundebabys nach ihrem eigenen Schwänzchen schnappen, kleine Lämmer über eine grüne Weide hüpfen oder junge Hengste um gelehrige Stuten herumwirbeln, löst dies bei den meisten Menschen ein Lächeln aus. Spielerisches Tun zu beobachten, lenkt den Geist von seinen Sorgen ab.

Ein Wissenschaftler in Oxford, England, entdeckte, daß Delphine Depressionen heilen können. Nach meiner Ansicht beruht dies auf der kindlichen Verspieltheit der Delphine und ihrer freundlichen Miene. Noch entspannender muß es sein, mit Delphinen zu schwimmen und zu spielen.

Es kann den Sinn für das Spielerische wieder aufleben lassen, wenn man sich vergangene spielerische Aktivitäten vergegenwärtigt.

Den nächtlichen Himmel betrachten

Wir können Streß mildern oder sogar beseitigen, wenn wir hin und wieder nachts eine Zeitlang den klaren Himmel betrachten. Wenn wir uns klar machen, wie unbedeutend wir im Vergleich zum Universum oder Kosmos sind, können wir erkennen, daß wir nicht der Mittelpunkt der Welt sind. Wir sollten dann einsehen, daß unsere streßproduzierenden Probleme, bezogen auf die kosmische Zeit und das All, trivial und lächerlich sind.

Therapie durch Gärtnern

Manche Spannung, mancher Streß ließe sich mildern durch das, was ich therapeutisches Gärtnern nenne. Auch wer glaubt, auf diesem Gebiet völlig unbegabt zu sein, sollte es versuchen. Die

Befriedigung und das Vergnügen, etwas wachsen zu sehen, sei es ein einziges Pflänzchen oder ein ganzes Blumenbeet, ist riesig und ungemein entspannend.

Licht- und Farbtherapie

Licht ist ein wesentlicher Faktor des Lebens und deswegen unentbehrlich für die endokrine und geistige Aktivität des Gehirns. Die Menschen in den nördlichen Ländern, wo es im Winter nur für ein paar Stunden hell wird, sind nachweislich stärker durch Depressionen und Selbstmord gefährdet. Um möglichst wenig gedrückt und gestreßt leben und arbeiten zu können, sollten die Menschen ihre Büroräume, Wohnzimmer und Küchen immer hell erleuchten.

Schlechte Beleuchtung, besonders am Arbeitsplatz, kann Kopfschmerzen und Lethargie bewirken und dadurch die Anfälligkeit für alle möglichen Unfälle erhöhen.

Arbeiten im Souterrain bei unzureichendem künstlichem Licht kann den Streß steigern und dadurch die Produktivität verringern.

Die einzelnen Farben des Lichtspektrums haben einen viel bestimmenderen Einfluß auf unsere Stimmung und unsere Haltung, als man sich vorstellen kann. Über das Sehzentrum im Gehirn beeinflussen Farben mit ihrer elektromagnetischen Energie die Aktivitäten des Hypothalamus, dieses wichtigen Organs neuroendokriner Aktivität.

Falls unser Gedächtnis die Farben Rot und Blau nicht mit einem besonders angenehmen oder unangenehmen Ereignis in unserem Leben assoziiert, erhöht Rot normalerweise den Blutdruck, die Atem- und Herzfrequenz, während Blau diese Werte senkt. »Rot sehen« bedeutet in einigen Sprachen, daß man rasend vor Wut ist. Hingegen mag der kommerzielle Erfolg der Bluejeans, der weltbekannten blauen Hosen, auch durch deren beruhigende Farbe bedingt sein. Auch Grün kann beruhigend wirken. Tatsächlich kann man Streß abbauen, wenn man einen Spaziergang ins Grüne unternimmt.

Gelb scheint mit seiner günstigen Wirkung bei Depressionen alle anderen Farben zu übertreffen. Dagegen sollten Depressive Grau meiden, da es sie noch mehr niederdrückt.

Die meisten Frauen wissen intuitiv, wie sie Farben für ihre Absichten nutzen können. Um zu verführen, wird jede instinktsichere Frau sich in eine Harmonie von Farben kleiden. Harmonische Farben schaffen eine entspanntere Atmosphäre. Eleganz, die äußerste Harmonie, wirkt anziehend, da sie entspannt.

Teenager tragen gern lebhafte Farben, die Fröhlichkeit und Verspieltheit signalisieren.

Das einschüchternde Schwarz ziehen meist jene vor, die sich Respekt verschaffen wollen.

Prostituierte kleiden und schminken sich traditionell gerne Rot. Rot erregt die Männer, und ein erregter Mann ist leicht zu manipulieren.

Farben scheinen auch heilende Kräfte zu besitzen. Die Azteken pflegten ihren Körper mit Farben zu bemalen, die jeweils bestimmte Krankheiten heilen sollten. Die Neandertaler und unsere prähistorischen Vorfahren bemalten ihre Toten mit rotem Lehm, weil sie hofften, die Farbe des Blutes würde sie wieder zum Leben erwecken. Die Göttinnen und Götter des Altertums wurden mit bestimmten Farben bemalt, die ihre jeweiligen Kräfte symbolisierten. Den Muttergöttinnen war meist Grün vorbehalten, denn Grün galt als Farbe der Fruchtbarkeit.

Heutzutage gibt es eine wachsende Zahl von Menschen, die im Rahmen der alternativen oder Ganzheitsmedizin Kolor- oder Farbtherapie praktizieren.

Gewiß spielen Farben eine wichtige Rolle in unserem Leben, doch welche Farbe wie wirkt, kann individuell ganz verschieden sein. Eine bestimmte Farbe kann bei dem einen wohltuend wirken, bei einem anderen gerade umgekehrt, je nach den Erfahrungen, die sich für den Einzelnen mit der Farbe verbinden.

Sofern nicht eine besonders eindringliche Erfahrung in der Vergangenheit sie verändert hat, läßt sich die Wirkung von Farben auf den Menschen wie folgt zusammenfassen:

Rot, die Farbe des Blutes und des Feuers, macht munter, erregt und weckt Furcht. Da es die Farbe ist, die unser Reptiliengehirn anspricht, hat sie auch einen Bezug zur Gewalt. Rot ist die bevorzugte Farbe der Revolutionäre, denn es beinhaltet Impulsivität und Aggressivität.

Da Rot reizt, sollten Menschen es meiden, die unter Streß stehen, an Bluthochdruck, Allergien, Parkinson-Krankheit oder Atemwegserkrankungen leiden.

Gelb, die Farbe der Sonne, weckt Lebhaftigkeit, Verspieltheit, Abenteuerlust und Leichtsinn. Es ist die Lieblingsfarbe der Koketten.

Kindergärten, Turnhallen und Fitneßzentren sollten in Gelb gehalten sein. Da Gelb kommunikationsfördernd wirkt, könnte es im Bereich der Werbung eine wesentliche Rolle spielen.

Wegen seiner stimulierenden Wirkung wirkt sich Gelb bei depressiven und apathischen Menschen günstig aus.

Grün, die Farbe der Natur, stimmt ruhig und gelassen. Wegen seiner beruhigenden Wirkung sollte Grün die Farbe von Gefängnissen und psychiatrischen Krankenhäusern sein. Besonders die Decken sollten grün gestrichen sein, da viele Insassen dieser Institutionen einen großen Teil des Tages auf dem Bett liegend zubringen.

Da Grün die Gesundheit fördert, ist es die Lieblingsfarbe von Naturkostläden und Verpackungen biologischer Lebensmittel.

Grün scheint Kopfschmerzen und nervöse Erschöpfung günstig zu beeinflussen.

Anscheinend wirkt Braun, die Farbe der Erde, positiv in dem Sinn, daß es Verblendung und Illusionen nichtig macht. Die Redensart »Komm wieder auf den Boden!« (oder salopp: »Bleib auf dem Teppich!«) ist eine Aufforderung, realistisch zu sein.

Da Braun ein gewisses Gefühl der Sicherheit vermittelt, scheint es Impulsivität und Hast zu dämpfen.

Blau, die Farbe des Himmels, wirkt entspannend und fördert daher die Gehirnaktivität, die Kreativität, das analytische Denken, die Entscheidungs- und Urteilsfähigkeit.

Da Blau streßdämpfend wirkt, besitzt es heilende Kraft, vor allem bei Verletzungen und Operationswunden.

Blau ist die Farbe, die unsere Spezies bei weitem bevorzugt.

Vielleicht benötigt unsere streßbelastete Spezies Blau gerade wegen seiner besänftigenden Wirkung. Blau ist beliebt, weil es zu Mitgefühl und Heiterkeit inspiriert, die unsere leidende Spezies so bitter nötig hat.

Rosa scheint heftige Menschen zu beruhigen. In den USA gibt es in manchen Polizeistationen pinkfarbene Beruhigungszellen für Hooligans und zerstörungswütige Rowdies.

Pink scheint auch den Abbau von Zwangshandlungen zu erleichtern, die einen großen Teil der sehr verbreiteten Zwangsneurosen (fünf Millionen Betroffene in den USA) ausmachen. Meist bestehen die Zwangshandlungen darin, daß sich die Betroffenen stundenlang die Hände waschen oder duschen.

Schwarz wird in unserem Kulturkreis mit der Unterwelt assoziiert und kann daher Schwermut und Furcht auslösen. Im Christentum verbindet sich der Fürst der Finsternis mit Tod und ewiger Verdammnis. Menschen, die an einer Phobie leiden, sollten Schwarz meiden, da es bei ihnen eine Panik auslösen kann.

Weiß weckt Unvoreingenommenheit und Offenheit, Neugier und Forschungsdrang. Streng Gläubige oder Menschen mit starken Vorurteilen werden durch Weiß genervt oder sogar gereizt.

Offensichtlich beeinflußt die jeweilige Kultur den Einfluß und die Wirkung von Farben. Die Farben der Landesfahne, des Klubs, Regiments oder der Schule, der man angehört(e), können den Blutdruck erhöhen.

Farbempfindungs- oder Farbwahrnehmungsstörungen beeinträchtigen die Gehirntätigkeit.

Der positive Aspekt von Farben ist, daß wir sie in unserer Phantasie leicht manipulieren können. Die für einer bestimmte Gelegenheit passende Farbe können wir mit geschlossenen Augen sehen. So fördert es den Schlaf, wenn wir wach im Bett liegen und uns die Farbe Grün oder Blau vorstellen.

Mit zunehmendem Wohlstand und Überfluß ist der Beruf des Innenarchitekten immer stärker gefragt. Innenarchitekten beraten Leute ohne eigenen Geschmack über die Wahl der Farben in ihrem Heim. (Geschmackssichere Menschen ziehen selten einen Innenarchitekten hinzu.) Tatsächlich fühlt man sich in einem professionell gestalteten Heim wie ein Fremder.

Professionell eingerichtete Wohnungen und Häuser sehen überwiegend gleich aus, es ist eine durch Mode diktierte Gleichheit. Mode ist der Sicherheitsgurt der Menschen ohne Geschmack. Unsicherheit schätzt die Uniformiertheit.

Viele Menschen merken nicht, daß es stressig sein kann, in einem von einem Fremden eingerichteten Haus zu wohnen. In gewisser Hinsicht beweist dies die Tatsache, daß sich mehr Paare, die in von anderen eingerichteten Häusern leben, scheiden lassen als Paare, die ihr Heim für sich, ihre Kinder und ihre Gäste selbst einrichten.

Im ständigen Streben nach mehr Produktivität interessieren sich immer mehr Betriebe, besonders Verkaufsabteilungen, für die Wirkung und den Einfluß von Farben auf den Menschen.

Duftstoffe

Düfte werden durch sogenannte Pheromone vermittelt (das aus dem Griechischen stammende Wort bedeutet »erregende Substanzen«). Es handelt sich dabei um Moleküle, die durch die Luft an die Rezeptoren der Riechfäden in unserer Nase gelangen und von dort aus im Gehirn endokrine und geistig-seelische Reaktionen auslösen.

Gerüche sind sehr wichtig, weil sie in unserem Gedächtnis vergangene Ereignisse oder Erlebnisse wachrufen können.

Infolge der Beziehungen zwischen Gerüchen, Gehirn und Gedächtnis können Duftstoffe eingesetzt werden, um Streß zu verringern. Ich habe bereits darauf hingewiesen, daß ein angenehmer Duft schöne Erinnerungen wecken und dadurch Schlafstörungen beseitigen kann.

Viele Student(inn)en fallen in Prüfungen durch, weil der Streß ihr Gedächtnis blockiert. Wenn sie sich, großzügig mit ihrem Lieblingsparfum oder -rasierwasser besprüht, auf das Examen vorbereiteten und den gleichen Duft auch während des Examens benutzten, dürfte die Wahrscheinlichkeit, daß sie sich an das Gelernte erinnern, deutlich größer sein.

Jeder Organismus verströmt seinen spezifischen Duft, der aber je nach gesundheitlicher Verfassung, Sorgen oder Streß variiert. Früher verstanden es die Ärzte noch, aus Gerüchen auf Krankheiten zu schließen. Jede Krankheit scheint ihren besonderen Geruch zu haben. Jedes Leiden, jeder Schmerz, jede Angst, jeder Streß, aber auch Zufriedenheit und Glück haben einen spezifischen Geruch.

Vielleicht sind uns üble Gerüche deswegen so zuwider, weil sie mit angeschlagener Gesundheit, mit Leiden oder Schmerz zusammenhängen. Andererseits fühlen wir uns durch die Gerüche angezogen, die gesunde und glückliche Menschen ausdünsten.

Frauen sind geruchsempfindlicher als Männer, die maximale Geruchswahrnehmung besteht während des Eisprungs; sie reagieren stärker auf Gerüche und finden die Ausdünstungen gestreßter Personen besonders unangenehm und die der Unschuld oder der Heiterkeit besonders wohltuend. Bei der weiblichen Intuition spielen Gerüche eine wichtige Rolle.

Über den Hypothalamus, der die Geschlechtsdrüsen steuert, können Düfte unsere sexuelle Aktivität beeinflussen. Sexuell am stärksten erregend wirken wohl Moschus und moschusähnliche Düfte. Vermutlich beruht dies darauf, daß Moschus aus den Geschlechtsdrüsen des Moschusochsen stammt.

Immer mehr Menschen in den westlichen Ländern werden immer weniger geruchsempfindlich. Vielleicht ist das dadurch bedingt, daß bei immer mehr Kindern der Streß, unter dem sie aufwachsen, das limbische System nicht richtig ausreifen läßt. Bei der Wahrnehmung und Verarbeitung von Gerüchen spielt aber das limbische System eine sehr wichtige Rolle. Die Urform dieser Gehirnstruktur war ohnehin das Riechhirn.

Einige Naturwissenschaftler versuchen, einen Zusammenhang zwischen Gerüchen und Immunsystem herzustellen. Meines Erachtens liegt der Zusammenhang auf der Hand: Offensichtlich kann Streß die körpereigene Abwehr schwächen. Ebenso offensichtlich ist, daß uns manche Gerüche beunruhigen können, während andere uns entspannen.

Nach der Klassifikation von H. HENNING verfügt der Mensch über sechs Hauptgeruchsqualitäten, nämlich: fruchtig, blumig, harzig, würzig, faulig und verbrannt. Ich würde das gerne durch jenen typisch menschlichen Geruch, den Geruch nach Streß, ergänzen. Tiere, die besonders geruchsempfindlich sind, muß dieser streßbedingte Geruch erschrecken. Ein Hund etwa verkriecht sich, wenn sein Frauchen oder Herrchen unter sehr starkem Streß steht.

Die Eigenschaft von Gerüchen, die geistige und endokrine Aktivität des Gehirns zu beeinflussen, werden auch zur sogenannten olfaktorischen Manipulation genutzt. Manche Läden oder Bäkkereien versprühen künstliches Aroma von frisch gebackenem Brot, um den Verkauf zu fördern.

Große Kaufhäuser plazieren die Parfümerieabteilung oft dicht beim Haupteingang, um Kunden anzulocken und den Umsatz zu heben.

In den USA reiben die Gebrauchtwagenverkäufer die Autos innen mit Politur ein, die nach Leder riecht, um den Verkauf zu fördern.

Um die Produktivität zu steigern, setzen die Japaner in den Fabriken Duftstoffe ein. Sie entdeckten, daß die Arbeiter 20 Prozent weniger Ausschuß produzieren, wenn die Luft in den Hallen mit Lavendel imprägniert wird. Beim Zerstäuben von Jasmin sank die Fehlerquote um 33 Prozent und in einer Atmosphäre von Zitrusduft um 54 Prozent.

Mit der Zunahme von Streß und streßbedingten Krankheiten versuchen immer mehr Menschen, sich durch Aromatherapie Linderung zu verschaffen.

Da Gerüche vergangene Erlebnisse wieder heraufbeschwören können, kann man sie einsetzen, um durch beruhigende oder besänftigende Erinnerungen Erregung zu dämpfen. Diese Eigenschaft von Gerüchen, vergangene Erlebnisse in die Gegenwart zurückzuholen, ist nicht überraschend, denn unser limbisches System ist sowohl für Gerüche als auch für das Gedächtnis zuständig.

Viele volkstümliche Meinungen über die Macht der Duftstoffe sind wissenschaftlich-experimentell bestätigt worden. Beispielsweise wirkt der Duft von Kamille oder Lavendel beruhigend, weshalb man diese Pflanzen bei Schlaflosigkeit empfiehlt. Jasmin scheint apathische Menschen aufzumuntern, Basilikum stimmt heiter, und der Duft von Rosmarin und Pfefferminze wirkt aufhellend bei Depressiven.

Der Duft von Rosen entkrampft Menschen, die an Phobien leiden oder leicht in Panik geraten, während Zitrusduft geeignet ist, geistige Verwirrung und Zweifel zu beseitigen.

Der Duft von Olivenbäumen und von Olivenöl stimmt friedlich, der von Schlüsselblumen kräftigt, während Veilchen liebevoll und bescheiden stimmen.

Viele Menschen schwören auf die wohltuende Wirkung von Algengeruch, vor allem bei denen, die unter Platzangst leiden.

Es scheint übrigens, daß der Duft von Sonnenlotion die sexuelle Libido stimulieren kann.

Ich glaube, daß die Patienten sich viel schneller erholen würden, wenn man Krankenstationen und Krankenzimmer mit dem Geruch frischer Gebirgsluft imprägnieren würde. Auch bin ich überzeugt, daß die Insassen von Gefängnissen weniger gewalttätig wären, würde man in den Zellen angenehme Gerüche vernebeln. Es wäre interessant zu prüfen, ob es bei Fußballfans zu weniger Schlägereien kommt, wenn sie und die Polizisten, die gegen sie eingesetzt werden, nach einem angenehmen Rasierwasser riechen würden anstatt nach Schweiß und Alkohol.

Ich frage mich, wie gewalttätige Demonstranten reagieren würden, wenn die Polizei statt Tränengas Rosenwasser benutzen würde.

Da unsere Bewertung von Gerüchen stark durch unsere Kultur und Tradition geprägt wird, ist ihre jeweilige Wirkung auf die geistige und endokrine Aktivität des Gehirns je nach Kollektiv unterschiedlich.

Berührung

Der Tastsinn, ein weiterer wichtiger – entwicklungsgeschichtlich überhaupt der erste – unserer Sinne, kann den Abbau von Streß fördern. Seit undenklichen Zeiten haben die Menschen versucht, Spannung zu lindern, indem sie Steine berührten oder Gebetsketten durch die Finger gleiten ließen.

In den meisten Kulturen gibt es den Aberglauben, daß es Glück bringt oder Unglück verhütet, wenn man in Augenblicken der Sorge oder großer innerer Spannung ein bestimmtes Material berührt; in unserem Kulturkreis beispielsweise klopft man auf Holz.

Dieser Aberglaube mag dadurch im menschlichen Hirn entstanden sein, daß wir uns besser fühlen, wenn wir vor allem bei großer Angst vertraute Dinge um uns berühren, da wir auf diese Weise Spannungen abbauen.

In unseren Beziehungen zu anderen Menschen spielt körperliche Berührung eine große Rolle. Körperliche Berührung vermittelt ein Zugehörigkeitsgefühl, das mit der Zunahme der Isolierung und Einsamkeit des einzelnen immer wichtiger wird. Ein durch Berührung ausgelöstes Gefühl der Zugehörigkeit kann entspannen und somit Freude bereiten.

Bedenkt man die kürzlich entdeckte Wirkung von Berührungen bei Pflanzen, dann müssen auch Körperkontakte zwischen Menschen starke Veränderungen der Funktionen des Gehirns und des Körpers bewirken.

Neuere Untersuchungen an der kalifornischen Stanford University belegen, daß bei Pflanzen, wenn sie berührt werden, auffallende Veränderungen des Stoffwechsels eintreten und daß diese durch Berührung ausgelöste Stoffwechselreaktion eine wesentliche Rolle beim Wachstum der Pflanze spielt. Offenbar ist es der physische Druck der auf die Pflanze einwirkenden äußeren Kräfte, der die Anpassung dieser Pflanze an ihre jeweilige Umgebung stark beeinflußt. Die Reaktionen der Pflanzen auf Berührung werden wissenschaftlich als »Thigmomorphogenese« (etwa soviel wie Gestaltwerdung durch Berührung) bezeichnet. Vielleicht wird sich die Forschung eines Tages auf die biochemischen Veränderungen konzentrieren, die durch sanfte Berührung, liebevolles Streicheln oder Schmusen in Körper und Gehirn des Menschen ausgelöst werden.

Lesen Sie hierzu auch das interessante Buch »*Magie der Berührung – Die Wirkkraft im Umgang mit Menschen und in der Heilbehandlung*« von SHERRY S. COHEN (Ariston Verlag, Genf/München 1989).

Die heilsame Wirkung von Haustieren

Viele Hinweise sprechen dafür, daß Menschen mit einem oder mehreren Haustieren gesünder und länger leben (siehe IMRE KUSZTRICH: »*Haustiere helfen heilen – Tierliebe als Medizin*«, Ariston Verlag, Genf/München 1989). Das liegt vor allem daran, daß Haustiere den Streß des Menschen verringern.

Es kann überaus beruhigend wirken, eine Katze zu streicheln, mit einem Hund zu schmusen oder die Fische im Aquarium zu füttern – und das wirkt sich sehr positiv auf unser Immunsystem aus. Deswegen wäre es sinnvoll, wenn in Krankenhäusern und Rehabilitationseinrichtungen geeignete Haustiere gehalten würden.

Da alleinstehende und zu Depressionen neigende Menschen streßanfälliger sind, sollte ihnen empfohlen werden, sich ein Haustier anzuschaffen. Haustiere mildern Streß, weil sie die Aktivität und Dominanz des limbischen Systems stimulieren, jenes Gehirnteils, der für Mitgefühl, Fürsorge und Menschlichkeit zuständig ist, und das erzeugt innere Ruhe. Mehr noch, für Haustiere zu sorgen, weckt Liebe und Zärtlichkeit, die von den Mitmenschen wahrgenommen werden und sie freundlich stimmen, und das steigert die Lebensqualität, weil es die Aggressivität und Feindlichkeit der anderen beschwichtigt.

Es wäre zu überlegen, ob man Häftlingen, vor allem solchen, die lange Strafen absitzen müssen, nicht erlauben sollte, ein Tier zu halten.

Kinder, die in einer Familie mit Haustieren aufwachsen, haben bessere Chancen, ihr limbisches System zu entwickeln und somit eine Garantie für ein gesünderes emotionales Leben zu erwerben.

Einfache Mittel zum Streßabbau

Gar mancher Streß ließe sich durch Aktivitäten mindern, die unmittelbar und ohne Aufwand realisiert werden können. Schuhputzen, Staubsaugen, Fensterputzen, um nur einige zu nennen, können sehr befriedigende Aktivitäten sein. Auch Stricken, Stikken, Zeichnen, Schnitzen oder zum Beispiel Puzzlespiele trainieren Gehirn und Hände, was beides sowohl entspannt als auch stimuliert.

Abfuhr nervöser Spannung

Die Experten raten, daß man streßbedingten Störungen und Krankheiten am besten durch die Entladung nervöser Spannungen vorbeugen kann; denn wenn wir unsere Emotionen unter Verschluß halten oder unterdrücken, führt das bekanntermaßen zu gesundheitlichen Problemen – bis hin zu Krebs.

Dieser Rat, Spannungen oder Gefühle einfach herauszulassen, »abzureagieren«, berücksichtigt freilich nicht die Folgen dieser Entladung für die Mitmenschen und die Umgebung. Die Entladung eines gestreßten Menschen kann viele Opfer fordern. Mehr noch, solche Explosionen entfremden den Gestreßten noch stärker, denn niemand will das Opfer fremder Wut sein.

Der Ärger, die Frustration oder die Langeweile eines Individuums sind wesentliche Streßursachen. Der einzelne mag sich besser fühlen, wenn er seinem Ärger, Frust oder seiner Langeweile Luft macht, doch er kann damit gleichzeitig eine sehr gespannte, feindselige Umgebung erzeugen. Die Menschen mit dem sogenannten »glücklichen Naturell«, die ihre Emotionen ungeniert, rücksichtslos, »spontan« ausleben, trampeln oft in selbstgefälliger Eigensucht auf den Nerven und Gefühlen ihrer Mitmenschen herum und ernten langfristig nur Abneigung.

Die beste Möglichkeit, Spannungen nicht mehr auf Kosten der Mitmenschen und der Umgebung abzubauen, besteht darin, den Streß zu verringern, und dies gelingt leicht, indem man seinen Dünkel bekämpft.

Zivilisierter lassen sich streßbedingte Spannungen entladen, indem man beispielsweise in einem Brief an einen imaginären Freund oder an sein Lieblingshaustier seinen Ärger artikuliert. Den fertigen Brief sollte man aufheben. Wenn man ihn nach ein paar Wochen wieder liest, amüsiert einen vielleicht sogar die Erkenntnis, daß man ein ziemlich harmloses Problem dramatisiert hatte. Auch Tagebuch schreiben kann helfen.

Die Fachleute empfehlen, Probleme mit ausgebildeten Beratern oder Psychotherapeuten zu besprechen.

Im Unterschied zum Gespräch mit dem Seelenklempner kann man, wenn man etwas zu Papier bringt, viel aufrichtiger und spontaner sein. Wenn man mit einem Fremden redet, spielt man meist eine Rolle, eine dramatische Rolle. In unseren verbalen Geständnissen oder mündlichen Beschreibungen unserer Probleme sind wir nur selten aufrichtig. In einem Brief jedoch sind wir darauf gefaßt, uns zumindest teilweise die Schuld an unseren Problemen zu geben. Bei mündlichen Geständnissen einem fremden Menschen gegenüber neigen wir eher dazu, andere für unseren Streß und unsere streßerzeugenden Probleme verantwortlich zu machen.

Es wäre therapeutisch sinnvoller, seine Probleme einer Freundin oder einem Freund oder dem Haustier anzuvertrauen oder im Selbstgespräch zu formulieren, weil wir dann ehrlicher sind und die Gefühlsentladung gesünder ist.

Wenn ein Klient während der ersten Sitzung beim Therapeuten ein Rolle übernommen hat, wird er diese bis zum Ende der Therapie beibehalten. Vielleicht endet deswegen manche Therapie niemals. Im übrigen geraten wir, sobald wir gegenüber dem Therapeuten in eine Rolle schlüpfen, unter Leistungsstreß, der unseren Streß insgesamt vergrößert.

Selbstbehauptung

Immer mehr wird Selbstbehauptung oder Selbstsicherheit zum Bestandteil der westlichen Kultur. Viele Fachleute vertreten die Ansicht, daß Selbstbehauptung wesentlich sei für die Selbstverwirklichung eines Individuums. Sie erklären, jedes Scheitern der Selbstverwirklichung könne unserer Gesundheit ernsthaft schaden.

Diese Experten berücksichtigen aber meist nicht, daß wir nicht die Erfüllung unseres realen Ich anstreben; denn dieses bedarf nicht der Verwirklichung, da es Teil der Wirklichkeit ist. Was wir tatsächlich wollen, ist die Verwirklichung unseres eingebildeten Wunsch-Ichs, das sich keineswegs mit den Fähigkeiten oder Verdiensten unseres wahren Ichs deckt.

Da wir außerstande sind, unser Wunsch-Ich zu realisieren, entwickeln wir die Selbstbehauptung; diese besteht aus Aggressivität, welche die Wirklichkeit zwingen will, sich den Launen des idealisierten Ichs anzupassen.

Deswegen kann Selbstbehauptung in einer Umgebung, die gezwungen wird, den Ansprüchen des Wunsch-Ichs nachzugeben, nur Spannung und Streß erzeugen.

Der Widersinn der Selbstverwirklichung wird deutlich, wenn man sich das Chaos vorstellt, das entstünde, wenn jedes individuelle Ich einer Gemeinschaft sich verwirklichen würde. Die vielgelobte Selbstverwirklichung ist daher verwerflich, wenn sie nur auf Kosten anderer realisiert werden kann. Jede individuelle Verwirklichung eines idealisierten Ichs kostet auch tatsächlich viele Opfer.

Die Anhänger des Kultes der Selbstbehauptung bestehen darauf, daß man in dieser feindlichen Welt aggressiv sein müsse. In Wirklichkeit aber schafft gerade der Kult der Selbstbehauptung diese feindliche Welt. Erfolgreiche Selbstbehauptung erfüllt jene, denen das weniger gut gelingt, mit Angst, Groll, Gereiztheit und dem Gefühl der Unzulänglichkeit, und dadurch entsteht die feindliche Umgebung, in der die Erfolgreichen in der Furcht vor den anderen leben müssen.

Die gefährliche Seite der Selbstbehauptung eines Wunsch-Ichs ist, daß dieses im Fall einer Niederlage sein reales Ich so sehr hassen kann, daß es sich tot wünscht.

Tatsächlich hat bei vielen Selbstmorden ein rachsüchtiges idealisiertes Ich das wahre Ich getötet. Das über sein reales Ich enttäuschte Wunsch-Ich kann mitunter dem wahren Ich den Tod wünschen, und dies kann zu einem schwerwiegenden Auslöser vieler psychosomatischer Krankheiten und auch von Krebs werden.

Die richtige Ernährung

HIPPOKRATES, der Wegbereiter der medizinischen Wissenschaft, erklärte: »Unsere Nahrung soll Medizin, unsere Medizin Nahrung sein.«

Bei vielen Krankheiten und Störungen bedeutet Ernährung sowohl Prophylaxe als auch Therapie. Die richtige Ernährung kann den Körper fit erhalten und dadurch zu einer gesünderen Gehirntätigkeit beitragen.

Da jeder Mensch seinen individuellen Stoffwechsel hat und diesen den jeweiligen Umständen anpaßt, ist es schwierig, die im Einzelfall richtige Ernährung zu empfehlen. Eine Empfehlung allerdings kann jeder Einzelne unter allen Umständen befolgen, nämlich eine ausgewogene, maßvolle Kost zu sich zu nehmen. Im übrigen können Sie an sich selbst beobachten, was Ihnen bekommt oder worauf Ihr Körper »ablehnend« reagiert, und dementsprechend Ihre Ernährung umstellen. Spüren Sie nach, finden Sie heraus, was Ihr Körper wirklich will!

Ausgewogenheit und Mäßigung sind auch deswegen wichtig, weil sie uns einen Sinn für Würde und Selbstachtung geben, die entscheidenden Heilmittel bei geistig verursachtem Streß, der ja oft genug die eigentliche Ursache für Völlerei und Fettsucht ist.

Wir können noch mehr Würde und Selbstachtung gewinnen, wenn wir einmal wöchentlich einen Tag lang fasten. Das Fasten gibt uns Kraft und Zuversicht, und dadurch werden Gier und Habsucht, zwei wesentliche Streßfaktoren, beseitigt. Durch Fasten lernen wir begreifen, was es bedeutet, genug, reichlich oder zuviel zu haben.

Die Würde, die wir durch Fasten gewinnen, erhebt uns über gewöhnliche und heftige Begehrlichkeit und über die häßliche Gier, die sofortige Befriedigung verlangt. Fasten bedeutet Anstrengung, und Anstrengung erzeugt Selbstachtung.

Mehr noch, die akute Eßsucht bewirkt verstärkt Verdauungsstörungen. In unserer Ruhelosigkeit und Erregung nehmen wir uns nicht die Zeit, das Essen gründlich zu kauen. Nach hastigem Kauen schlingen wir das Essen hinunter, und das ist ungesund.

Wenn wir dagegen langsam essen, sind wir schneller satt, begrenzen also das Essen ohne Gier auf das nötige Maß.

Die Marotte, Ernährung diätetisch zur Behandlung von Krankheiten und Übergewicht einzusetzen, kann die wahren Ursachen der betreffenden Leiden übersehen. Neuerdings wird beispielsweise Fischöl wärmstens empfohlen, um Herzkrankheiten vorzubeugen, weil diese Leiden bei den Eskimos, die reichlich Fischöl zu sich nehmen, ganz selten vorkommen.

Ich glaube jedoch, daß die Eskimos nicht deshalb seltener an Herzleiden sterben, weil sie fetten Fisch essen, sondern weil sie weniger Streß haben als wir.

Der schlimmste Streß: Männlichkeitswahn

Die Anregungen zur Selbsthilfe, die ich in den vorausgegangenen Kapiteln gab, können dazu beitragen, eine Menge Streß nicht nur abzubauen, sondern auch zu verhindern. Allerdings gibt es eine wesentliche, ja zentrale Streßursache, die zu vermeiden wir uns unbedingt bemühen müssen, nämlich den chronischen Streß, den Männer und männliche Vormachtstellung – das Streben danach und der damit verbundene Dünkel – erzeugen. Im folgenden wird also vor allem vom Mann die Rede sein. Da es sich aber nicht um ein Problem jedes individuellen Mannes, sondern vielmehr um typisch männliche Verhaltensmuster handelt, muß eingeschränkt werden, daß es nicht wenige »neue« Männer in unserer Gesellschaft gibt, die von diesem Wahn durchaus frei sind, ohne indes schlappe »Softies« zu sein, während manche Frauen im Streben nach Männerrollen und Machtpositionen die Symptome genau dieses Wahns entwickeln.

Wie ich bereits dargelegt habe, begannen viele Vertreter unserer Spezies, als wir die Fähigkeit des Gehirns entdeckten, die geistige Welt der Phantasie, des Wunschdenkens, der Träume und Hoffnungen zu schaffen, aus der Wirklichkeit in die Welt des Geistes zu fliehen. Da der Mann von Natur aus schwächer ist als die Frau, wurde er süchtiger nach dieser Flucht.

Paradoxerweise war es gerade diese Flucht in Wunschvorstellungen und Phantasien, die dem schwächeren Mann half, sich über die biologisch und geistig-seelisch besser ausgestattete Frau zu erheben und in der menschlichen Gesellschaft die dominierende Rolle zu übernehmen.

Die Instabilität und die Ungewißheit der Wünsche und Phantasien erzeugen eine Menge nervöser Energie. Diese nervöse Energie bewirkt Unruhe, Abenteuerlust und Verwegenheit. Sie halfen dem Mann, die natürliche Ordnung, in der die Frau die führende Rolle spielte, zu ersetzen, indem er sich mit brutalen Kräften und mit Gewalt dieser privilegierten Stellung bemächtigte.

Der Geist des Mannes schuf etwas ganz Neues: das Patriarchat. Da es sich um eine Wunschvorstellung handelt, mußte das Patriarchat sich selbst bestätigen. Zu diesem Zweck mußte das Patriarchat mit Aggressivität und Dominanz durchgesetzt werden, was ein streßbelastetes Dasein für Mann und Frau zur Folge hatte.

Nachdem der Mann seine privilegierte Stellung erobert hatte, institutionalisierte er sie und verteidigte diese unnatürliche Position fortan mit Hilfe seiner vom Geist inspirierten nervösen Energie und Aggressivität. Er erfand Brutalität, Gewalt, Vergewaltigung und Folter, um seine Vormachtstellung zu stärken.

In dieser Institutionalisierung der männlichen Vormachtstellung spielten die vom Mann und seinen Wertvorstellungen dominierte Kultur und die von intoleranten männlichen Göttern dominierte Religion die wesentliche Rolle.

Der Dualismus, die Polarität der Geschlechter, die sich auf die Sieger-Besiegte-Mentalität gründet, wurde geboren. Diese Mentalität brachte permanenten Streß für Mann und Frau und für ihre Beziehung zueinander.

Offenbar leben wir in einer Welt, in der der Mann gestreßt ist, gerade weil er seine Vormachtstellung halten und verteidigen muß. Und die Frau gerät unter Streß, weil sie ein Leben meistern muß, das der Mann um seine künstliche und streßbelastete Existenz organisiert hat. Diese streßbeladene menschliche Daseinsweise könnte vielleicht unsere Einzigartigkeit erklären: Wir sind (abgesehen von Schmusetieren und anderen Haustieren) die einzige Spezies, die übergewichtig werden kann.

Die Frau wurde das Opfer ihrer Überlegenheit, mit der sie sich Umweltveränderungen und äußerem Druck anzupassen vermag. Sie paßte sich der Dominanz des Mannes, seinem geringeren Denkvermögen und seinem Verhalten an. Sie widersetzte sich nicht einmal, als der Mann im Namen seines Wunschdenkens und seiner spekulativen Ideologien ihre Kinder aussandte, die Kinder anderer Frauen in Kriegen oder Revolutionen zu töten.

Um dem Mann zu gefallen und seine Dominanz zu besänftigen, überließ die Frau die sexuelle Initiative dem Mann. In der Natur liegt die sexuelle Initiative der meisten Spezies bei den Weibchen.

Der Geist des Mannes erfand die Idee der Männlichkeit, den Kult um den »echten Mann«. Dieser Kult ist nach Zeit und Ort unterschiedlich und beweist somit, daß Männlichkeit nicht angeboren ist. In manchen Kulturen ist der »echte« Mann ein Macho oder Latin Lover, in anderen ist er ein Kämpfer, ein Krieger oder ein Abenteurer, in manchen sorgt er für Schutz und materielle Güter, in anderen ist er ein starker Trinker, Lkw-Fahrer oder Gangster, und in manchen sozialen Gruppen ist der »echte« Mann ein brutaler Kerl, ein Schläger, ein Ganove oder ein Vergewaltiger.

Da Männlichkeit eine Rolle ist, erfordert sie permanente Anstrengung, und diese bedingt Streß. Mehr noch, da der Wunschtraum von Männlichkeit unnatürlich ist, kann er nur auf Kosten der Natur und ihrer Ordnung, gegen gesunden Menschenverstand, Intelligenz und Vernunft verwirklicht werden.

Der Kult des westlichen Mannes um Individualität und persönliche Freiheit steigerte seine Unsicherheit und dadurch auch sein Verlangen nach Anerkennung. Da der Mann in der geistigen Welt der Illusionen lebt, hat er ein ausgeprägtes Geltungsbedürfnis, durch dessen Befriedigung sich der Geist eine weitere Illusion erwirbt, nämlich die einer realistischeren Existenz.

Wir erfinden wichtige Ereignisse, Daten, Orte, Leute, weil wir uns bedeutend fühlen, wenn wir uns auf sie beziehen. Viele unserer Gewohnheiten, etwa das Trinken von Alkohol, Rauchen, Drogenmißbrauch, die Wahl des Berufs und unsere Leidenschaft für Luxus und teure Konsumgüter sind vom Geltungsbedürfnis des Mannes diktiert. Die Frau hat sich dieser Haltung angepaßt und sie übernommen. Der Mann hat alle möglichen Uniformen und Orden erfunden, um imponieren zu können. Durch Imponieren hoffte er zu verführen, was seinem Geltungsdrang schmeichelt.

Die sexuellen Beziehungen des Mannes werden mehr von der Befriedigung seines aufgeblähten Ichs diktiert als von der Notwendigkeit, die Art zu erhalten. Meiner Ansicht beruht die Bevölkerungsexplosion zu einem großen Teil auf dieser Einstellung gegenüber sexuellen Beziehungen.

Als die Ruhelosigkeit und Erregung des Mannes einen wirtschaftlichen Überschuß zu produzieren begann, maß er ihm immer größere Bedeutung zu, prahlte und protzte damit. Tatsächlich liegt es im Wesen des Wohlstands, so auffällig wie möglich zu sein. Ebenso liegt es im Wesen der Armut, sich möglichst sorgfältig zu tarnen.

Daß wirtschaftlicher Überschuß durch männliche Unzufriedenheit, Unruhe und Erregtheit hervorgebracht wird, beweist die Tatsache, daß jede Steigerung des wirtschaftlichen Wachstums seine Unzufriedenheit, Ruhelosigkeit und Erregung steigert.

Der Mann begann, seinen Geltungstrieb zu befriedigen, indem er einen Überschuß an materiellen Gütern produzierte, indem er wirtschaftliches Wachstum hervorbrachte. Dieses Wirtschaftswachstum, das im wesentlichen ein überflüssiger Mehrertrag ist, wurde zu einer fixen Idee des Mannes. Es befriedigt das männliche Geltungsbedürfnis, wenn er sich auf möglichst viele materielle Güter stützen kann. Es schmeichelt ihm, Gewinne zu erzielen.

In unserer Begeisterung sind wir blind für die Tatsache, daß wirtschaftliches Wachstum, wie jedes unnötige oder wuchernde Wachstum in der Natur, die Instabilität und Unzufriedenheit vergrößert. Wachstum steigert die Komplexität, und damit ist eine Zunahme der Instabilität und der Unzufriedenheit verbunden. Mit zunehmender Komplexität wächst übrigens oft auch die Sehnsucht nach der Einfachheit der Vergangenheit mit ihrer geringeren Instabilität und Unzufriedenheit. Eine Leiter hochzuklettern erzeugt Instabilität, Angst oder Streß.

Die Glaubwürdigkeit meiner Theorie, daß wirtschaftliches Wachstum die Instabilität und Unzufriedenheit der Menschen vergrößert, läßt sich aus der Tatsache ableiten, daß jede Zunahme der wirtschaftlichen Konjunktur eine Zunahme an psychosomatischen Krankheiten, Geisteskrankheiten, Selbstmorden, Drogenabhängigkeit, Alkoholismus, Verbrechen, Vergewaltigungen, Vandalismus, Gewöhnlichkeit und Häßlichkeit mit sich bringt.

Der Amerikanische Ärzteverband hat berichtet, daß in den USA, einem der reichsten Länder der Erde, die derzeitige Generation der Teenager weniger gesund ist als seinerzeit ihre Eltern im gleichen Alter. Die neuesten Statistiken weisen aus, daß mehr als die Hälfte der Bevölkerung übergewichtig ist. Dies beweist, daß Wohlstand den Streß nicht verringert, denn die meisten Probleme mit Übergewicht sind streßbedingt.

Jede Zunahme des Wohlstands steigert die Häufigkeit der Herz- und Kreislaufkrankheiten, insbesondere des Bluthochdrucks. Die Wissenschaftler versuchen gerade, ein spezielles Gen zu identifizieren, das vor allem bei kleinen Männern vorkommen und diese anfälliger für die genannten Krankheiten machen soll. Durch diese Besessenheit der Wissenschaft, alles mit Genen zu begründen, wird eine einfache Erklärung verdrängt: Kleine Männer sind anfälliger für Herzkrankheiten und Bluthochdruck, weil sie wegen ihrer Körpergröße einen Minderwertigkeitskomplex haben, der sie unruhiger, erregter und vor allem ehrgeiziger macht, sich durch wirtschaftlichen Wohlstand oder beruflichen sowie persönlichen Erfolg Geltung zu verschaffen.

Um seinem Ich zu schmeicheln und seinen Geltungstrieb zu befriedigen, hat sich der Mann eine Riesentäuschung einfallen lassen: Er erfand den Mythos, daß er das einzige Geschöpf sei, das Reichtum zu schaffen vermag. In seiner Aufgeblasenheit bedenkt er nie, daß nur die Natur Reichtum hervorbringen kann. Der Mann erzeugt Konsumgüter und Handelswaren aus dem Reichtum der Natur. Er beutet die natürlichen Ressourcen aus.

Da die Zunahme des Reichtums und des Konsums in den westlichen Ländern nur über die Ausbeutung begrenzter natürlicher

Ressourcen möglich ist, kann der Wohlstand nur auf Kosten des künftigen Lebens steigen. Der Weg des Wirtschaftswachstums führt zur Verarmung unseres Planeten. Wir verbrauchen und verschwenden mehr natürlichen Reichtum, als die Natur nachwachsen lassen kann.

Mit dem Fortschritt der Wissenschaft und Technologie plündert der Mann den natürlichen Reichtum der Erde. Dem *World Resources Institute* in Washington zufolge hat die Zerstörung der tropischen Regenwälder in letzter Zeit jährlich um fünfzig Prozent zugenommen. Derzeit werden in jeder Sekunde anderthalb Morgen tropischer Wald zerstört. Wenn es in diesem Tempo weitergeht, wird der noch vorhandene Waldbestand in weniger als vier Jahrzehnten unwiederbringlich verloren sein.

Um das Wirtschaftswachstum anzuheizen, hat Saudi-Arabien bereits seine Wasservorräte über jedes vertretbare Maß ausgebeutet. Man rechnet, daß die Trinkwasserreserven Saudi-Arabiens bis zum Jahr 2007 verbraucht sein werden.

Verblendet durch diese Gier nach wirtschaftlichem Wachstum, sehen wir nicht, daß es von Häßlichkeit und Umweltverschmutzung begleitet ist, daß es eine Erwärmung der Erde, eine Ozonverarmung der Stratosphäre, sauren Regen, Erschöpfung des Bodens, Überweidung, Waldsterben, Umweltzerstörung und die Zerstörung der natürlichen Ressourcen verursacht. Wie jedes ununterbrochene Wachstum ist auch das ungehemmte wirtschaftliche Wachstum bösartig wie ein Krebsgeschwür.

Wirtschaftswachstum ist eine Illusion, die sich der Mann in seiner Kurzsichtigkeit, seiner begrenzten Vernunft macht. Das wird klar, sobald wir bedenken, daß es kein wirtschaftliches Wachstum gäbe, wenn der Verursacher für die Schäden bezahlen müßte, die sein Wirtschaftswachstum im Hinblick auf die Umwelt, die Ozonschicht, das Klima der Erde, die natürlichen Ressourcen und das künftige Leben auf der Erde erzeugt. Unser Reichtum gründet sich in Wirklichkeit auf das verabscheuungswürdigste Verbrechen: daß wir unsere unschuldigen Nachkommen bestehlen. Es sollte mich nicht wundern, wenn künftige Generationen verächtlich auf unsere Gräber spucken würden, weil wir ihnen einen übervölkerten und öden Planeten hinterlassen haben.

Tragisch ist auch, daß die kommenden Generationen Riesenberge nationaler und internationaler Schulden erben werden, die ihre Vorfahren hauptsächlich für den Erwerb von überflüssigen, unnötigen Konsum- oder Luxusgütern gemacht haben. In allen Ländern der Welt sind heute schon die Neugeborenen mit Schulden ihrer Eltern und Großeltern belastet, die über ihre Verhältnisse lebten und sich toll vorkamen, weil sie dem Slogan »Lebe jetzt – bezahle später« folgten. In vielen Ländern werden die Kinder bereits bankrott geboren.

Selten halten wir inne und machen uns bewußt, daß Luxusgüter, ein weiterer Pelzmantel, ein Zweitwagen, ein zweiter Fernseher, noch ein Haus und die vielen elektrischen Haushaltsgeräte durch ein Wirtschaftswachstum erkauft werden, das nur auf Kosten des Reichtums der Natur, also auf Kosten künftiger Generationen verwirklicht wurde.

Der Mann, der die natürlichen Ressourcen zerstört, prahlt, daß er das einzige Geschöpf ist, das die Natur zu beherrschen, ihre Gesetze zu besiegen vermag. Wir können die Natur aber nur besiegen, indem wir sie zerstören. Wir haben den Boden erobert und dabei in eine Wüste verwandelt, wir erobern die Wälder über das Waldsterben, die Meere und Flüsse durch zunehmende Verseuchung.

In seiner Besessenheit, seinen Geltungstrieb durch Eroberungen zu befriedigen, erkennt der Mann nicht, daß die Opfer der Siege den Sieger als Alpträume heimsuchen. Sieger zu sein, ist das höchste Streben des Mannes, seine bevorzugte Streßsucht.

Viele Männer leiden an einer schweren Persönlichkeitsstörung, die man als Größenwahn bezeichnen kann. Sie sehen sich großartiger, als sie in Wirklichkeit sind. Sie fühlen sich sogar dem Leben überlegen. Vielleicht haben sie aus diesem Grund das Wunschdenken vom Leben nach dem Tode erfunden.

Die Einbildung des Mannes, daß er großartiger sei als die Realität, bewirkte, daß er die Realität verachtet. Wir verachten die Realität, weil sie unsere Illusion von Großartigkeit bedroht. Sobald wir merken, daß wir die Realität nicht besiegen können, fliehen wir vor ihr. Durch die Flucht versuchen wir, unsere Großartigkeit zu retten.

Inzwischen ist der Weltraum die große (Zu-)Flucht des Mannes geworden. Nachdem er den eigenen Planeten gründlich verseucht hat, versucht er nun, seine Großartigkeit dadurch zu beweisen, daß er das Universum verschmutzt. Die Wissenschaftler bereiten Fahrten zu anderen Planeten vor und rechtfertigen sich damit, Leben auf anderen Planeten entdecken zu wollen.

Sie wissen zwar schon, daß im Klima anderer Planeten kein Leben möglich ist, aber sie wollen sich und der Welt beweisen, daß sie großartig sind. Gelder in Milliardenhöhe werden an die Weltraumprogramme verschwendet. Diese Gelder stammen aus wirtschaftlichen Gewinnen, die durch ungebremste, die künftigen Generationen beraubende Ausbeutung der natürlichen Ressourcen unseres Planeten erzielt wurden.

Die Amerikaner sind stolz darauf, daß ihnen die Mondlandung gelang, – aber in vielen amerikanischen Städten kann man sich seines Lebens nicht mehr sicher sein. Die Bürger der Sowjetunion dürfen in den Weltraum fliegen, aber nicht nach Paris. Lieber halten sie sich stolz monatelang im All auf, als für ein Pfund Wurst Schlange zu stehen. Vielleicht wären sie besser beraten, hinter dem Haus Gemüse für die langen Winter zu ziehen, statt durch das Universum zu rasen.

Der Größenwahn des Mannes steigert sich im Bereich der Kunst oft ins Groteske. Für einen VAN GOGH blättert der Käufer Millionen hin, freilich nicht für das Gemälde, sondern um sich wichtig zu machen. Würde demselben Käufer in einem gewöhnlichen Laden die Kopie eines Van-Gogh-Gemäldes für einen geringen Preis angeboten, dann würde er nicht einmal einen Blick darauf verschwenden. Für ein paar hundert Mark kauft man sich keinen Ruhm.

Das Traurige an dieser Angelegenheit wird noch deutlicher, wenn wir bedenken, wie viele natürliche Ressourcen für immer zerstört wurden, nur um Millionen Gewinne zusammenzuraffen für ein Gemälde, das wahrscheinlich künftig unzugänglich in einem dunklen Safe aufbewahrt wird.

Jeder weiß, daß Autos in hohem Maß zur Umweltverschmutzung beitragen. Je stärker der Motor, desto schlimmer ist die Belastung der Umwelt. Und dennoch kaufen die Menschen trotz

Geschwindigkeitsbegrenzungen schnelle Autos – je schneller, desto besser –, nur um ihr Geltungsbedürfnis zu befriedigen.

Wir kommen überhaupt nicht auf die Idee, mal auszurechnen, wie viele natürliche Ressourcen wegen unserer unnötigen Autos für immer verloren sind.

In der ersten Klasse der Linienmaschinen fliegen heute Geschäftsleute, die auf diese Weise ihr Geltungsbedürfnis befriedigen müssen. Mindestens 90 Prozent dieser Männer könnten ihre geschäftlichen Transaktionen wahrscheinlich per Telefon, Telex oder Telefax abwickeln, aber natürlich schmeichelt es ihrem aufgeblähten Ich mehr, erster Klasse um die Welt zu jetten. Die Fluggesellschaften haben das erkannt und deswegen für die VIPs VIP-Lounges in den Flughäfen erfunden, um das Flugverkehrsaufkommen zu steigern. Nichts schmeichelt dem geltungssüchtigen Ego mehr, als Kaviar und Champagner gratis zu genießen. Es ist schon komisch, wie Geltungsbedürfnis die Liebe zu Kaviar und Champagner erwecken kann. Groß ist die Macht des männlichen Geistes!

Um unseren Geltungstrieb zu befriedigen, geben wir eine Menge von dem Geld, das wir bei der Ausbeutung der begrenzten natürlichen Ressourcen verdient haben, in teuren Restaurants aus.

Ich frage mich, wie viele Öl-Dollars schon von geltungsbedürftigen arabischen Scheichs weltweit über die Tische der Spielkasinos geschoben wurden.

Die Wissenschaftler sind sich sehr wohl bewußt, daß eines der größten Probleme, mit denen wir konfrontiert sind, die ungehemmte Zunahme der Weltbevölkerung ist.

Um ihr Geltungsbedürfnis zu befriedigen und berühmt zu werden, versuchen eben diese Wissenschaftler jedoch, das Gen der Langlebigkeit zu finden, wodurch sie dieses Problem noch verschärfen. Kürzlich las ich in einer führenden Londoner Tageszeitung folgende Schlagzeilen: »Bevölkerungsexplosion bedroht unseren Planeten« und »Hurra! Wir können 200 Jahre alt werden.«

Frauen, die sich ja meistens um die Alten kümmern, könnten diesen Wissenschaftlern und den diversen Männern, die alles zahlen würden, um ewig leben zu können, erzählen, daß Lebensverlängerung in den meisten Fällen bedeutet, das Alter zu verlängern, die Gebrechlichkeit zu verlängern, ein immer größeres Potential von Menschen zu schaffen, deren Überleben von der Gemeinschaft abhängt. All das kostet wieder eine Menge natürlicher Ressourcen. Das bedeutet, daß eine gebrechliche, überalterte Bevölkerung die natürlichen Ressourcen künftiger Generationen verbraucht. Die verzweifelte Geltungssucht des Mannes scheint auch den Sinn für Fairneß zu töten.

Dieselben Wissenschaftler investieren sogar einen Teil unseres wirtschaftlichen Gewinns, der durch Ausbeutung der Schätze unserer Erde erzielt wurde und folglich die künftigen Kinder dem Verhungern preisgibt, in die Erforschung und Praxis der künstlichen Befruchtung, was ja ebenfalls zur Übervölkerung der Erde beiträgt.

Inzwischen scheint der Mann vor allem deswegen von seinem Privilegien-Podest herabzusteigen, weil die Hauptverbündeten seiner Vormachtstellung, seine Ideologien und Heilslehren, allmählich außer Mode kommen. Sie kommen immer mehr aus der Mode, weil sie von der Wirklichkeit immer lächerlicher gemacht werden. In jüngster Zeit waren wir Zeugen, wie der Kommunismus, eine der globalen Ideologien, zusammenbrach und Millionen gläubiger Anhänger ernüchterte und schockierte. Als nächstes wird der Kapitalismus verschwinden, auf den sich viele stützen, die eine Reptilienmentalität haben. Der Kapitalismus wurde durch die Existenz des Kommunismus am Leben gehalten. Um bestehen zu können, muß eine Ideologie ein Feindbild haben. Ohne Feind wird aus dem Glauben Unglauben. Ein Feind erschreckt, und Furcht dämpft die geistige Aktivität eines Menschen bis zu einem Niveau, auf dem das Wunschdenken gedeiht.

Ich möchte nun Ihre Aufmerksamkeit auf die Tatsache lenken, daß in den vergangenen 150 Jahren unzählige einschlägige Bücher publiziert wurden, die beweisen sollen, daß die Lehren von MARX und der Kommunismus das einzig Richtige seien. Dafür wurden riesige Flächen an Wald zerstört. Inzwischen sind diese Bücher nur noch eine Erinnerung an die Arroganz und Dominanz des Mannes.

Ich möchte auch erwähnen, daß der Mann über Jahrhunderte

Abermillionen von Bibeln auf Kosten der Wälder und anderer natürlicher Ressourcen und auf Kosten künftiger Generationen hergestellt hat, um sich zu vergewissern, daß der allmächtige Gottvater den Mann auserwählt hat, die Welt zu erobern und die Frau zu unterwerfen, deren gesunder Menschenverstand sein größter Feind ist, und sie auf dem Scheiterhaufen zu verbrennen, wann immer sie im Namen ihres gesunden Menschenverstandes rebellierte.

Allmählich verliert der Mann immer mehr seine Überzeugung, daß er die Welt erobern könne, vor allem wenn er krank ist oder angesichts des Todes oder wenn ihn ein winziges Virus außer Gefecht setzt. Auch die hoffnungsvollen Erwartungen des männlichen Geistes wurden erschüttert, viele Illusionen ihm geraubt. Die medizinische Wissenschaft, die so viel versprach, hat maßlos enttäuscht. Mit Millionen Dollars im Rücken hatten die Amerikaner versprochen, daß gegen Ende der achtziger Jahre der Krebs besiegt sein würde. Gleichwohl sterben täglich immer mehr Amerikaner an Krebs.

Die medizinische Wissenschaft hat nicht einmal eine wirksame Therapie für den Schnupfen gefunden.

Es wurde nachgewiesen, daß verschiedene Theorien auf dem Feld der Psychotherapie, denen zufolge Geistesstörungen geheilt oder gelindert werden konnten, eher mythisch als wissenschaftlich sind und mehr das Geltungsbedürfnis des Psychotherapeuten befriedigen als seine Patienten kurieren.

Die moderne Technologie hat in allen Bereichen des Lebens zu einer rasanten Beschleunigung geführt, die Streß und Unfälle fördert.

Diese Schnellebigkeit, die unseren natürlichen biologischen Rhythmus ignoriert, die oft in Unruhe oder Erregtheit mündet, in schwindelerregende Verzweiflung oder Alpträume als Folge technischen Fortschritts, ist von Furcht begleitet, und diese Furcht mindert die Empfindlichkeit, Empfindsamkeit, Fürsorglichkeit und Menschlichkeit des Mannes.

Die größten Leistungen des Mannes auf dem Gebiet der Naturwissenschaften, die ihm zu einer geringeren Instabilität verhelfen sollten, sind zutiefst deprimierend. Es sind dies ALBERT EIN-

STEINS »Relativitätstheorie«, WERNER HEISENBERGS »Unschärferelation«, die »Nichtvorhersagbarkeit« der Kernphysik, JACQUES MONODS »Zufall« und MAX PLANCKS »Quantentheorie«. Die Philosophie, auf die der männliche Geist so stolz ist, hat ihn in eine Sackgasse geführt.

Es ist sonderbar festzustellen, daß manche Philosophinnen in ihrem Streben nach Gleichberechtigung klagen, daß die Männer, die auch in der Philosophie dominieren, sich weigern, Frauen in ihrem in der Sackgasse gelandeten Klub aufzunehmen. Vielleicht fürchten die Männer, die Frauen könnten sie von ihrem Piedestal in die Wirklichkeit hinabstürzen. Seit PLATO und ARISTOTELES haben die Philosophen stets die Frauen gefürchtet: Sie fühlen sich von ihnen durchschaut.

Die Kunst, ein weiterer Stolz des männlichen Geistes, hat ihn in eine noch lächerlichere Lage gebracht, indem »Künstler« wie ANDY WARHOL Heldenverehrung genießen. Zunehmend werden die Werke von Leuten mit gestörter Wahrnehmungsfähigkeit oder solche, die an einer Geistesstörung leiden, als »künstlerisch wertvoll« beurteilt.

Die meisten modernen Kunstwerke sind wegen ihrer Häßlichkeit einschüchternd oder erschreckend. Vielleicht sind sie häßlich, weil sie ohne Liebe, von Liebesunfähigen geschaffen wurden.

Erregung, eine Folge der einschüchternden Häßlichkeit der Entstellung der Natur im größten Teil der modernen Kunst, scheint die beruhigende Wirkung der Schönheit ersetzt zu haben. In unserer neurotischen und unruhigen Zeit ist Erregung der höchste Wert, weil sie in unruhigen Geistern eine Flucht in noch stärkere Erregung bedeutet.

Moderne Architekten bauen viele Häuser, aber wenig Heime. Mehr noch, die modernen Gebäude strahlen nur selten die Heiterkeit der alten Häuser aus. Vor lauter Häßlichkeit verfallen sie bald zu Ruinen. Moderne Möbel bieten wohl Bequemlichkeit, aber keine Schönheit oder Entspannung. Durch ihren provisorischen Charakter können moderne Möbel Streß auslösen.

In unserer Krise der Religionen und Ideologien sind auch Politiker lächerliche Figuren.

Wenn die Ideologien und der Glauben des Mannes erschüttert sind, verliert er Aggressivität. In meinen Augen ist dies der Hauptgrund, warum derart radikale revolutionäre Veränderungen, wie sie gerade in Osteuropa stattfinden, ohne größere Brutalität oder Gewalt erfolgen.

Um seine Vorherrschaft zu rechtfertigen, schuf der Mann die Theorie, daß Aggressivität ein angeborenes Verhaltensmuster, ein Instinkt des Menschenmännchens ist.

Der defensive Gebrauch körperlicher Kraft, der eine Zunahme der Instabilität verhindert, ist Tieren und Menschen angeboren. Erst mit der Erfindung von Religionen und Ideologien entwikkelte der menschliche Geist etwas in der Natur Einzigartiges, nämlich offensive Aggression, welche die Zerstörung der Natur und ihrer Ordnung impliziert. Das eigentliche Wesen des Geistes besteht in seinem Dünkel, das Wesen des Dünkels besteht darin, daß er versucht, die Natur zu zwingen, sich den Ideologien und dem Wunschdenken des Mannes anzupassen. Die Natur erobern heißt, die Natur zu zerstören.

Die Energie für die defensive Aggression gewinnen wir hauptsächlich durch Furcht. Die für die offensive Aggression benötigte Energie wird von der nervösen Energie bereitgestellt, die der Dünkel männlichen Wunschdenkens und männlicher Illusionen erzeugt.

Da der Geist während der männlichen Adoleszenz am fruchtbarsten ist, kennzeichnet die offensive Aggression Männer mit jugendlich-unreifer Mentalität.

Diese Form der Aggression ist bei Frauen selten, selten auch bei Männern mit reifer Persönlichkeit.

Die alten Griechen wußten nur zu gut, daß offensive Aggression ein männliches Phänomen ist, als sie behaupteten, daß ATHENE, die höchste Göttin des Krieges und der Gewalt, dem Haupte des ZEUS entsprungen war. »Beim Schlag der bronzebewehrten Axt löste sich Athene mit einem lauten Schrei vom Scheitel ihres Vaters. Vor ihr erzitterten der Himmel und Mutter Erde«, schrieb der Dichter PINDAR. »Zeus, der göttliche Schöpfer, gebar sie aus seinem heiligen Haupte«, heißt es in einer Ode des HOMER. Im »*Eumenides*« legt AISCHYLOS Athene folgende stolze Worte in den Mund: »Kein Weib hat mich geboren, in allem ist mein Herz zum Männlichen geneigt...«

Athene, die Göttin der offensiven männlichen Aggression, war Tochter eines Mannes. Sie hatte keine Mutter.

Aberglauben, Ideologien und Religionen zählen zu den Hauptursachen der offensiven männlichen Aggression und werden vom männlichen Geist erzeugt.

Wenn der Geist eines Mannes von einem Glauben oder einer Idee besessen ist, entwickelt er Fanatismus, eine schwerwiegende Ursache der Zerstörung.

Tyrannei, diese Verkörperung offensiver Aggression, gründet sich stets auf eine Ideologie oder einen Glauben.

Eine der schlimmsten Formen offensiver Aggression finden wir in Verfolgungen und Revolutionen, und diese werden immer durch eine Ideologie oder einen Glauben ausgelöst.

Weitere häufige Auslöser von Verbrechen und Gewalt sind rassische oder nationale Vorurteile, sämtlich vom männlichen Geist hervorgebracht.

Eifersucht, Neid, Eitelkeit, Titelsucht, Groll, Bosheit, Verachtung, Haß und Gehässigkeit sind Ursachen offensiver Aggression und sind Geisteszustände oder Emotionen, die durch Geisteszustände erzeugt werden.

»Es gibt keine Liebe ohne Aggression«, behauptete KONRAD LORENZ. Das stimmt, aber nur bei Menschen mit jugendlich-unreifer Mentalität. Ihre Liebe ist tatsächlich die Ich-Liebe des Geistes, und die ist aggressiv.

Immer und überall haben Männer Menschen gefoltert im Namen eines Glaubens oder eines Vorurteils. Inquisitoren sind immer fanatische Gläubige.

Der Mann betrachtet eine Kränkung seiner Ehre als hinlänglichen Grund für eine heftige aggressive Reaktion. Beleidigungen jedoch treffen nur Personen mit starker Selbstüberschätzung.

Von der Wunschvorstellung inspiriert, der Natur überlegen zu sein, entwickelte der Mann seine beiden häßlichsten Aktivitäten: Schändung und Vandalismus. Im ökologischen Vandalismus und in der Schändung der Erde nahmen diese ihre schlimmsten Formen an.

Da die aggressivmachenden Ideologien und Religionen ins Wanken gerieten, wurde auch die Vormachtstellung des Mannes erschüttert. Ohne Vorherrschaft ist der Mann verloren. Wenn der Mann verloren ist, tritt die Frau stärker hervor. Befreit von der männlichen Vorherrschaft, faßt die Frau Mut, sie selbst zu werden, eine ganzheitlichere Wahrnehmung des Lebens zu praktizieren, eine tiefere Vernunft, die den Gedanken an Zukunft über alles stellt.

Die von der männlichen Vorherrschaft befreite Frau könnte dem Mann helfen, seine streßbewirkenden Zweifel zu überwinden. Zweifel sind im wesentlichen Fluchten. Ein Zweifel besagt nicht, daß man nicht die Wahrheit kennt, sondern er bedeutet, daß man vermeidet, der Wahrheit ins Gesicht zu blicken, daß man ihr ausweicht.

Wenn der Mann sich auf die irdische Realität einläßt, wird er dadurch belohnt, daß er sich von einer Menge Streß befreit. Darüber hinaus wird der Mann, wenn er die irdische Wirklichkeit anerkennt, auf der Erde statt im Wolkenkuckucksheim leben müssen und dann behutsamer mit dem Planeten und mit der Umwelt umgehen.

In einer Gemeinschaft, die von der praktischen Intelligenz der Frau dominiert ist, steigt der Mann aus seiner sich beweihräuchernden geistigen Welt des Wunschdenkens herab in die Wirklichkeit, er gelangt von der jugendlich-unreifen Mentalität zur Reife, wobei Reife eine mütterliche Mentalität impliziert, die von Fruchtbarkeit und Fürsorglichkeit getragen ist, einer Fürsorglichkeit für die anderen, für die Umwelt, für die Zukunft. Der Mann, der sich mütterliche Qualitäten aneignet, wird menschlich.

Ein Leben im Zustand der Reife mag weniger aufregend sein, aber es bringt auch weniger Streß. Wir nähern uns einem Punkt, an dem wir uns keinen weiteren Streß leisten können; denn jede weitere Schwächung unseres Immunsystems kann Viren reaktivieren, die wir seit Jahrmillionen latent in uns tragen, und Epidemien ausbrechen lassen, die weitaus gefährlicher sind als Aids. In der Tat waren viele Krankheiten und Störungen, die mit einem geschwächten Immunsystem zusammenhängen, vor 150 Jahren noch unbekannt oder außerordentlich selten.

Mehr noch, die Menschheit kann sich nicht mehr länger die unberechenbare jugendlich-unreife Mentalität des Mannes leisten, die vorrangig darauf bedacht ist, ihr aufgeblähtes Ich oder ihr übersteigertes Geltungsbedürfnis durch Gier, hemmungslosen Konsum und Verschwendung zu befriedigen. Bewahren und Erhalten liegen mehr in der weiblichen Natur, da es ihr angeborenes Bedürfnis nach Ordnung, Sicherheit und Heiterkeit befriedigt. Nie zuvor waren Bewahren und Erhalten so eminent wichtig für unseren Planeten und das Leben auf ihm.

Da die männliche Anmaßung und Dominanz ins Wanken geraten sind,, wird er die Frau nicht mehr hindern können, wenn sie die Umwelt und das Leben auf der Erde zu retten versucht. Schließlich müssen die Umwelt und das Leben, um weiter zu bestehen und zu gedeihen, gehegt werden, und dies ist eine natürliche Gabe der Frau.

Allmählich büßt der Mann sein Image vom »ganzen Kerl« ein, und die Ideologie der Männlichkeit verblaßt schnell. Immer mehr Frauen werden zur Ernährerin ihrer Familie. Die schwere körperliche Arbeit in Fabriken, auf die der Mann früher seine Männlichkeit stützte, ist automatisiert und wird von Computern gesteuert, die Frauen genau so gut bedienen können wie Männer. Kriegerische Auseinandersetzungen werden nicht mehr von tapferen Kämpfern ausgetragen, sondern sind Domäne der modernen Technik geworden, mit der Frauen ebenso geschickt umgehen. Im übrigen werden Kriege immer unzeitgemäßer. Bald wird die Wirklichkeit die Fanatiker oder Fundamentalisten verschiedener Religionen lächerlich machen. Die Frauen werden allmählich erkennen, daß religiöser Fanatismus und Fundamentalismus Kopfgeburten des Mannes sind, mit denen er seine Dominanz und Vorherrschaft zementieren will.

Die sogenannte biologische Arbeitsteilung, die den männlichen Theorien über den biologischen Determinismus, in denen der »echte Mann« dominiert, so teuer ist, hat ihre biologische Berechtigung eingebüßt.

Es wird heute immer deutlicher, daß der »Machismo« nicht in den männlichen Genen steckt, sondern der Begehrlichkeit seines aufgeblähten Ichs entspringt. Offensive Aggression, brutale Gewalt, Gewalttätigkeit und arrogante Selbstsicherheit, die früher den Wert des »echten Mannes« ausmachten, werden immer weniger akzeptiert. Je mehr die Frauen sich durchsetzen, desto mehr werden Vulgarität und Gewalttätigkeit verachtet und als barbarisch oder primitiv verdammt.

Wenn die Frauen in den Vordergrund rücken, wird gesunde Zusammenarbeit den Streß erzeugenden Wettbewerb ablösen. Mit der Kooperation werden wir wahre Gleichheit erreichen. Wettbewerb fördert die Ungleichheit und Hierarchie, die böses Blut machen. Niemand ist gern ein Verlierer oder der Nachbar eines Konkurrenten.

Immer mehr Menschen erkennen, daß die Besessenheit des Mannes, das Maximum zu erreichen, verglichen mit dem Streben der Frau nach dem Optimum, viel zu verschwenderisch ist. Er begehrt blindlings Unnötiges, sie gibt sich mit dem Nötigen zufrieden. Das Maximum zerstört die natürlichen Ressourcen, das Optimum bewahrt sie, da es ökonomische Harmonie impliziert. Das Maximum ist durch Quantität, das Optimum durch Qualität bestimmt. Der Geltungsdrang des Mannes läßt sich lieber an der Menge als am guten Geschmack oder an Qualität messen. Quantität beeindruckt den Mann, sein Motto lautet: »Je mehr, desto besser.«

Ein Manager wird die Spesen, die ihm seine Firma bewilligt, bis an die äußerste Grenze ausschöpfen, um seinem Ich zu schmeicheln. Managerinnen sind dagegen im gleichen Punkt deutlich bescheidener.

Die Beziehungen zwischen Männern und Frauen sind auch deshalb anstrengend, weil sich die meisten Frauen in eine Beziehung vollständig einbringen, während die meisten Männer darin nur eine Rolle spielen und mehr ihr idealisiertes Ich darstellen als ihr wahres Ich einbringen.

Bei der Ehe ist dieser Unterschied besonders deutlich.

Die Ehe funktioniert hauptsächlich deshalb nicht mehr richtig, weil sie für die meisten Frauen im Mittelpunkt ihres Interesses steht, während sie für den Mann im allgemeinen erst an zweiter Stelle kommt. Seine Karriere, sein Geschäft oder sein Hobby befriedigen seinen Geltungsdrang stärker und kommen deswegen zuerst. Die Frau geht vollständig in der Ehe auf. Dieses tiefe Engagement steht im Gegensatz zu dem zwanghaften männlichen Kult um Individualität, persönliche Freiheit und Unabhängigkeit.

Ehe impliziert Gemeinsamkeit, und das bedeutet persönlichen Verzicht. Dies kränkt den Eigendünkel des Mannes.

Ehe bedeutet zu teilen. Man kann aber keine Dividende bekommen, wenn man nicht vorher etwas investiert hat. Übrigens betrügt der Mann beim Teilen, denn er investiert weniger in die Ehe als die Frau.

Soll die Ehe eine Einheit sein, dann muß sie Nähe schaffen. Diese ist schwer zu bewerkstelligen, da viele Männer heiraten, um die Rolle des Machos zu spielen, ihre sexuelle Tüchtigkeit zu trainieren und um ihr Ego zu blähen.

Die extreme Selbstsucht und Ichbezogenheit des modernen Mannes hat das Vertrauen der Frau gemindert, durch die Ehe Sicherheit und Schutz zu finden. Statt dessen suchen heute immer mehr Frauen Sicherheit in Beruf und Karriere.

Unter der Führung durch die Frauen wird die heutige kurzsichtige jugendlich-unreife Denkweise des Mannes durch die offenere und differenziertere reifere Denkweise der Frau ersetzt. Dies wird zu einem guten Teil den Streß beseitigen, den die männliche Vormachtstellung erzeugt.

Von überragender Bedeutung ist jedoch, daß nur diese reife Art des Denkens der Menschheit helfen kann, die schweren Probleme zu lösen, mit denen unser Planet und das Leben darauf konfrontiert sind. Ökologische und Umweltprobleme werden zu schweren Streßfaktoren in unserem Leben.

Die reifere, offenere und differenziertere Denkweise kann diese Probleme lösen helfen, da sie zukunftsbezogen ist.

Vielleicht verdrängt der Mann mit der jugendlich-unreifen Mentalität absichtlich den Gedanken an die Zukunft.

Der Gedanke an die Zukunft impliziert Sinn für Verantwortung und verhindert daher, daß männliche Ansprüche hier und jetzt befriedigt werden. Der Gedanke an die Zukunft beinhaltet

Verzicht in der Gegenwart, und dies kränkt das jugendlich-unreife Ich.

Da die Frau in ihrem Denken eine praktische Vorstellung von der Zukunft hat, ist sie auch besser gerüstet, diese zu planen und zu gestalten. Die männliche Kurzsichtigkeit mit ihrer rücksichtslosen Direktheit zieht es vor, mit Opportunismus und mit Tricks zu arbeiten, während die reifere offenere und differenziertere Denkweise der Frau lieber planvoll und strategisch vorgeht.

Da die Frau die positive Erfahrung der Periodizität hat, ist sie insgesamt besser imstande, einen Begriff von Zeit zu entwickeln. Tatsächlich wird der Begriff der Zeit hauptsächlich durch Periodizität erzeugt.

Wenn der Mann mit jugendlich-unreifer Mentalität in die Zukunft blicken soll, weicht er entweder in eine utopische Vision aus oder betrachtet sie als Abenteuer. Tatsächlich halten viele Männer die Abenteuerlust für einen der Hauptvorzüge ihrer Männlichkeit.

Daß viele Männer die Zukunft als Abenteuer betrachten, darf nicht überraschen, weil die durch ihre Anmaßung und Vormachtstellung erzeugte unsichere Existenz des Mannes eine überstürzte Existenz ist, die jegliche Planung oder Strategie verhindert. Tatsächlich ist ein Mann um so verwegener, je anmaßender und dominanter er ist.

Der Kapitalismus schätzt Verwegenheit sehr hoch ein. Der Kapitalismus rühmt auch die wenigen Abenteuer, die Profite einbrachten. Die Apologeten des Kapitalismus erwähnen jedoch nicht die große Zahl der fehlgeschlagenen Abenteuer, die einen großen Teil der natürlichen Ressourcen verwüsteten und somit möglichem und künftigem Leben auf dem Planeten schaden.

Abenteurer prahlen mit ihrem Optimismus. Seinem Wesen nach ist Optimismus jedoch eine Flucht vor der Realität. Deswegen fallen Optimisten, vor allem die extremen, meistens der Realität zum Opfer. Optimismus beschränkt die Sensitivität, Wahrnehmung und das Denken, während Realismus diese Qualitäten vertieft und dadurch viele Unglücksfälle verhindert.

Viele Menschen sagen, die Zukunft flöße ihnen Angst ein.

Dies trifft nicht für jene zu, die mit dem Gedanken an die Zukunft leben. Im Gegenteil, wer mit einer pragmatischen Vorstellung von der Zukunft arbeitet, kann Zufriedenheit, Heiterkeit und Lebensfreude erlangen, indem er sich der Zukunft stellt.

Diejenigen, die über Zukunftsängste klagen, fürchten sich in Wirklichkeit vor ihrer gegenwärtigen unsicheren Existenz, die durch ihre Anmaßung und Dominanz, durch ihre Konzeptionslosigkeit in bezug auf die Zukunft entstanden ist.

Die Neigung des Mannes zu unmittelbarer Befriedigung und kurzsichtigem Denken läßt keinen Gedanken an Zukunft zu und verhindert somit auch meist, daß eine weitere wichtige Idee entwickelt wird, nämlich die Idee der Prävention, also schädliche Ereignisse oder nachteilige Folgen zu verhüten. Ich bin übrigens überzeugt, daß viele ökologische und Umweltprobleme hätten verhindert werden können, wenn den Frauen mit ihrer reiferen Denkweise in der Vergangenheit ein höherer gesellschaftlicher Rang zugebilligt worden wäre.

Der Unterschied zwischen männlichem und weiblichem Denken beruht, glaube ich, nicht so sehr auf biologischen Unterschieden der Gehirne oder unterschiedlichen hormonellen Aktivitäten, sondern auch auf der unterschiedlichen Entwicklung der neuronalen Strukturen des Gehirns in der frühen Kindheit.

Elterliches Verhalten wie auch die körperlichen Kontakte zu weiblichem Nachwuchs sind im allgemeinen spielerischer, sanfter, fürsorglicher und beschützender. Dadurch kann das kleine Mädchen seine übergeordneten Hirnstrukturen besser entwickeln. Mit den Strukturen des limbischen Systems entwickelt das Mädchen den Drang zum Miteinander, eine Neigung zu Anteilnahme und Kooperation, zu Fürsorge und Liebe. Die bessere Entwicklung des limbischen Systems führt zu einer ausgeprägteren Intuition, die hauptsächlich auf einer intensiveren, stärkeren und umfassenderen Wahrnehmung beruht. Eine bessere Entwicklung der neuronalen Strukturen des limbischen Systems steigert die Leistung der Sinne und fördert dadurch eine genauere Wahrnehmung. Die differenziertere Entwicklung der neuronalen Strukturen der übergeordneten Gehirnteile führt zu einer ausgeglicheneren, harmonischeren und ganzheitlicheren Denk- und Handlungsweise. Sie fördert außerdem Sprache und Kommunikation.

Die von Natur aus zarteren und ängstlicheren und deswegen auch leichter als Mädchen zu ängstigenden Knaben werden von den Eltern, vor allem von stolzen Vätern, meist gröber und weniger liebevoll behandelt und dadurch in der Regel erschreckt oder eingeschüchtert. Dies kann die Entwicklung der neuronalen Organisation des limbischen Systems hemmen oder bremsen, so daß die heranwachsenden Knaben eher dem Einfluß ihres Reptilienerbes erliegen. Daraus erklärt sich die Neigung der meisten Männer zu kurzsichtiger selbstsüchtiger und egozentrischer Denk- und Verhaltensweise.

Natürlich gibt es Ausnahmen von dieser Regel. Manche Eltern bringen allen ihren Kindern, ob Junge oder Mädchen, die gleiche unbefangene Liebe und zärtliche Zuwendung entgegen. Andere, die vielleicht das weibliche Geschlecht als minderwertig betrachten, bevorzugen ihre Söhne und mißachten ihre Töchter. Das könnte erklären, warum manche Frauen so selbstsüchtig werden und manche Männer sich so bemühen, freundlich und hilfsbereit zu sein.

Jungen werden meist ermutigt, ihre Väter durch maskulines und hartes Verhalten nachzuahmen, was die Entwicklung der neuronalen Organisation der übergeordneten Gehirnteile verlangsamt, während den Mädchen die Mutter als Vorbild hingestellt wird, was bei ihnen bewirkt, daß sich eben diese Gehirnstrukturen besser entwickeln.

Die Sitte des Mittelstands in den nördlichen Ländern der westlichen Welt, Kinder in die Obhut von Kindermädchen zu geben, um sie auf Distanz zu halten, da Schmusen und Spielen mit Kindern als gewöhnlich galten, hat in den vergangenen zweihundert Jahren viele Menschen hervorgebracht, bei denen das Reptiliengehirn überwog. Dies erzeugte Härte, Selbstsucht, Hemmungslosigkeit, Grausamkeit und unbarmherzigen Kapitalismus. Die allergewöhnlichste Berechnung wurde in eine Philosophie namens »Pragmatismus« umgewandelt, die im wesentlichen extremen, von kurzsichtigem Denken und Habgier beherrschten Eigennutz bedeutet, ungeachtet der Folgen und Nebenwirkungen und der Zukunft.

Eine offenere und tiefere Denkweise würde die unseren Begriff von Gesellschaft radikal ändern. Die Gesellschaften oder Organisationen des Mannes sind entweder von irgendwelchen ideologischen Überlegungen inspiriert, oder sie sind kulturelles Erbe. Ihrem Wesen nach ist eine Organisation mit der Vergangenheit, einer sich wandelnden Wirklichkeit, einer Zukunft befaßt. Die meisten Organisationen sind, da sie durch Ideologien oder durch die Vergangenheit inspiriert sind, alles andere als realistisch. Mehr als je zuvor benötigen wir einen neuen Sinn für Organisation, vor allem wegen der dramatischen Verschlechterung der Umweltbedingungen auf unserem Planeten.

Die Überlegenheit der Frau über den Mann im organisatorischen Bereich beruht auf einem deutlichen Vorteil: Die Frau hat ein viel feineres Verständnis des Mannes als umgekehrt.

In unserer Welt, die immer kleiner wird, finden sich die Frauen in internationalen Beziehungen weitaus besser zurecht als Männer. Männer werden durch ideologische und kulturelle Indoktrination, durch nationale Vorurteile und regionale Voreingenommenheit voneinander abgegrenzt. Frauen sind kosmopolitischer und geistig offener.

In seinen internationalen Beziehungen läßt sich der Mann übrigens von seinen persönlichen Interessen, oft von seinem Narzißmus leiten.

Um den vom Mann erzeugten Streß in der Beziehung zwischen Mann und Frau zu beseitigen und um den Streß zu verringern, den die vom Mann verursachte Verschlechterung der Lebensbedingungen auf unserem Planeten bewirkt, sind einige radikale Veränderungen ratsam.

Um eine streßärmere Welt zu schaffen, sollten die Frauen nicht versuchen, es den Männern gleichzutun oder, schlimmer noch, sie gar zu übertreffen, vor allem jetzt, da der Mann auf der Verliererseite steht. Übrigens können Frauen sich noch härter und hemmungsloser als Männer aufführen, wenn sie diese nachzuahmen versuchen.

Frauen sollten versuchen, sie selbst zu werden, um offener, differenzierter und ganzheitlicher denken und handeln zu können.

Es läge im Interesse der Männer, der Menschheit und des Lebens auf der Erde, würden die Männer die Frauen unterstützen und ermutigen, sie selbst zu werden. Wenn der Mann weiterhin die Frau unterjocht, sie vergewaltigt, mißachtet, fürchtet oder schlägt, ist er der Verlierer ebenso wie seine Kinder und wie das Leben auf dieser Erde.

Vielleicht würde es der Frau helfen, sie selbst zu werden, wenn sie bei der Heirat nicht mehr den Namen des Mannes annähme, sondern ihren Mädchennamen behielte. Dies könnte dem Mann auch etwas von seinem Geltungsdrang nehmen, ihn der Wirklichkeit und einem streßärmeren Leben näherbringen.

Auch bei uns sollten die Kinder den Namen der Mutter tragen.

Alles in allem gibt es dafür einen gewichtigen biologischen Grund. Jedes Kind erhält in seiner biologischen Ausstattung viel mehr von der Mutter als vom Vater.

Das mütterliche Ei ist tausendfach größer als das väterliche Samenfädchen, und es ist das Ei, aus dem sich das neue Leben entwickelt. Das Ei ist eine vollständige Zelle, mit Protoplasma, dem Mechanismus für die Proteinsynthese, den Enzymen und Mitochondrien, jenen Kraftwerken, die Energie für den Zellstoffwechsel liefern. Die Mitochondrien, die nur über die weibliche Linie ererbt werden, besitzen ihre eigenen unabhängigen Gene. Tatsächlich gehen eine ganze Reihe dieser Mitochondriengene bis auf die Mutter der Menschheit, Eva, zurück.

Mehr noch, das mütterliche Ei verfügt über eine spezifische Organisation, einen eigenen charakteristischen Stoffwechsel und seine besondere Schwachstelle, den *Locus minoris resistentiae*, die Zellorganelle – und alle diese Faktoren beeinflussen die Persönlichkeit und das Verhalten des neuen Geschöpfes.

Der väterliche Beitrag zu dem neu geschaffenen Leben besteht nur in einem halben Chromosomensatz.

Möglicherweise hat die von Männern dominierte Biologie im Namen dieses halben Chromosomensatzes, den der Vater zu dem neuen Lebewesen beisteuert, den Mythos von der Vorherrschaft eines neuen Gottes erfunden, nämlich des allmächtigen und allgegenwärtigen, angeblich das Leben bestimmenden Gens. Die Genfetischisten vermeiden jedoch zu erklären, daß ein Gen, um wirksam zu werden, von der Zelle und den Zellstrukturen, die von dem mütterlichen Ei ererbt sind, aktiviert werden muß.

Der Unterschied zwischen den Genen eines Schimpansen und denen eines Menschen scheint weniger als zwei Prozent zu betragen. Der Unterschied zwischen einem Schimpansen und einem Menschen beruht weniger auf dem Unterschied in den Genen, sondern auf ihren Körperzellen, deren Strukturen und Organellen, die mütterlich vererbt sind.

Die dritte wesentliche Veränderung, die durchzusetzen die Frauen versuchen müßten, ist ein neues Erbrecht zugunsten der weiblichen Linie. Das würde der Frau helfen, mehr sie selbst zu sein, stärker auf ihre Intuition und ihre ganzheitliche Denkweise zu vertrauen, ihre Kinder mit mehr Menschlichkeit zu erziehen und dadurch die Menschheit und ihre Lebensqualität zu verbessern.

Dies würde auch dazu beitragen, die Zunahme der Weltbevölkerung zu bremsen, da die Frauen in einer stärkeren Position wären, um ihre sexuellen Beziehungen zu steuern. Für die meisten Männer hängen Sex und Selbstbestätigung eng zusammen. Das in Unsicherheit lebende männliche Ego ist ständig auf der Suche nach Schmeichelei und Belohnung.

Im Streben nach Sicherheit müssen immer mehr Mütter einer Arbeit nachgehen, welche die Zeit einschränkt, die sie mit ihren Kindern verbringen können. Vernachlässigung, vor allem in den frühesten Jahren der Kindheit, kann aus dem betreffenden Kind leicht einen Menschen mit niedrigem Intelligenzquotienten, einen kläglichen Drogensüchtigen, einen schwachsinnigen Krawallmacher, einen grausamen Barbaren, hemmungslosen Verbrecher oder knallharten Terroristen machen.

Damit die Mütter eine reifere Menschheit hervorbringen könnten, sollten der Staat oder die Gesellschaft die wirtschaftliche Unabhängigkeit und Sicherheit der Mütter garantieren, insbesondere während der ersten Lebensjahre der Kinder, der Phase, in der die wichtigsten neuronalen Strukturen der neueren Teile des kindlichen Gehirns sich entwickeln.

Diese Veränderungen würden eines der widerlichsten Verhalten von Männern beseitigen: sexuelle Gewalt gegenüber Frauen und Kindern. Der Mann brauchte seine Potenz oder Dominanz nicht zu beweisen, würde er er selbst und müßte nicht mehr vorgeben zu sein, was er bloß sein möchte.

Durch diese Veränderungen wird ein Großteil an Streß, der durch die künstliche Idee des Patriarchats erzeugt wird, verschwinden. Die patriarchale Mentalität des Mannes bringt Streß für den Mann wie auch für die Frau: Der Mann muß seinem Wunschdenken leben, die Frau und die Kinder müssen sich dem anpassen.

Auch die Justizverwaltung wäre in weiblicher Hand besser aufgehoben.

Ohne Gerechtigkeit gibt es keine Ordnung, ohne Gleichheit oder Fairneß keine Gerechtigkeit und ohne Intuition keine Fairneß. Die Frau hat es infolge ihrer sichereren Intuition leichter, und sie ist besser gerüstet, fair zu handeln. Diese intuitive Fairneß wird beispielsweise sichtbar beim Umgang der Mutter mit ihren Kindern.

Im Bereich der Fairneß gedeiht die Scham, dieses stärkste Abschreckungsmittel gegen Verbrechen und Kriminalität.

In ihrer Gier nach Wirtschaftswachstum erkennen die Politiker nicht, daß sich die Menschen in Wirklichkeit nach Ordnung und Fairneß sehnen.

Die Frauen sollten Änderungen der Legislativen fordern.

Frauen müßten stärker in die Regierungsverantwortung einbezogen werden, vor allem sollten Frauen Frauen wählen.

In jedem Land der Welt leben zumeist mindestens fünfzig Prozent Frauen. Es wäre nur fair, wenn ihnen eine dementsprechende Beteiligung an der Legislativen eingeräumt würde.

Dies ist auch deswegen notwendig, weil die Gesetzgeber mit schwerwiegenden Problemen konfrontiert sein werden, wie künftiges Leben auf der Erde, menschengemachte Umweltverschmutzung, das gefährliche und launische Spiel des Mannes mit der genetischen Manipulation, Ehe, nichteheliche Kinder, Geburtenkontrolle, Schwangerschaftsunterbrechung, voreheliche Beziehungen, Kinderbetreuung, Altenbetreuung, Bildung und spätkapitalistische Wirtschaft.

Die Gesetzgeber werden sich mit dem ernsten Problem des Verfalls der Familie, mit der beunruhigenden Zunahme der Einelternfamilien, denen in neunzig Prozent Frauen vorstehen, auseinandersetzen müssen. Nach neueren Berechnungen werden im Vereinigten Königreich im Jahr 2000 fünfzig Prozent aller Kinder mit nur einem Elternteil aufwachsen. Immer mehr geschiedenen Vätern mangelt es ihren Kindern gegenüber, die bei der Mutter leben dürfen, an Fürsorglichkeit und Verantwortungsgefühl.

Im Westen ist mit einer Abnahme der Zahl junger Berufstätiger zu rechnen. Dem wird eine Zunahme der alten Menschen, der Drogensüchtigen, Arbeitslosen, Strafgefangenen, Invaliden und Behinderten gegenüberstehen, die sämtlich von der Gemeinschaft unterhalten werden müssen. Diese Gemeinschaft aber muß wegen schwerer ökologischer und Umweltprobleme die Ausbeutung der natürlichen Ressourcen drastisch einschränken.

Damit werden immer mehr Frauen gezwungen, einen Beruf auszuüben, was zu großen Veränderungen der Arbeitsbedingungen, der Arbeitszeit und des Arbeitsrhythmus in Büros, Fabriken und in Dienstleistungsunternehmen führen wird. Der Mann könnte von diesen Veränderungen wirklich profitieren, denn die inhumanen Arbeitsbedingungen, Arbeitszeiten und der Arbeitsrhythmus, wie sie vom japanischen Kapitalismus (einer Reptilienmentalität gehorchend) eingeführt wurden, sind erbärmlich, da unnütz und ungesund.

Auf allen diesen Gebieten muß die weitsichtigere und ganzheitlichere Einstellung der Frauen berücksichtigt werden.

Unsere Probleme und besonders die Probleme um die Zukunft unseres Planeten müssen dringend gelöst werden. Schnellere Lösungen sind von den Frauen zu erwarten. Der Mann mit seiner derzeitigen jugendlich-unreifen Mentalität liebt Probleme und reitet gern auf ihnen herum, weil sie ihm die Illusion vermitteln, daß er bedeutend sei. Ausschüsse und Unterausschüsse sind seine Lieblingsbeschäftigung, je länger sie tagen, desto wohler fühlen sich die Mitglieder.

Ich glaube, wir Männer sind bereit, vom hohen Roß herunterzusteigen und anzuerkennen, daß die meisten Frauen uns mit ihrem gesunden Menschenverstand, ihrem Verhalten, ihrer Intuition, ihrer Liebe und Sorge für das Leben und für die Umwelt überlegen sind. Wir wollen uns aber hier nicht weiter über die weiblichen Qualitäten auslassen.

Es wäre sinnvoll, die weiblichen Fähigkeiten für das öffentliche Wohl und zum Wohl unseres Planeten und des zukünftigen Lebens einzusetzen.

Ebenso wäre es sinnvoll, eine neue Wissenschaft, die Bioökonomie, zu fördern, um die Produktion und die Verteilung von Gütern auf biologische und geistige Werte zu gründen. Die Bioökonomie ist tatsächlich die einzige Lösung, da Ideologien immer unzeitgemäßer werden.

Wenn ich hier eine Dominanz der Frauen fordere, meine ich nicht Frauen, die in der männergemachten Politik erfolgreich sind oder waren. Diese Frauen zeichnen sich nicht durch echte Weiblichkeit, durch offeneres und differenzierteres Denken und Handeln aus, sondern sie beherrschen das grausame Spiel der Männer, das von skrupellosem kurzsichtigem Denken und Handeln beherrscht wird.

Diese Frauen leiden an einem »Athene-Syndrom«, wie ich es nenne: Wie die griechische Göttin Athene sind diese Frauen Vaterkinder; sie haben keine Mutter.

Wenn Frauen die ideologische Verblendung des Mannes nachahmen, können sie äußerst fanatisch und brutal werden.

Ich kann mir viele Männer vorstellen, die meine Anregungen als »Unsinn« abtun werden, vor allem jene, die aus der geistigen Pubertät ins Greisenalter übertreten, ohne jemals einen Zustand der Reife zu erreichen.

Ebenso kann ich mir vorstellen, daß viele Frauen, die den Mann nachzuahmen oder ihm gleich zu sein versuchen oder Streßsucht »anregend« finden, meine Vorschläge als »Unsinn« abwerten.

Das Studium der Geschichte hat mich jedoch gelehrt, daß viele Ideen, die bei den Zeitgenossen als unsinnig galten, späterhin anerkannt wurden.

Allerdings ist ein wesentlicher Punkt zu berücksichtigen. Der Mann muß von seinem Piedestal der Anmaßung und Dominanz heruntersteigen, denn eben diese männliche Haltung hat unseren Planeten und das Leben auf der Erde in eine so schwere Krise gebracht.

Mit seiner derzeitigen jugendlich-unreifen Mentalität ist der Mann außerstande, sie zu bewältigen.

Aus folgendem Grund glaube ich nicht, daß meine Anregungen unsinnig sind: Wir haben derzeit ein schwerwiegendes Problem. Einerseits nimmt die Weltbevölkerung rasant zu, andererseits aber auch die Ausbeutung der begrenzten natürlichen Ressourcen unseres Planeten. Früher oder später werden wir gezwungen sein, eine Rationierung einzuführen. Entweder müssen wir die Weltbevölkerung oder aber die Nutzung der natürlichen Ressourcen beschränken.

Dieses Problem zu lösen, sind Frauen wegen ihrer ganzheitlicheren Wahrnehmung, ihrer sichereren Intuition, ihrer offeneren und differenzierteren Denkweise, ihrer nüchterneren Sicht der Zukunft und ihres unbefangenen Sinns für Fairneß besser gerüstet.

Die Ichbezogenheit des Mannes, seine Konzentration auf die unmittelbare Befriedigung seines Geltungsbedürfnisses hindern ihn, in die über ihn hinausreichende Zukunft zu denken und zu planen.

Wer hier »Unsinn« sagt, sollte einmal darüber nachdenken, daß eine Frau niemals eine gleichgültige Haltung nach dem Motto »Nach mir die Sintflut« einnehmen würde, eine für viele Männer selbstverständliche Haltung, die bei vielen zukunftsorientierten potentiellen oder jetzigen Müttern starken Streß ausübt.

Die Kunst, den Tiger zu reiten oder Der gebändigte Streß

Auf den vorausgegangenen Seiten, vor allem im letzten Kapitel, habe ich Ihnen einige unbequeme Wahrheiten zugemutet, aber auch manch nützlichen, beherzigenswerten Rat gegeben. Ziel dieses Buches ist ja, Einsicht in die entwicklungsgeschichtlichen Ursachen von Streß und in die Zusammenhänge zwischen Streß und Streßreaktionen zu vermitteln und Sie dadurch zu motivieren, streßerzeugende Einstellungen und Verhaltensweisen zu ändern. Das bedeutet, einerseits ungesunden, aber süchtig machenden Streß – den gefährlichen Tiger – erkennen und vermeiden zu lernen und andererseits Streß als unvermeidbares, notwendiges und positives Lebenselement anzuerkennen, mit dem wir richtig umgehen müssen.

Wir sind längst in ein Zeitalter eingetreten, das eine neue Denkweise von uns fordert. Dies impliziert vor allem, daß wir uns vom Männlichkeitswahn und seinen fatalen Konsequenzen, die ich in diesem Buch geschildert habe, verabschieden. Nehmen wir uns statt dessen die mütterlich-reife Vernunft zum Vorbild unseres Denkens und Handelns. Dann lernen wir, unsere Kräfte nicht im zähen Kampf gegen Streß zu vergeuden, sondern sie sinnvoll einzusetzen und damit im weitesten Sinn dem Leben zu dienen.

Packen wir's an – die Zukunft hat schon begonnen!